Learning Chinese Measure Words

ILLUSTRATED

看图学量词

焦 凡 著
刘哲姝 插图

华语教学出版社
SINOLINGUA

First Edition 2011
First Printing 2011

ISBN 978-7-5138-0037-2

Published by Sinolingua
24 Baiwanzhuang Road, Beijing 100037, China
Tel: (86) 10-68320585
Fax: (86) 10-68326333
http:// www.sinolingua.com.cn
E-mail: hyjx@sinolingua.com.cn
Printed by Beijing Songyuan Printing Co. Ltd.

Printed in the People's Republic of China

目　录
Contents

前言

一、编写目的

量词对初学汉语的外国人来说，掌握起来是比较困难的，因为绝大多数学生的母语中没有量词，所以他们不习惯用。另外，由于在初学阶段只能学到为数不多的量词，因此他们对量词缺乏完整的概念和感性的认识。为了使初学者集中地、系统地、形象地学习量词，我们编写了这本《看图学量词》。

《看图学量词》是一本配合基础汉语学习的辅助教材，也可作为音像教材的脚本。这本书适合于已经学完或正在学习基础汉语的留学生和有一定汉语基础的外籍教师及其他外国人使用。

二、编写原则

本书选择了生活中常用的192个量词，其中包括个体量词、集合量词、部分量词、时间量词、容器量词、标准量词、临时量词、货币量词和动量词等。根据初学者的汉语水平，结合他们的日常生活，我们用这些量词的不同词义及用法，编写了近470篇文字浅显、内容简短的情景短文或会话，并配有162幅插图。短文中使用的词汇相当于新HSK（中国汉语水平考试）四至五级水平。

三、编写体例

每个量词下列出一个或若干个常用义项，每个义项下依次为：中英文释义、情景短文或对话（附拼音标注）、量词短语举例、生词（附拼音及英文注释），并对部分词条作了一些比较分析。

编者

2010年10月

PREFACE

For most foreign learners of Chinese, measure words will likely present one of the most major challenges they will face in their studies. This may be due to the fact that there are so few equivalents of Chinese measure words in their respective native tongues that they simply lack an understanding of them, or perhaps it is because they are often only exposed to a limited number of Chinese measure words that appear sporadically in their textbooks. Regardless of the reason, it is often difficult for them to quickly grasp the concept of measure words to learn the commonly used measure words in a systematic way.

Learning Chinese Measure Words is specially designed to help foreign learners of Chinese meet the challenge of mastering the measure words. It is intended for learners of all levels, and especially for those who have a desire to broaden their knowledge of the connotations and different uses of Chinese measure words. Chinese language teachers who are interested in embracing more diverse methods of teaching to their classes will find this book particularly useful as it can also serve as a source book for slides or audio and video recording scripts.

Contents

This book contains 192 of the most commonly used measure words which we have grouped into the following categories: individual measure words, collective measure words, partitive measure words, time unit measure words, container measure words, standard measure words, temporary measure words, currency unit measure words, and verbal measure words.

There are nearly 470 short situational passages and dialogues and 162 illustrations that appear throughout the book, all of which show how the measure words are used in their contexts, and will help learners become familiar with the different uses of Chinese measure words. As most of the readers of this book will be new to the Chinese language, these passages and dialogues have been written in clear and simple language. The vocabulary level of the passages and dialogues is equivalent to that of the Level 4 to Level 5 of the new Chinese Proficiency Test (HSK).

Layout

Each entry is followed by four supplementary parts:

1. An explanation of the word's usage in both Chinese and English.
2. Situational passages or dialogues with Chinese Pinyin.
3. Example phrases.
4. New words with their Pinyin and English translations.

Some entries have been provided with further notes on their usage and comparisons with similar measure words. For entries with multiple meanings, we have provided each meaning in sequence, with each being followed by the same in-depth explanations and analysis.

The Author

October, 2010

量词音序索引
Phonetic Index

量词分类
Types of Measure Words

- **名量词** Nominal measure words
  - **专用名量词** Dedicated nominal measure words
    - **个体量词**：条、辆、把、盏、只、匹、瓣儿、道、堵、顶、尊、座
      Individual measure words
    - **部分量词**：把儿、团、摊、卷儿、股、篇儿、页、层、截儿、节、绺儿、点、滴、丝、剂、帖、笔
      Partitive measure words
    - **集合量词**：对、双、副、套、群、批、列、身、排、桌、沓儿、串儿
      Collective measure words
  - **借用名量词** Borrowed nominal measure words
    - **容器量词**：盒、壶、桶、盘、碟、勺、碗、袋、罐
      Container measure words
    - **时间量词**：点、分、秒、宿、天
      Time unit measure words
    - **标准量词**：厘米、公斤、公里
      Standard distance and weight unit measure words
    - **货币量词**：元、角、分、块、毛、美元、欧元
      Currency unit measure words
    - **临时量词**：肚子、脸、身、脚、口、鼻子、抽屉、柜子、箱子、屋子
      Temporary measure words
    - **复合量词**：人次、架次
      Compound measure words
- **动量词** Verbal measure words
  - **专用动量词**：下儿、遍、次、趟、回、阵、场
    Dedicated verbal measure words
  - **借用动量词**：口、嗓子、眼、拳、脚、指头、棍子、鞭子、刀
    Borrowed verbal measure words

bāzhang 巴掌

动量 用于计量用手掌拍打或打的量。
A verbal measure word used with a number to indicate the number of times someone slaps someone else with their hand.

情　景 ▶

孩子在卖玩具的柜台前不肯走，妈妈拽着他走，他还是不走，妈妈假装要打他一**巴掌**。

Háizi zài mài wánjù de guìtái qián bù kěn zǒu, māma zhuàizhe tā zǒu, tā háishi bù zǒu, māma jiǎzhuāng yào dǎ tā yì bāzhang.

短　语 ▶

1. 打了他一**巴掌**　　2. 给了他一**巴掌**　　3. 拍了他一**巴掌**

生　词 ▶

1. 玩具	wánjù	toy	4. 拽	zhuài	drag
2. 柜台	guìtái	sales counter	5. 巴掌	bāzhang	slap
3. 肯	kěn	agree; consent	6. 哇哇	wāwā	sound of crying

bǎ 把

1 用于计量有柄或有把手的器具。
Used for articles or instruments with a handle or a grip.

情　景 ▶

（1）我有两**把**小刀儿，一**把**是中国刀，一**把**是法国刀。中国刀是我买的，法国刀是朋友送给我的。

Wǒ yǒu liǎng bǎ xiǎo dāor, yì bǎ shì Zhōngguó dāo, yì bǎ shì Fǎguó dāo. Zhōngguó dāo shì wǒ mǎi de, Fǎguó dāo shì péngyou sòng gěi wǒ de.

（2）这个教室有18张桌子，可是只有15**把**椅子。我们再去搬3**把**椅子来吧。

Zhège jiàoshì yǒu shíbā zhāng zhuōzi, kěshì zhǐyǒu shíwǔ bǎ yǐzi. Wǒmen zài qù bān sān bǎ yǐzi lái ba.

（3）下雨了，妈妈从家里拿了两**把**伞去学校接孩子，刚走到学校门口，雨就停了。

Xià yǔ le, māma cóng jiāli nále liǎng bǎ sǎn qù xuéxiào jiē háizi, gāng zǒu dào xuéxiào ménkǒu, yǔ jiù tíng le.

（4）我姐姐有两**把**剪子，**一把**大剪子，**一把**小剪子。她用大剪子裁衣服，用小剪子剪剪纸。

Wǒ jiějie yǒu liǎng bǎ jiǎnzi, yì bǎ dà jiǎnzi, yì bǎ xiǎo jiǎnzi. Tā yòng dà jiǎnzi cái yīfu, yòng xiǎo jiǎnzi jiǎn jiǎnzhǐ.

（5）A：我丢了**一把**钥匙。
B：什么钥匙？
A：大门钥匙。
B：我刚才捡到**一把**，不知道是不是你的。
A：是吗？我去看看。

A: Wǒ diūle yì bǎ yàoshi.
B: Shénme yàoshi?
A: Dà mén yàoshi.
B: Wǒ gāngcái jiǎndào yì bǎ, bù zhīdào shì bu shì nǐ de.
A: Shì ma? Wǒ qù kànkan.

短　语

1. **一把**茶壶	4. **一把**锯	7. **一把**梳子	10. **一把**锁
2. **一把**尺子	5. **一把**扇子	8. **一把**刷子	11. **一把**笤帚
3. **一把**斧子	6. **一把**勺子	9. **一把**算盘	12. **一把**小提琴

生　词

1. 送	sòng	give (as a present)	4. 剪子	jiǎnzi	scissors
2. 伞	sǎn	umbrella	5. 裁	cái	cut out
3. 接	jiē	meet	6. 剪	jiǎn	cut; trim

7. 剪纸	jiǎnzhǐ	paper-cut	15. 勺子	sháozi	ladle
8. 钥匙	yàoshi	key	16. 梳子	shūzi	comb
9. 捡	jiǎn	find; pick up	17. 刷子	shuāzi	brush
10. 茶壶	cháhú	teapot	18. 算盘	suànpan	abacus
11. 尺子	chǐzi	ruler	19. 锁	suǒ	lock
12. 斧子	fǔzi	axe	20. 笤帚	tiáozhou	broom
13. 锯	jù	saw	21. 小提琴	xiǎotíqín	violin
14. 扇子	shànzi	fan			

2 用于计量用手能抓起的数量。

Used to indicate the quantity of things that can be held in one's hand.

情　景 ▶

(1) 小朋友要走了，我又抓了**一把**糖放在他的口袋里。他笑着说："谢谢阿姨。"

Xiǎopéngyou yào zǒu le, wǒ yòu zhuāle yì bǎ táng fàng zài tā de kǒudai li. Tā xiàozhe shuō: "Xièxie āyí."

(2) 我出门从来不用钱包，那天买东西，找了我**一把**零钱，弄得我很狼狈。

Wǒ chūmén cónglái bú yòng qiánbāo, nàtiān mǎi dōngxi, zhǎole wǒ yì bǎ língqián, nòng de wǒ hěn lángbèi.

短　语 ▶

1. **一把**钞票
2. **一把**稻草
3. **一把**豆子
4. **一把**瓜子儿
5. **一把**胡子
6. **一把**花生
7. **一把**筷子
8. **一把**零钱
9. **一把**米
10. **一把**砂子
11. **一把**糖
12. **一把**头发
13. **一把**土
14. **一把**雪

生　词 ▶

1. 口袋	kǒudai	pocket	5. 钞票	chāopiào	banknote
2. 钱包	qiánbāo	purse; wallet	6. 稻草	dàocǎo	rice straw
3. 零钱	língqián	change	7. 豆子	dòuzi	beans; peas
4. 狼狈	lángbèi	in an awkward position	8. 瓜子儿	guāzǐr	melon seed

9. 胡子	húzi	beard	14. 糖	táng	sweets; candy
10. 花生	huāshēng	peanut	15. 头发	tóufa	hair
11. 筷子	kuàizi	chopsticks	16. 土	tǔ	soil; earth
12. 米	mǐ	rice	17. 雪	xuě	snow
13. 砂子	shāzi	grit			

★ 比较“把”和“把儿”，见第7页。

三 用于计量抽象事物，数词只限于“一”，往往有数量较多的意味。

Used with some nouns of abstract meaning such as strength, age, etc. It is only used with the numeral 一, and has the meaning of "quite a bit".

情　景 ▶

别看他**一把**年纪了，身体可棒了。每天天不亮就起来去爬山，晚上还在小区里踢毽子、跳舞，好像有使不完的劲儿。

Bié kàn tā yì bǎ niánji le, shēntǐ kě bàng le. Měi tiān tiān bú liàng jiù qǐlái qù pá shān, wǎnshang hái zài xiǎoqū li tī jiànzi, tiàowǔ, hǎoxiàng yǒu shǐ bù wán de jìnr.

短　语 ▶

1. **一把**劲儿　　2. **一把**力气　　3. **一把**年纪

生　词 ▶

1. 年纪	niánji	age	5. 踢	tī	play; kick
2. 棒	bàng	strong; excellent	6. 毽子	jiànzi	shuttlecock
3. 爬山	pá shān	climb a mountain	7. 劲儿	jìnr	strength; energy
4. 小区	xiǎoqū	residential community	8. 力气	lìqi	strength

4 引申用法，数词只限于“一”。
Used with some figurative nouns and only in combination with the numeral 一.

情 景

我姐姐干家务活儿是**一把**好手儿，她什么都会干，什么都干得很好，做饭、洗衣服，样样都行。

Wǒ jiějie gàn jiāwùhuór shì yì bǎ hǎoshǒur, tā shénme dōu huì gàn, shénme dōu gàn de hěn hǎo, zuòfàn, xǐ yīfu, yàngyàng dōu xíng.

短 语

1. **一把**骨头(瘦得只剩一把骨头了)
2. **一把**力(再努一把力)
3. **一把**手(他里里外外一把手)
4. **一把**能手
5. **一把**好手
6. **一把**火(放了一把火)

生 词

1. 干	gàn	do; work	6. 里里外外	lǐlǐ-wàiwài	both inside and outside the house
2. 活儿	huór	work	7. 能手	néngshǒu	expert; master
3. 好手儿	hǎoshǒur	master of a craft; highly skilled worker	8. 放火	fàng huǒ	set fire to
4. 行	xíng	capable; competent			
5. 骨头	gǔtou	bone; skeleton			

5 用于计量手的某些动作，数词只限于“一”。
Used to refer to relatively quick and short actions performed by hand. It is used only with the numeral 一.

情 景

昨天天太热了，我回到家里以后，先去擦了**一把**脸，然后又喝了一瓶可乐，坐下来凉快了一会儿，才吃晚饭。

Zuótiān tiān tài rè le, wǒ huí dào jiāli yǐhòu, xiān qù cāle yì bǎ liǎn, ránhòu yòu hēle yì píng kělè, zuò xiàlai liángkuaile yíhuìr, cái chī wǎnfàn.

短 语

1. 帮他**一把**
2. 拉了他**一把**

生 词

1. 擦	cā	clean; wipe	3. 拉	lā	pull; lend a helping hand
2. 可乐	kělè	cola			

把 bǎ

6 用于计量麻将或扑克等。
Used to refer to a game of Mahjong or a Poker or card game.

情　景 ▶

刚才打扑克时，本来有**一把**好牌，可是出错了一张，结果输了。

Gāngcái dǎ pūkè shí,běnlái yǒu yì bǎ hǎo pái, kěshì chūcuòle yì zhāng, jiéguǒ shū le.

动量 用于计量麻将或扑克等。
A verbal measure word used to refer to a game of Mahjong or a Poker or card game.

情　景 ▶

昨天打麻将，我手气实在是太差了，打了4圈儿，只和了**一把**。

Zuótiān dǎ májàng, wǒ shǒuqì shízài shì tài chà le, dǎle sì quānr, zhǐ húle yì bǎ.

短　语 ▶

1. 和了**一把**　　2. 赢了**一把**

生　词 ▶

1. 手气	shǒuqì	luck at gambling or card playing	2. 和	hú	won

把儿 bǎr

1 用于计量长条的、捆在一起的东西。
Used to refer to vegetables, plants or a bunch of long and narrow objects tied closely together for easy carrying or sale.

情　景 ▶

A：你买什么了？
B：我买了**一把儿**菠菜，两**把儿**小萝卜。你买什么了？
A：我买了一斤苹果，**一把儿**香蕉。

A: Nǐ mǎi shénme le?
B: Wǒ mǎile yì bǎr bōcài, liǎng bǎr xiǎoluóbo. Nǐ mǎi shénme le?
A: Wǒ mǎile yì jīn píngguǒ, yì bǎr xiāngjiāo.

短 语

1. 一把儿挂面
2. 一把儿豇豆
3. 一把儿韭菜
4. 一把儿筷子
5. 一把儿蒜苗
6. 一把儿鲜花

生 词

1. 菠菜	bōcài	spinach	6. 韭菜	jiǔcài	chives; fragrant-flowered garlic
2. 小萝卜	xiǎoluóbo	radish	7. 筷子	kuàizi	chopsticks
3. 香蕉	xiāngjiāo	banana	8. 蒜苗	suànmiáo	garlic sprout
4. 挂面	guàmiàn	fine dried noodles	9. 鲜花	xiānhuā	fresh flower
5. 豇豆	jiāngdòu	cowpea			

★ 比较"把^2"和"把儿"

同 都用于计量一手抓起的数量。
Both are used to refer to the quantity of articles or things that can be held in one's hand.

异 "把"多用于计量散放的东西。
把 is often used for things loosely scattered. It cannot be used with 儿 in this situation.

如：她抓起一把菠菜，用绳子捆了起来。
e.g., She took hold of a bunch of spinach and then bundled it up with a rope.

"把儿"多用来计量已经成捆的东西。
把儿 is used for things already bundled together.

如：她买了一把儿菠菜，是用绳子捆好的。
e.g., She bought a bunch of bundled up spinach.

★ 比较"把儿"、"捆"和"束"，见第163页。

bān 班

1 用于计量人群。
Used to refer to a group of people.

情 景

（1）新版电视剧里的演员，都是5年 { Xīn bǎn diànshìjù li de yǎnyuán, dōu shì wǔ nián qián lǎo bǎn diànshìjù de yuán

前老版电视剧的原**班**人马。只是在台词、布景和服装上有一些新意。

bān rénmǎ. Zhǐshì zài táicí, bùjǐng hé fúzhuāng shang yǒu yìxiē xīnyì.

（2）这一**班**学生都是学汉语的，一共有十个人，四个法国人，两个美国人，一个英国人，还有三个意大利人。

Zhè yì bān xuésheng dōu shì xué Hànyǔ de, yígòng yǒu shí ge rén, sì ge Fǎguórén, liǎng ge Měiguórén, yí ge Yīngguórén, hái yǒu sān ge Yìdàlìrén.

短　语

1. 一**班**年轻人　　2. 一**班**战士　　3. 原**班**人马

生　词

1.	新版	xīn bǎn	new edition; new version	6.	人马	rénmǎ	personnel; cast
2.	电视剧	diànshìjù	TV drama show	7.	台词	táicí	actor's lines
3.	演员	yǎnyuán	actor or actress	8.	布景	bùjǐng	scenery
4.	老版	lǎo bǎn	old edition; old version	9.	新意	xīnyì	originality
5.	原	yuán	original (cast)	10.	战士	zhànshì	soldier

2 用于计量定时开行的交通运输工具的班次。
Used to refer to the schedule of public or freight transportations.

情　景

A：请问，头**班**车几点开？
B：5点半。
A：赶早7点的火车来得及吗？
B：来得及。
A：末**班**车到几点？
B：到11点。
A：谢谢。

A: Qǐngwèn, tóubānchē jǐ diǎn kāi?
B: Wǔ diǎn bàn.
A: Gǎn zǎo qī diǎn de huǒchē láidejí ma?
B: Láidejí.
A: Mòbānchē dào jǐ diǎn?
B: Dào shíyī diǎn.
A: Xièxie.

bān 班

短 语

1. 下一班车　　2. 下一班飞机　　3. 最后一班车

生 词

1. 请问	qǐngwèn	excuse me; may I ask...	
3. 来得及	láidejí	be able to do something in time	
2. 头	tóu	first	
4. 末	mò	last	

bànr 瓣儿

1 用于植物的种子、花冠、果实或球茎可以分的小块儿、小片儿。
Used to refer to the segment division of fruits, flowers, corms, etc.

情 景

（1） A：这儿有几**瓣儿**橘子，你吃不吃？
B：你怎么不吃啊？
A：太酸，我吃不了。
B：我也怕酸。

A: Zhèr yǒu jǐ bànr júzi, nǐ chī bu chī?
B: Nǐ zěnme bù chī ā?
A: Tài suān, wǒ chī bù liǎo.
B: Wǒ yě pà suān.

（2） A：你怎么了？
B：我肚子疼。
A：你吃几**瓣儿**蒜吧。
B：几**瓣儿**蒜就能治病吗？
A：不信，你吃几**瓣儿**试试。

A: Nǐ zěnme le？
B: Wǒ dùzi téng.
A: Nǐ chī jǐ bànr suàn ba.
B: Jǐ bànr suàn jiù néng zhì bìng ma?
A: Bú xìn, nǐ chī jǐ bànr shìshi.

短 语

1. 一瓣儿百合　　2. 一瓣儿花　　3. 一瓣儿橘子

生 词

1. 橘子	júzi	orange	4. 蒜	suàn	garlic
2. 酸	suān	sour	5. 不信	bú xìn	doubtful
3. 肚子	dùzi	belly; abdomen	6. 百合	bǎihé	lily

帮 bāng

1 用于人群。口语色彩比较浓，多为中性，有时带贬义。
Used to refer to a crowd or a group of people. Often used in spoken Chinese, sometimes carrying a derogatory meaning.

情 景

他找到了一个安静的地方，刚要坐下来看书，忽然来了**一帮**孩子，在他旁边又打又闹。他很生气，拿起书包就走了。

Tā zhǎodàole yí ge ānjìng de dìfang, gāng yào zuò xiàlai kàn shū, hūrán láile yì bāng háizi zài tā pángbiān yòu dǎ yòu nào. Tā hěn shēngqì, náqǐ shūbāo jiù zǒu le.

短 语

1. 一**帮**歹徒
2. 一**帮**废物
3. 一**帮**孩子
4. 一**帮**坏蛋
5. 一**帮**流氓
6. 一**帮**朋友
7. 一**帮**青年
8. 一**帮**人
9. 一**帮**人马
10. 一**帮**学生

生 词

1. 书包	shūbāo	bag; school bag		4. 坏蛋	huàidàn	bad guy; crook
2. 歹徒	dǎitú	scoundrel; villain		5. 流氓	liúmáng	rogue; gangster
3. 废物	fèiwu	good-for-nothing				

★ 比较"帮"、"伙"和"群"，见第151页。

包 bāo

1 用于计量成包的东西。
Used to refer to the quantity of things of the same kind wrapped up together.

情 景

（1）她走进厨房，把刚从超市买回来

Tā zǒujìn chúfáng, bǎ gāng cóng

的一包茶叶、一包白糖和一斤鸡蛋放在桌子上，就开始做饭了。

chāoshì mǎi huílai de yì bāo cháyè, yì bāo báitáng hé yì jīn jīdàn fàng zài zhuōzi shang, jiù kāishǐ zuò fàn le.

（2）星期天早上，她打扫完房间就洗起衣服来了。洗了一上午，才把那**包**脏衣服洗完。

Xīngqītiān zǎoshang, tā dǎsǎo wán fángjiān jiù xǐ qǐ yīfu lái le. Xǐle yí shàngwǔ, cái bǎ nà bāo zāng yīfu xǐwán。

短 语

1. 一包饼干
2. 一包大米
3. 一包点心
4. 一包东西
5. 一包瓜子儿
6. 一包货
7. 一包棉花
8. 一包书
9. 一包糖
10. 一包烟
11. 一包中药
12. 一包衣服

生 词

1. 厨房	chúfáng	kitchen	7. 饼干	bǐnggān	biscuit; cracker
2. 超市	chāoshì	supermarket	8. 大米	dàmǐ	(husked) rice
3. 茶叶	cháyè	tea	9. 点心	diǎnxin	(light) refreshments
4. 白糖	báitáng	(granulated) white sugar	10. 棉花	miánhua	cotton
5. 打扫	dǎsǎo	sweep; clean	11. 烟	yān	cigarette
6. 脏衣服	zāng yīfu	dirty clothes			

bēi 杯

1 用于计量液体。

Used to refer to the amount of a liquid or beverage that can be held in a cup, a mug, or a similar container.

情 景

（1）A：先生，你们喝什么饮料？
B：有扎啤吗？来两**杯**扎啤。
A：两**杯**扎啤，要鲜榨汁吗？有菠萝汁、橙汁、西瓜汁。
B：一样来一**杯**吧。

A: Xiānsheng, nǐmen hē shénme yǐnliào?
B: Yǒu zhāpí ma? Lái liǎng bēi zhāpí.
A: Liǎng bēi zhāpí, yào xiānzhàzhī ma? Yǒu bōluózhī, chéngzhī, xīguāzhī.
B: Yí yàng lái yì bēi ba.

杯 bēi

（2）我每天早上都是吃两片面包，喝一**杯**牛奶，还要加一个鸡蛋。这是我多年来的习惯。

Wǒ měi tiān zǎoshang dōu shì chī liǎng piàn miànbāo, hē yì bēi niúnǎi, hái yào jiā yí ge jīdàn. Zhè shì wǒ duō nián lái de xíguàn.

短　语

1. 一**杯**白酒
2. 一**杯**白开水
3. 一**杯**茶
4. 一**杯**咖啡
5. 一**杯**可乐
6. 一**杯**矿泉水
7. 一**杯**牛奶
8. 一**杯**啤酒
9. 一**杯**威士忌
10. 一**杯**鲜榨汁
11. 一**杯**饮料

生　词

1. 饮料	yǐnliào	drink	8. 白酒	báijiǔ	white spirit
2. 扎啤	zhāpí	draught beer	9. 白开水	báikāishuǐ	boiled water
3. 鲜榨汁	xiānzhàzhī	fresh juice	10. 咖啡	kāfēi	coffee
4. 菠萝汁	bōluózhī	pineapple juice	11. 矿泉水	kuàngquánshuǐ	mineral water
5. 橙汁	chéngzhī	orange juice	12. 啤酒	píjiǔ	beer
6. 西瓜汁	xīguāzhī	watermelon juice	13. 威士忌	wēishìjì	whisky
7. 加	jiā	add			

本 běn

1 用于计量书籍、册簿等。
Used to refer to printed books, magazines, albums, etc.

情　景

上星期我朋友给我来了一封信，他让我给他买一**本**《汉英词典》和一**本**汉语语法书。我已经买好了，准备给他寄去。

Shàng xīngqī wǒ péngyou gěi wǒ láile yì fēng xìn, tā ràng wǒ gěi tā mǎi yì běn "*Hàn-Yīng Cídiǎn*" hé yì běn Hànyǔ yǔfǎ shū. Wǒ yǐjīng mǎihǎo le, zhǔnbèi gěi tā jìqu。

běn 本

短　语

1. 一本笔记
2. 一本画报
3. 一本集邮册
4. 一本漫画
5. 一本日记
6. 一本日历
7. 一本少儿读物
8. 一本书
9. 一本相册
10. 一本杂志
11. 一本账
12. 一本字典

生　词

1. 笔记	bǐjì	notes	6. 日历	rìlì	calendar
2. 画报	huàbào	illustrated magazine	7. 少儿读物	shào'ér dúwù	children's book
3. 集邮册	jíyóucè	stamp album	8. 相册	xiàngcè	photo album
4. 漫画	mànhuà	cartoon	9. 账	zhàng	account book
5. 日记	rìjì	diary			

★ 比较“本”和“部”，见第18页。

bǐ 笔

1 用于书法、绘画、写作等方面。数词只限于“一”、“两”、“几”。
Used for calligraphy, paintings, or writings. Only used with the numerals 一, 两 or 几.

情　景

他觉得自己的字写得不好看，就下决心练习。每天写一两个小时，从来也不间断。中学毕业的时候，他已经能写一笔好字了。

Tā juéde zìjǐ de zì xiě de bù hǎokàn, jiù x à juéxīn liànxí. Měi tiān xiě y`-liǎng ge xiǎoshí, cónglái yě bú jiànduàn. Zhōngxué bìyè de shíhou, tā yǐjīng néng xiě yì bǐ hǎo zì le.

短　语

1. 能画几笔画儿
2. 一笔得意之作
3. 一笔漂亮字

生　词

1. 决心	juéxīn	determination	2. 间断	jiànduàn	stop

3. 能画几笔画儿	néng huà jǐ bǐ huàr	have some talent in drawing
4. 得意之作	déyìzhīzuò	favorite piece of writing
5. 漂亮字	piàoliang zì	beautiful handwriting

2 用于计量款项或与款项有关的事物。
Used for money or money related matters.

情景

(1) 他们两个人攒了一笔钱，买了一些家具和衣服，准备明年春节结婚。然后，还要去欧洲旅行。

Tāmen liǎng ge rén zǎnle yì bǐ qián, mǎile yìxiē jiājù hé yīfu, zhǔnbèi míngnián Chūn Jié jiéhūn. Ránhòu, hái yào qù Ōuzhōu lǚxíng.

(2) 他们向银行借了一笔贷款，先把公司开起来。一共贷了50万，打算10年还清。一个月还4000多块钱。

Tāmen xiàng yínháng jièle yì bǐ dàikuǎn, xiān bǎ gōngsī kāi qǐlái. Yígòng dàile wǔshí wàn, dǎsuan shí nián huánqīng. Yí ge yuè huán sìqiān duō kuài qián.

(3) 他是咱们公司的老会计了，在公司干了将近30年了，他的离开对公司来说是一笔不小的损失呢。

Tā shì zánmen gōngsī de lǎo kuàijì le, zài gōngsī gànle jiāngjìn sānshí nián le, tā de líkāi duì gōngsī láishuō shì yì bǐ bù xiǎo de sǔnshī ne.

短语

1. 一笔财产
2. 一笔财富
3. 一笔贷款
4. 一笔稿费
5. 一笔糊涂账
6. 一笔交易
7. 一笔经费
8. 一笔开支
9. 一笔款子
10. 一笔买卖
11. 一笔生意
12. 一笔收入
13. 一笔损失
14. 一笔遗产
15. 一笔债

生词

1. 攒	zǎn	accumulate; save	7. 糊涂账	hútuzhàng	chaotic accounts
2. 家具	jiājù	furniture	8. 交易	jiāoyì	business transaction
3. 贷款	dàikuǎn	loan	9. 经费	jīngfèi	funds
4. 财产	cáichǎn	property	10. 开支	kāizhī	expenditure
5. 财富	cáifù	wealth	11. 款子	kuǎnzi	sum of money
6. 稿费	gǎofèi	contribution fee	12. 买卖	mǎimai	business; deal

13. 生意	shēngyì	trade; business	15. 遗产	yíchǎn	inheritance
14. 收入	shōurù	income; revenue	16. 债	zhài	debt

★ 比较"笔"和"项"，见第200页。

biàn 遍

动量 用于计量一个动作从开始到结束的整个过程。
A verbal measure word used to refer to the entire course of an action from beginning to end.

情 景

我把写好的那篇文章看了**一遍**，发现里边有不少错字，还有一些不通顺的句子，我又重新改了**一遍**。

Wǒ bǎ xiěhǎo de nà piān wénzhāng kànle yí biàn, fāxiàn lǐbian yǒu bù shǎo cuòzì, háiyǒu yìxiē bù tōngshùn de jùzi, wǒ yòu chóngxīn gǎile yí biàn.

短 语

1. 复习一**遍**
2. 改了一**遍**
3. 检查了一**遍**
4. 看了一**遍**
5. 念了一**遍**
6. 说了一**遍**
7. 听了一**遍**
8. 问两**遍**
9. 想了一**遍**
10. 写了两**遍**
11. 学了一**遍**
12. 预习了一**遍**

生 词

1. 通顺	tōngshùn	smooth; clear and coherent	3. 复习	fùxí	review
2. 重新	chóngxīn	once again	4. 预习	yùxí	(of students) prepare lessons before class

★ 比较"遍"、"次"和"趟"，见第174页。

bō 拨

1 用于计量成批或分组的有某种共同目标的人。
Used to refer to a group of people with a common goal or cause.

情 景

和她一起学戏的那**拨**同学，有的出国

Hé tā yìqǐ xué xì de nà bō tóngxué,

拨 bō

了、有的改行了、有的结婚后在家带孩子，只有她一个人还留在这个小剧团里演戏。

yǒude chūguó le, yǒude gǎiháng le, yǒude jiéhūn hòu zài jiā dài háizi, zhǐyǒu tā yí ge rén hái liú zài zhège xiǎo jùtuán li yǎnxì.

短 语 ▶

1. **一拨**毕业生　2. **一拨**客人　3. **一拨**人　4. **一拨**游客

生 词 ▶

1. 出国	chūguó	go abroad	5. 小剧团	xiǎo jùtuán	small theatrical company
2. 改行	gǎiháng	change one's profession	6. 演戏	yǎnxì	perform in a play
3. 带孩子	dài háizi	look after children	7. 游客	yóukè	tourist
4. 留	liú	stay			

★ 比较“拨”和“批”，见第137页。

步 bù

1 用于计量走路或下棋的步数。
Used to refer to the number of steps (as in walking) or move in a game of chess, etc.

情 景 ▶

人生就像下棋一样，走错一**步**棋，就有可能**步步**走错，甚至会输掉全局。

Rénshēng jiù xiàng xiàqí yíyàng, zǒucuò yí bù qí, jiù yǒu kěnéng bùbù zǒucuò, shènzhì huì shūdiào quánjú.

短 语 ▶

1. 走几**步**路　2. 一**步**棋

生 词 ▶

1. 人生	rénshēng	life	4. 甚至	shènzhì	even
2. 下棋	xiàqí	play chess	5. 全局	quánjú	overall situation
3. 可能	kěnéng	probably			

动量 用于计量走路或下棋的步数。
A verbal measure word used to refer to the number of steps (as in walking) or move in a game of chess, etc.

情 景

昨天出门晚了几分钟，到车站时，就差一**步**没赶上车。眼看着车开走了。

Zuótiān chūmén wǎn le jǐ fēnzhōng, dào chēzhàn shí, jiù chà yí bù méi gǎnshàng chē. Yǎn kànzhe chē kāizǒu le.

短 语

1. 赶了两**步**　　2. 慢了一**步**　　3. 跑了几**步**

生 词

1.	没赶上	méi gǎnshàng	miss (a bus or train)	2.	眼看	yǎnkàn	watch helplessly

bù 部

1 用于计量电影或成套书籍。
Used with films or a set of books, etc.

情 景

那几**部**新戏我都看过了。我觉得很好，故事很有意思，演员演得也不错。

Nà jǐ bù xīn xì wǒ dōu kànguò le. Wǒ juéde hěn hǎo, gùshi hěn yǒu yìsi, yǎnyuán yǎn de yě búcuò.

短 语

1. 一**部**词典
2. 一**部**诗集
3. 一**部**书
4. 一**部**戏
5. 一**部**小说
6. 一**部**著作

生 词

1.	诗集	shījí	a collection of poems	3.	著作	zhùzuò	work; writings
2.	戏	xì	a show or a play				

2 用于计量机器、车辆的数量。
Used with machines or vehicles.

情 景

(1) 这几**部**复印机都老化了，公司计划年底换几**部**新的，明年再招些新人。

Zhè jǐ bù fùyìnjī dōu lǎohuà le, gōngsī jìhuà niándǐ huàn jǐ bù xīnde, míngnián zài zhāo xiē xīnrén.

(2) 过去，火车站前公用电话很少，打电话非常不方便。今年新安了几**部**电话。

Guòqù, huǒchēzhàn qián gōngyòng diànhuà hěn shǎo, dǎ diànhuà fēicháng bù fāngbiàn. Jīnnián xīn ānle jǐ bù diànhuà.

短 语

1. 一**部**电话　2. 一**部**机器　3. 一**部**汽车　4. 一**部**手机

生 词

1. 复印机	fùyìnjī	duplicator	5. 招	zhāo	recruit
2. 老化	lǎohuà	ageing; outdated	6. 公用	gōngyòng	public
3. 计划	jìhuà	plan	7. 安	ān	install
4. 年底	niándǐ	the end of a year	8. 手机	shǒujī	cell phone

★ 比较“本”和“部[1]”

同 都可用于计量书籍和电影胶片的数量。
Both are used as measure words for books and films.

异 “本”多用于计量大型著作、成套书籍或电影电视剧中的一部分。
本 is used to refer to a volume, or a part of a series of books or TV drama.

如：这部小说分上、中、下三本。
e.g., The novel is in three volumes.

“部”用来计量“全体”。
部 refers to a whole set of books or films.

如：这部电影一共有十本。
e.g., The film has ten reels in all.

★ 比较“部”和“辆”，见第121页。

céng 层

1 用于建筑物的层数和其他重叠或累计的东西。
Used to refer to the number in stories of a building, or things having a certain thickness often made up of several tiers or layers.

情　景 ▶

我住的是一个23层的塔楼，我家在20层。前天，电梯突然坏了，我只好一层一层地往上爬。

Wǒ zhù de shì yí ge èrshísān céng de tǎlóu, wǒ jiā zài èrshí céng. Qiántiān, diàntī tūrán huài le, wǒ zhǐhǎo yì céng yì céng de wǎng shàng pá.

短　语 ▶

1. 两层院子　　3. 千层浪　　5. 双层床　　7. 十五层塔楼　　9. 一层玻璃
2. 千层饼　　4. 双层窗　　6. 双层大巴　　8. 五层台阶　　10. 一层纱窗

生　词 ▶

1. 电梯	diàntī	lift; elevator	5. 塔楼	tǎlóu	tower block
2. 院子	yuànzi	courtyard	6. 台阶	táijiē	steps (of a staircase)
3. 双层床	shuāngcéngchuáng	bunk beds	7. 玻璃	bōli	glass
4. 大巴	dàbā	bus	8. 纱窗	shāchuāng	(window) screen

2 用于计量较薄的、附着在物体表面的东西，数词常用“一”。
Used for the measure of the thin, outer covering of something, often with the numeral 一.

情　景 ▶

水池里刚冻上一层冰，几个孩子就在上边跑来跑去。过路的人看到了，大

Shuǐchí li gāng dòngshang yì céng bīng, jǐ ge háizi jiù zài shàngbian pǎolái pǎoqù.

声地喊："危险！快上来！"

Guòlù de rén kàndào le, dàshēng de hǎn: "Wēixiǎn! Kuài shànglái!"

短 语

1. 涂了一层防晒霜
2. 一层薄雾
3. 一层薄膜
4. 一层瓷砖
5. 一层灰
6. 一层露水
7. 一层木地板
8. 一层皮
9. 一层沙子
10. 一层神秘色彩
11. 一层土
12. 一层油

生 词

1. 冻	dòng	frozen	8. 灰	huī	ash; dust
2. 过路	guòlù	pass by	9. 露水	lùshuǐ	dew
3. 危险	wēixiǎn	danger	10. 木地板	mùdìbǎn	(a layer of) wooden floor
4. 防晒霜	fángshàishuāng	suncream	11. 皮	pí	cover; skin
5. 薄雾	báowù	(a layer of) thin fog	12. 神秘	shénmì	(an air of) mystery
6. 薄膜	bómó	film	13. 色彩	sècǎi	color
7. 瓷砖	cízhuān	ceramic tile	14. 土	tǔ	soil; dust; dirt

三 用于计量从物体表面揭开或抹去的东西。
Used as the measure of surface material that can be torn open or wiped out.

情 景

（1）他送给了我一个大盒子，说让我打开看看。我撕开外边一层包装，是一个黑木盒儿，再打开这个木盒儿一看，是一个精致的车模。

Tā sònggěile wǒ yí ge dà hézi, shuō ràng wǒ dǎkāi kànkan. Wǒ sīkāi wàibiān yì céng bāozhuāng, shì yí ge hēi mùhér, zài dǎkāi zhège mùhér yí kàn, shì yí ge jīngzhì de chēmó.

（2）上周去海边玩儿了几天，天气不错，可是紫外线太强了，晒得我脱了一层皮儿。

Shàng zhōu qù hǎibiān wánrle jǐ tiān, tiānqi búcuò, kěshì zǐwàixiàn tài qiáng le, shài de wǒ tuōle yì céng pír.

短　语

1. 一层包装　　2. 一层皮儿

生　词

1. 撕	sī	tear	5. 紫外线	zǐwàixiàn	ultraviolet
2. 包装	bāozhuāng	(a layer of) wrapping	6. 晒	shài	sunbathe
3. 精致	jīngzhì	exquisite; fine	7. 皮儿	pír	(a layer of) skin
4. 车模	chēmó	a model of a car			

cháng 场

1 用于计量事情的经过。

Used to refer to the process of an occurrence.

情　景

（1）她原来是个胖子，得了那场大病以后，瘦多了。前天在路上见到她，我都不认识了。

Tā yuánlái shì ge pàngzi, déle nà cháng dà bìng yǐhòu, shòu duō le. Qiántiān zài lù shang jiàndào tā, wǒ dōu bú rènshi le.

（2）早上出去的时候，天气很好。到了中午，突然下了一场大雨。我也没带雨伞，结果全身都淋湿了。

Zǎoshang chūqu de shíhou, tiānqì hěn hǎo. Dàole zhōngwǔ, tūrán xiàle yì cháng dàyǔ. Wǒ yě méi dài yǔsǎn, jiéguǒ quán shēn dōu línshī le.

场 cháng

短语

1. 一场大火
2. 一场大水
3. 一场风波
4. 一场官司
5. 一场较量
6. 一场考验
7. 一场空
8. 一场口角
9. 一场口水仗
10. 一场麻烦
11. 一场梦
12. 一场闹剧
13. 一场骗局
14. 一场热闹
15. 一场误会
16. 一场虚惊
17. 一场雪
18. 一场灾难
19. 一场战争
20. 一场争论

生词

1. 淋	lín	pour; drench	11. 梦	mèng	dream
2. 湿	shī	wet	12. 闹剧	nàojù	farce
3. 风波	fēngbō	disturbance	13. 骗局	piànjú	fraud
4. 官司	guānsi	lawsuit	14. 热闹	rènao	fun; excitement
5. 较量	jiàoliàng	contest	15. 误会	wùhuì	misunderstanding
6. 考验	kǎoyàn	trail	16. 虚惊	xūjīng	alarm
7. (一场)空	(yì cháng)kōng	all in vain; futile	17. 灾难	zāinàn	suffering; calamity
8. 口角	kǒujiǎo	quarrel	18. 战争	zhànzhēng	war
9. 口水仗	kóushuǐzhàng	verbal confrontation	19. 争论	zhēnglùn	dispute
10. 麻烦	máfan	trouble			

动量 用于计量某些语言或行为的次数，“一场”后面不能加名词。
A verbal measure word used for the number of actions in an occurrence. 一场 in this usage cannot take nouns.

情景

他跟祖父很有感情。前天接到家里来信，说祖父去世了。他非常难过，大哭了一场，连饭都没吃。

Tā gēn zǔfù hěn yǒu gǎnqíng. Qiántiān jiē dào jiāli lái xìn, shuō zǔfù qùshì le, Tā fēicháng nánguò, dà kūle yì cháng, lián fàn dōu méi chī.

短语

1. 等了一场
2. 大病了一场
3. 干一场
4. 哭了一场
5. 闹了一场
6. 拼搏一场

生词

1. 祖父	zǔfù	grandfather	4. 大病	dà bìng	having fallen seriously ill
2. 去世	qùshì	pass away; die	5. 拼搏	pīnbó	having struggled hard
3. 白等	bái děng	having waited in vain			

1 用于计量文娱、体育活动的次数。
Used with performances or sports games.

情 景 ▶

A：5号运动员在这场比赛中踢得最好。

B：我看，要不是守门员扑救及时，他们这场球也赢不了。

A: Wǔ hào yùndòngyuán zài zhè chǎng bǐsài zhōng tī de zuì hǎo.
B: Wǒ kàn, yàobúshì shǒuményuán pūjiù jíshí, tāmen zhè chǎng qiú yě yíng bù liǎo.

短 语 ▶

1. 一场比赛
2. 一场表演
3. 一场电影
4. 一场话剧
5. 一场(篮/排/足/乒乓)球
6. 一场晚会
7. 一场戏
8. 一场游戏

生 词 ▶

1. 比赛	bǐsài	match; contest; competition	5. 电影	diànyǐng	movie
2. 守门员	shǒuményuán	goalkeeper	6. 话剧	huàjù	stage play; modern drama
3. 扑救	pūjiù	make a dive for the ball	7. 晚会	wǎnhuì	evening party
4. 表演	biǎoyǎn	performance	8. 游戏	yóuxì	game

动量 用于计量文娱、体育活动的次数。
A verbal measure word used for performances or sports games.

情 景 ▶

他们的节目在全国各地演出了十几场，场场都爆满，观众对演员们的表演也很满意。

Tāmen de jiémù zài quán guó gèdì yǎnchūle shíjǐ chǎng, chǎngchǎng dōu bàomǎn, guānzhòng duì yǎnyuán men de biǎoyǎn yě hěn mǎnyì.

短 语 ▶

1. 唱了一场
2. 演出了几场
3. 演了三场

生　词

1.	节目	jiémù	program (of a show)	2.	爆满	bàomǎn	packed with audience

三 用于计量考试的次数。
Used with examinations or tests.

情　景

我下星期很紧张，每天都有考试，星期二一天有两**场**考试，上午考语法，下午考听力。

Wǒ xià xīngqī hěn jǐnzhāng, měi tiān dōu yǒu kǎoshì. Xīngqī'èr yì tiān yǒu liǎng chǎng kǎoshì, shàngwǔ kǎo yǔfǎ, xiàwǔ kǎo tīnglì.

短　语

1. 一**场**测验　　2. 一**场**监考　　3. 一**场**考试

生　词

1.	测验	cèyàn	test	2.	监考	jiānkǎo	invigilate

★ **比较"场（cháng）"和"场（chǎng）"**

同 字形相似，读音相近。
They are similar in appearance and pronunciation.

异 ①读音不同。
They carry different tones.

②用法和意思不同。
They have different usages and meanings.

"场（cháng）"多用于计量事情的经过。
场 (cháng) is used to refer to the process or course of an occurrence.

如：一场官司、一场战争。
e.g., a lawsuit; a war

"场（chǎng）"用于计量文娱、体育活动和考试等。
场 (chǎng) refers to the number of examinations, tests or games.

如：一场比赛、一场考试。
e.g., a match; an examination

1 用于计量用车载的人或物。
Used to refer to a cargo of people or goods.

情　景

(1) 这辆大货车，拉了满满一**车**蔬菜。没想到眼看就要到目的地了，却翻了车。

Zhè liàng dàhuòchē, lāle mǎnmǎn yì chē shūcài. Méi xiǎngdào yǎnkàn jiùyào dào mùdìdì le, què fān le chē.

(2) 我们上车后，导游说还差一个人没来。10分钟后，那个人跑上车来说："让一**车**人等我，真对不起。"

Wǒmen shàng chē hòu, dǎoyóu shuō hái chà yí ge rén méi lái. Shí fēnzhōng hòu, nàge rén pǎo shàng chē lái shuō: "Ràng yì chē rén děng wǒ, zhēn duìbùqǐ."

短　语

1. 一车货
2. 一车煤
3. 一车人
4. 一车蔬菜
5. 一车水果
6. 一车土

生　词

1. 大货车	dàhuòchē	truck	5. 翻车	fān chē	turn over
2. 蔬菜	shūcài	vegetable	6. 导游	dǎoyóu	tourist guide
3. 眼看	yǎnkàn	soon; at any moment	7. 煤	méi	coal
4. 目的地	mùdìdì	destination			

1 用于计量戏曲的一个独立剧目。
Used to refer to the entire performance of a play at a theater.

情　景

这**出**戏是根据历史故事重新改编的。

Zhè chū xì shì gēnjù lìshǐ gùshi chóngxīn

出 chū

演员们正在加紧排练，准备春节时演出。

gǎibiān de. Yǎnyuánmen zhèngzài jiājǐn páiliàn, zhǔnbèi Chūn Jié shí yǎnchū.

短　语

1. 一**出**悲剧　　2. 一**出**京剧　　3. 一**出**喜剧

生　词

1. 根据	gēnjù	based on (someone's work)	5. 演出	yǎnchū	perform; act out
2. 改编	gǎibiān	adapt; rearrange	6. 悲剧	bēijù	tragedy
3. 加紧	jiājǐn	speed up	7. 喜剧	xǐjù	comedy
4. 排练	páiliàn	rehearse			

处 chù

1 用于计量处所，一般指自然单位，多用于书面语。
Used to refer to a particular place of residence or building. It is mostly used in written language.

情　景

父亲死后给我们留下了两处房子，一**处**在北京，一**处**在上海。北京的这处房子我们自己住，上海的那处房子租给别人。

Fùqin sǐ hòu gěi wǒmen liúxiàle liǎng chù fángzi, yí chù zài Běijīng, yí chù zài Shànghǎi. Běijīng de zhè chù fángzi wǒmen zìjǐ zhù, Shànghǎi de nà chù fángzi zū gěi biéren.

短　语

1. 一**处**别墅　　2. 一**处**村落　　3. 几**处**名胜　　4. 一**处**人家　　5. 一**处**寺院

生　词

1. 租	zū	rent out; rent	4. 名胜	míngshèng	well-known scenic spot
2. 别墅	biéshù	villa	5. 寺院	sìyuàn	temple; monastery
3. 村落	cūnluò	village			

2 用于计量事物的一部分。
Used to refer to one place or several places.

情 景

周末和几个朋友去爬山，我光顾看风景了，脚下一滑，摔了一跤，身上磕破了好几**处**。那几处伤一个多月才好。

Zhōumò hé jǐ ge péngyou qù pá shān, wǒ guāng gù kàn fēngjǐng le, jiǎo xià yì huá, shuāile yì jiāo, shēn shang kēpòle hǎo jǐ chù. Nà jǐ chù shāng yí ge duō yuè cái hǎo.

短 语

身上有好几**处**伤

生 词

1. 周末	zhōumò	weekend	6. 摔	shuāi	fall; tumble
2. 爬山	pá shān	climb a mountain	7. 跤	jāo	fall
3. 光顾	guānggù	only care for	8. 磕	kē	knock
4. 风景	fēngjǐng	scenery	9. 好几处伤	hǎo jǐ chù shāng	
5. 滑	huá	slippery			with bruises on several areas

1 用于计量连贯起来的成串的东西。
Used to refer to things of the same kind that are growing or attachec closely together.

情 景

（1）庙会上可热闹了，卖什么的都有。我们边走边吃，我吃了2**串儿**烤鸡翅、3**串儿**羊肉串儿、一**串儿**大糖葫芦。

Miàohuì shang kě rènao le, mài shénme de dōu yǒu. Wǒmen biān zǒu biān chī, wǒ chīle liǎng chuànr kǎo jīchì, sān chuànr yángròuchuànr, yí chuànr dà tánghúlu.

（2）刚才在超市捡到一**串儿**钥匙，问了几个人都说没丢，我只好交到服务台去了。

Gāngcái zài chāoshì jiǎndào yí chuànr yàochi, wènle jǐ ge rén dōu shuō méi diū, wǒ zhǐhǎo jiāo dào fúwùtái qù le.

（3）这个农家小院很漂亮，门的两边挂着几**串儿**红辣椒，中间挂着一个大红灯笼。

Zhège nóngjiā xiǎoyuàn hěn piàoliang, mén de liǎngbiān guàzhe jǐ chuànr hóng làjiāo, zhōngjiān guàzhe yí ge dà hóng dēnglong.

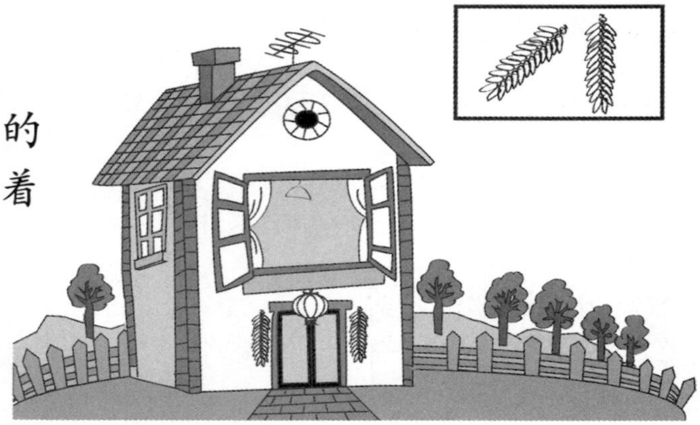

短　语

1. 一**串儿**鞭炮
2. 一**串儿**烤羊肉
3. 一**串儿**辣椒
4. 一**串儿**糖葫芦
5. 一**串儿**项链
6. 一**串儿**珠子

生　词

1.	庙会	miàohuì	(temple) fair	6.	服务台	fúwùtái	service counter
2.	烤	kǎo	bake; roast	7.	农家	nóngjiā	farmhouse
3.	鸡翅	jīchì	chicken wings	8.	辣椒	làjiāo	hot pepper
4.	羊肉	yángròu	mutton	9.	灯笼	dēnglong	lantern
5.	糖葫芦	tánghúlu	sugar-coated haws on a stick	10.	珠子	zhūzi	pearl; bead

2 用于计量连续的语言或动作。

Used to refer to a short period of speech, laughter, singing or another similar action.

情　景

她是个性格开朗爱说爱笑的人，还没有见到她的面，老远就能听见她一**串串儿**的笑声。

Tā shì ge xìnggé kāilǎng ài shuō ài xiào de rén, hái méiyǒu jiàn dào tā de miàn, lǎoyuǎn jiù néng tīngjiàn tā yí chuànchuànr de xiàoshēng.

短　语

1. 传出一**串儿**笑声
2. 说了一大**串儿**话
3. 一**串儿**歌声
4. 一**串儿**脚步声

生　词

1. 性格	xìnggé	nature	3. 老远	lǎoyuǎn	far away
2. 开朗	kāilǎng	open and frank	4. 脚步	jiǎobù	footstep; pace

★ 比较“串儿”和“挂”，见第80页。

chuáng 床

1 用于计量被褥等。
Used to refer to bedding and bedclothes, etc.

情　景

她感冒了，有点儿发烧，盖着**一床**很厚的棉被还觉得冷。我又给她盖了**一床**，她才慢慢地睡着了。

Tā gǎnmào le, yǒudiǎnr fāshāo, gàizhe yì chuáng hěn hòu de miánbèi hái juéde lěng. Wǒ yòu gěi tā gàile yì chuáng, tā cái mànmān de shuìzháo le.

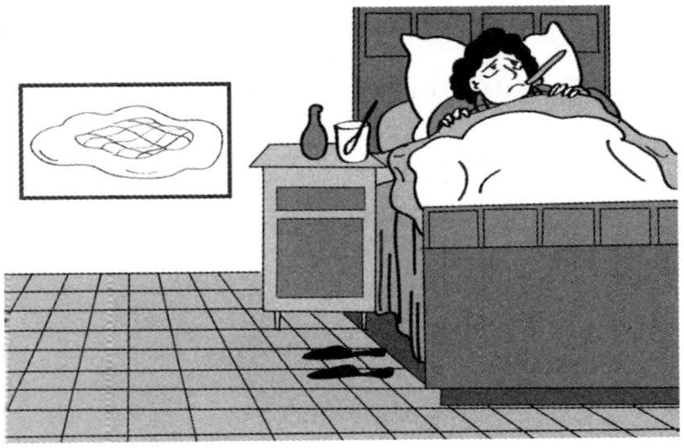

短　语

1. 一床被　　2. 一床褥子

生　词

1. 盖(被)	gài(bèi)	cover (with a quilt)	3. 被	bèi	quilt
2. 棉被	miánbèi	a quilt with cotton padding	4. 褥子	rùzi	cotton-padded mattress

cì 次

1 用于计量反复出现或可能出现的事情。
Used to refer to the number of times things happen.

情　景

（1）我和她不太熟，只见过两三**次**面。去年还和她一起参加过**一次**记者招待会。

Wǒ hé tā bú tài shóu, zhǐ jiànguò liǎng-sān cì miàn. Qùnián hái hé tā yìqǐ cānjiā guò yí cì jìzhě zhāodàihuì.

（2）医生说他的腿伤得很厉害，要做三次手术，最少得两个月才能痊愈。

Yīshēng shuō tā de tuǐ shāng de hěn lìhai, yào zuò sān cì shǒushù, zuìshǎo děi liǎng ge yuè cái néng quányù.

短 语

1. 见了两**次**面　3. 听了几**次**课　5. **一次**革命　7. **一次**事故　9. **一次**手术
2. 进了**一次**城　4. **一次**改革　6. **一次**经济危机　8. **一次**试验　10. **一次**战争

生 词

1. 熟	shú	familiar	6. 改革	gǎigé	reform
2. 记者	jìzhě	journalist	7. 经济危机	jīngjì wēijī	economic crisis
3. 招待会	zhāodàihuì	press conference	8. 事故	shìgù	accident
4. 厉害	lìhai	severe	9. 试验	shìyàn	trial; experiment
5. 痊愈	quányù	fully recovered from an illness	10. 手术	shǒushù	surgery; operation

动量 用于计量动作的次数。
A verbal measure word used to refer to the number of times an action occurs.

情 景

昨天我到他宿舍去了两**次**他都不在。今天我又去了一**次**，他还不在。后来我才知道，一个月以前他就出国了。

Zuótiān wǒ dào tā sùshè qùle liǎng cì tā dōu bú zài, Jīntiān wǒ yòu qùle yí cì, tā hái bú zài. Hòulái wǒ cái zhīdào, yí ge yuè yǐqián tā jiù chūguó le.

短 语

1. 吃**一次**　2. 看**一次**　3. 来**一次**　4. 去**一次**　5. 研究了**三次**

生 词

1. 宿舍	sùshè	dormitory	3. 出国	chūguó	go abroad
2. 后来	hòulái	afterwards; later	4. 研究	yánjiū	research

★ 比较“次”和“番”，见第61页。比较“遍”、“次”和“趟”，见第174页。

cóng 丛

1 用于计量丛生在一起的植物。
Used to refer to plants growing together, such as a thicket, a shrub, etc.

情　景

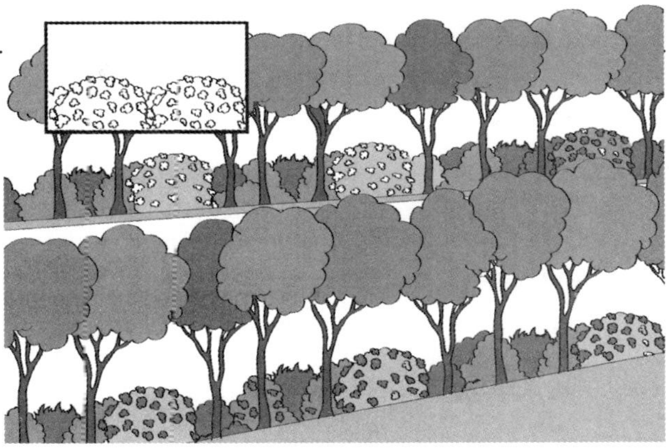

春天，马路两边一丛丛的小树开满了各种颜色的鲜花，有粉的，有黄的，还有白的，非常好看。

Chūntiān, mǎlù liǎngbiān yì cóngcóng de xiǎo shù kāimǎnle gèzhǒng yánsè de xiānhuā, yǒu fěn de, yǒu huáng de, háiyǒu bái de, fēicháng hǎokàn.

短　语

1. 一丛草　2. 一丛灌木　3. 一丛玫瑰　4. 一丛牡丹花　5. 一丛野花

生　词

1. 粉	fěn	pink	4. 玫瑰	méigui	rose
2. 草	cǎo	grass	5. 牡丹花	mǔdānhuā	peony
3. 灌木	guànmù	bush			

cù 簇

1 用于计量聚集成团的花草。多用于书面语。
Used to refer to a group or cluster of flowers or plants, mostly used in written language.

情　景

远处的山上开满了一簇簇的黄花，近处有一群群的牛羊在吃草，这儿的风景简直太美了。

Yuǎnchù de shān shang kāimǎnle yícùcù de huáng huā, jìnchù yǒu yì qúnqún de niú yáng zài chī cǎo, zhèr de fēngjǐng jiǎnzhí tài měi le.

短　语

1. 几簇竹子　2. 一簇鲜花　3. 一簇野花　4. 一簇迎春花

生 词

1. 简直	jiǎnzhí	simply	3. 野花	yěhuā	wild flower
2. 竹子	zhúzi	bamboo	4. 迎春花	yíngchūnhuā	winter jasmine

2 用于计量成堆的人群。
Used to refer to a crowd of people.

情 景

现在私家车多了，道路也好走了，出门旅游的人多了起来。不管到哪个景点，看到的都是一簇簇的人头。

Xiànzài sījiāchē duō le, dàolù yě hǎo zǒu le, chūmén lǚyóu de rén duō le qǐlai. Bùguǎn dào nǎge jǐngdiǎn, kàn dào de dōu shì yí cùcù de réntóu.

短 语

1. 一簇人影

生 词

1. 私家车	sījiāchē	private car	5. 不管	bùguǎn	regardless
2. 道路	dàolù	road	6. 景点	jǐngdiǎn	scenic spot
3. 出门	chūmén	go out	7. 人头	réntóu	people
4. 旅游	lǚyóu	tour	8. 人影	rényǐng	shadows of people

★ 比较“丛”和“簇”

同 都用于计量聚集在一起的植物。
They are both used to refer to plants that grow or become tangled together.

异 “丛”只用于计量丛生在一起的植物。
丛 is used for plants growing together. It is only used to refer to plants.

如：一丛灌木、一丛杂草。
e.g., a bush; a patch of wild grass

"簇"用于计量聚集成团的花草树木。除此之外，"簇"还可以用于成堆的人群。

簇 is used for plants growing together. In addition, 簇 is also used to refer to a crowd of people.

如：一簇鲜花、一簇杂草。
e.g., a bunch of flowers; a patch of wild grass

如：一簇人影、一簇人头。
e.g., a group of human figures; a crowd of people

cuō 撮

1 用于计量用手或工具撮取的小量东西，多用于方言。

Used to refer to a small amount or number of things gathered together that can be scooped up with a small tool or by hand. It is mostly used in dialect.

情 景 ▶

昨天下午，我们在办公室打扫卫生，有人擦玻璃，有人扫地。当我们收拾完要走的时候，突然发现地上还有一小**撮**垃圾没撮走。

Zuótiān xiàwǔ, wǒmen zài bàngōngshì dǎsǎo wèishēng, yǒu rén cā bōli, yǒu rén sǎodì. Dāng wǒmen shōushi wán yào zǒu de shíhou, tūrán fāxiàn dì shang háiyǒu yì xiǎocuōr lājī méi cuōzǒu.

短 语 ▶

1. 一**撮**茶叶
2. 一**撮**干树叶
3. 一**撮**土
4. 一**撮**烟灰
5. 一**撮**烟丝
6. 一**撮**盐
7. 一**撮**芝麻

生 词 ▶

1. 卫生	wèishēng	hygiene; sanitation	5. 树叶	shùyè	leaf
2. 收拾	shōushi	put in order; tidy up	6. 烟丝	yānsī	cut tobacco
3. 垃圾	lājī	garbage; trash	7. 芝麻	zhīma	sesame
4. 撮	cuō	scoop up; gather			

★ 比较"撮（cuō）"和"撮儿（zuǒr）"，见第233页。

撮 cuō

2 用于计量极少的坏人或坏事，数词只限于“一”。“一”和“撮”之间一般加“小”。
Used to refer to a small number of bad persons or things. Only used with the numeral 一. 小 usually is inserted between 一 and 撮.

情　景 ▶

那一小**撮**流氓干了坏事刚要逃跑，就被警察抓住了。警察把他们推上车带到派出所去了。

Nà yìxiǎocuōr liúmáng gānle huàishì gāng yào táopǎo, jiù bèi jǐngchá zhuāzhù le. Jǐngchá bǎ tāmen tuīshàng chē dài dào pàichūsuǒ qù le.

短　语 ▶

1. 一小**撮**暴徒　　2. 一小**撮**坏蛋　　3. 一小**撮**坏人　　4. 一小**撮**土匪

生　词 ▶

1. 流氓	liúmáng	rogue; hoodlum		4. 派出所	pàichūsuǒ	local police station
2. 逃跑	táopǎo	run away; escape		5. 暴徒	bàotú	ruffian; thug
3. 抓	zhuā	catch		6. 土匪	tǔfěi	bandit; brigand

沓儿 dár

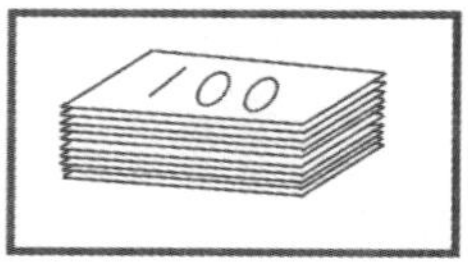

1 用于计量重叠起来的纸张和其他薄的东西，可以加“子”。
Used with sheets or other flat things piled one upon another. 沓 can be followed by 子.

情　景 ▶

（1）那个收银员把数好的几**沓儿**钱放在包里，等着另一个收银员来接他的班。

Nàge shōuyínyuán bǎ shǔhǎo de jǐ dár qián fàng zài bāo li, děngzhe lìng yí ge shōuyínyuán lái jiē tā de bān.

（2）他好久没收到家人的信了，非常着急。今天看见邮递员手里拿着一**沓儿**信，他很高兴。但是，还是没有他的，他又失望了。

Tā hǎojiǔ méi shōudào jiārén de xìn le, fēicháng zháojí. Jīntiān kànjiàn yóudìyuán shǒu li názhe yì dár xìn, tā hěn gāoxìng. Dànshì, háishì méiyǒu tā de, tā yòu shīwàng le.

（3）这家饭店今天开业，老板让几个服务员，每人拿着一**沓儿**广告在门口散发。

Zhè jiā fàndiàn jīntiān kāiyè, lǎobǎn ràng jǐ ge fúwùyuán, měirén názhe yì dár guǎnggào zài ménkǒu sànfā.

短　语

1. 一**沓儿**报纸
2. 一**沓儿**稿纸
3. 一**沓儿**广告
4. 一**沓儿**明信片
5. 一**沓儿**信封
6. 一**沓儿**信纸
7. 一**沓儿**纸

生　词

1. 收银员	shōuyínyuán	cashier	6. 老板	lǎobǎn	boss; shopkeeper
2. 包	bāo	bag	7. 广告	guǎnggào	advertisement
3. 邮递员	yóudìyuán	postman	8. 散发	sànfā	distribute; issue
4. 失望	shīwàng	lose hope；be disappointed	9. 明信片	míngxìnpiàn	postcard
5. 开业	kāiyè	start a business	10. 信封	xìnfēng	envelope

★ 比较“沓儿”和“叠”，见第45页。

dài 袋

1 用于计量装口袋的东西，多儿化。
Used as the measure of the contents in a bag, normally followed by the retroflex suffix -r.

情　景

明天你们出去玩儿，最好带上几袋儿薯片、几个面包、几个鸡蛋，再带一

Míngtiān nǐmen chūqu wánr, zuì hǎo dàishàng jǐ dàir shǔpiàn, jǐ ge miànbāo,

点儿水果。这样就可以来个简单的野餐了。

jī ge jīdàn, zài dài yìdiǎnr shuǐguǒ. Zhèyàng jiù kěyǐ lái ge jiǎndān de yěcān le.

短 语

1. 一袋儿大米　　3. 一袋儿粮食　　5. 一袋儿糖
2. 一袋儿茶叶　　4. 一袋儿面粉　　6. 一袋儿盐

生 词

1. 薯片	shǔpiàn	potato chip		6. 粮食	liángshi	(a sack of) grain
2. 简单	jiǎndān	simple		7. 面粉	miànfěn	(a sack of) flour
3. 野餐	yěcān	picnic		8. 糖	táng	(a bag of) sugar
4. 大米	dàmǐ	(a bag of) rice		9. 盐	yán	(a packet of) salt
5. 茶叶	cháyè	(a packet of) tea leaves				

2 用于计量吸水烟或旱烟的次数，不能加儿化。

Used to refer to the number of times one smokes, or the amount of shredded tobacco in a water pipe or a long stemmed Chinese pipe. It is not to be followed by the retroflex suffix -r.

情 景

他坐在床边默默地抽完一袋烟，又接着装上了另一袋烟。过了十多分钟才慢慢地站了起来。

Tā zuò zài chuángbiān mòmò de chōuwán yí dài yān, yòu jiēzhe zhuāngshàngle lìng yí dài yān. Guòle shí duō fēnzhōng cái mànmān de zhànle qǐlái.

短 语

1. 抽一袋烟　　2. 吸一袋烟　　3. 装上一袋烟

生 词

1. 默默地	mòmò de	quietly; silently		3. 装上	zhuāngshàng	fill up
2. 一袋烟	yí dài yān	one pipeful of tobacco		4. 慢慢地	mànmān de	slowly

1 用于计量纸张数量。
Used for a unit of paper.

情　景 ▶

画中国画儿，得用宣纸。宣纸一般论刀卖，一刀宣纸是100张。

Huà Zhōngguóhuàr, děi yòng xuānzhǐ. Xuānzhǐ yìbān lùn dāo mài, yì dāo xuānzhǐ shì yìbǎi zhāng.

短　语 ▶

一刀纸

生　词 ▶

1. 宣纸	xuānzhǐ	Chinese rice paper; Xuan paper		2. 论	lùn	by; according to

动量 用于计量用刀割、砍的数量。
A verbal measure word used for the measure of the number of cuts from a knife.

情　景 ▶

这把刀太小了，切西瓜时，很费劲，切好几刀才把西瓜切开。

Zhè bǎ dāo tài xiǎo le, qiē xīguā shí, hěn fèijìn, qiē hǎo jǐ dāo cái bǎ xīguā qiēkāi.

短　语 ▶

1. 割了一刀　　2. 砍了几刀　　3. 切了一刀

生　词 ▶

1. 西瓜	xīguā	watermelon	3. 割	gē	cut
2. 费劲	fèijìn	with great effort; with difficulty	4. 砍	kǎn	chop; hack

道 dào

1 用于计量山脉、河流或某些长条形的东西。

Used to refer to a narrow opening, such as a crack in a wall, a canyon, or a ditch, etc. It can also refer to something having a long, thin shape, such as a shaft of light, eyebrows, wrinkles, etc.

情　景 ▶

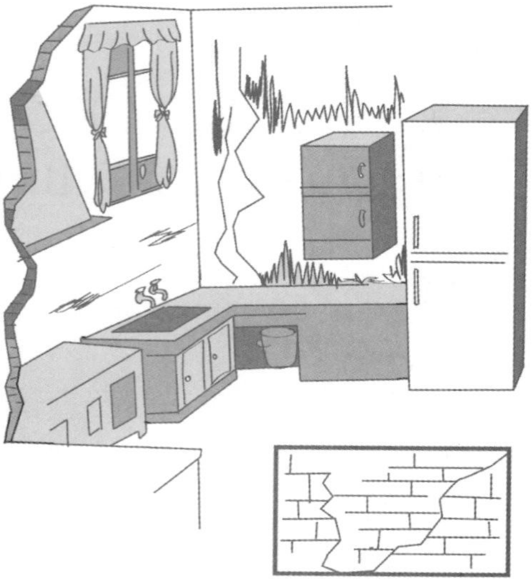

（1）这房子有很多年没修理了。西边的墙裂了一**道**大缝儿，东边的墙也坏了，不能再住人了。

Zhè fángzi yǒu hěn duō nián méi xiūlǐ le. Xībian de qiáng lièle yí dào dà fèngr, dōngbian de qiáng yě huài le, bù néng zài zhù rén le.

（2）那个男孩子又爬到树上去玩了，脸上手上让树枝划了好几**道**口子也不知道疼。

Nàge nán háizi yòu pá dào shù shang qù wánr le, liǎn shang shǒu shang ràng shùzhī huále hǎo jǐ dào kǒuzi yě bù zhīdào téng.

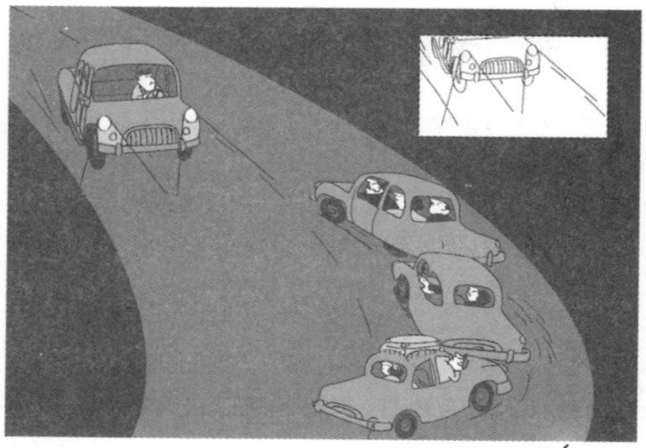

（3）前边开来一辆汽车，汽车的两**道**灯光太亮了，晃得我们什么也看不见，只好停下来等它开过去。

Qiánbian kāilai yí liàng qìchē, qìchē de liǎng dào dēngguāng tài liàng le, huǎngde wǒmen shénme yě kàn bu jiàn, zhǐhǎo tíng xiàlai děng tā kāi guòqu.

（4）我敲了半天门，里边才有了脚步声。门开了一**道**缝儿，从门缝儿里探出一个脑袋来。

Wǒ qiāole bàntiān mén, lǐbian cái yǒule jiǎobù shēng. Mén kāile yí dào fèngr, cóng mén fèngr li tànchū yí ge nǎodai lái.

短　语

1. 几道皱纹
2. 两道眉毛
3. 一道彩虹
4. 一道灯光
5. 一道缝儿
6. 一道沟
7. 一道光
8. 一道河
9. 一道闪电

生　词

1. 裂	liè	crack; split	8. 晃	huǎng	dazzle
2. 缝	fèng	crevice	9. 彩虹	cǎihóng	rainbow
3. 树枝	shùzhī	branch (of a tree)	10. 光	guāng	light
4. 划	huá	scratch	11. 眉毛	méimao	eyebrow
5. 口子	kǒuzi	cut; opening	12. 闪电	shǎndiàn	lightning
6. 灯光	dēngguāng	lamplight	13. 皱纹	zhòuwén	wrinkle
7. 亮	liàng	bright			

2 用于计量门、关口及其他的东西。

Used to describe doors, gates, strategic passes or similar things.

情　景

东边那座楼和西边那座楼中间有**一道**墙。为了出来进去方便，最近，在那**道**墙上开了一个小门。

Dōngbian nà zuò lóu hé xībian nà zuò lóu zhōngjiān yǒu yí dào qiáng. Wèile chūlái jìnqù fāngbiàn, zuìjìn, zài nà dào qiáng shang kāile yí ge xiǎo mén.

短　语

1 过了一道关
2. 一道防线
3. 一道关口
4. 一道门
5. 一道屏风
6. 一道铁丝网

生　词

1. 关	guān	barrier; critical juncture	4. 屏风	píngfēng	screen
2. 防线	fángxiàn	line of defense	5. 铁丝网	tiěsīwǎng	wire entanglement
3. 关口	guānkǒu	strategic pass			

★ 比较"道"和"堵"，见第47页。比较"道"和"扇"，见第154页。

3 用于计量命令、题目、计划等。
Used to refer to a decree, public notice, procedure, test question, etc.

情　景 ▶

妈妈发现女儿从学校回来以后很不高兴，就问她怎么了。女儿说："今天的考试考坏了，答错了好几**道**题。"

Māma fāxiàn nǚ'ér cóng xuéxiào huílai yǐhòu hěn bù gāoxìng, jiù wèn tā zěnmele. Nǚ'ér shuō: "Jīntiān de kǎoshì kǎohuài le, dácuòle hǎo jǐ dào tí."

短　语 ▶

1. 省了**一道**手续
2. **一道**公文
3. **一道**命令

生　词 ▶

1. 手续	shǒuxù	procedure; formality	3. 命令	mìnglìng	order; decree
2. 公文	gōngwén	official document			

4 用于计量工作程序的次数。
Used for the measure of the number of working procedures in a task.

情　景 ▶

这桌酒席很丰盛，上了**一道**菜又**一道**菜。我们只喝酒吃菜就饱了。

Zhè zhuō jiǔxí hěn fēngshèng, shàngle yí dào cài yòu yí dào cài. Wǒmen zhǐ hē jiǔ chī cài jiù bǎo le.

短　语 ▶

1. 上了两**道**漆
2. **一道**工序

生　词 ▶

1. 酒席	jiǔxí	feast	3. 工序	gōngxù	working procedure
2. 漆	qī	paint			

dī 滴

1 用于计量滴下的液体的数量。
Used to refer to a small drop of liquid.

情 景 ▶

（1）我眼睛里刮进一粒沙子，出不来了。后来到了医院，医生给我点了几**滴**眼药，沙子才出来。

Wǒ yǎnjing li guājìn yí lì shāzi, chū bù lái le. Hòulái dàole yīyuàn, yīshēng gěi wǒ diǎnle jǐ dī yǎnyào, shāzi cái chūlai.

（2）自从几年前买了车后，他只要开车就一**滴**酒也不喝。要是喝了酒他就打车回家，从不酒后驾车。

Zìcóng jǐ nián qián mǎile chē hòu, tā zhǐyào kāi chē jiù yì dī jiǔ yě bù hē. Yàoshì hēle jiǔ tā jiù dǎchē huíjiā, cóng bù jiǔhòu jiàchē.

短 语 ▶

1. 一**滴**汗
2. 一**滴**酒
3. 一**滴**墨汁
4. 一**滴**水
5. 一**滴**血
6. 一**滴**眼泪
7. 一**滴**眼药
8. 一**滴**油
9. 一**滴**雨

生 词 ▶

1. 沙子	shāzi	sand	5. 驾车	jiàchē	drive
2. 只要……，就……			6. 墨汁	mòzhī	prepared Chinese ink
	zhǐyào…, jiù…	as long as	7. 血	xiě	blood
3. 打车	dǎchē	take a taxi	8. 眼泪	yǎnlèi	tears
4. 从不	cóng bù	never	9. 眼药	yǎnyào	medication for the eyes; eye drops

dì 地

1 用于计量与地面有关的东西，数词只限于“一”。
Used to describe things that cover the whole extent or surface of the ground or floor. Only used with the numeral 一.

情 景 ▶

他上星期刚刚搬过来，这两天忙得还

Tā shàng xīngqī gānggāng bān guòlai,

没来得及整理，屋里堆了**一地**东西。

zhè liǎng tiān máng de hái méi láidejí zhěnglǐ, wū li duīle yí dì dōngxi.

短 语

1. 堆了**一地**东西；　2. 扔了**一地**鞋；　3. 洒了**一地**水；　4. 撒了**一地**广告；

生 词

1. 搬	bān	move	6. 鞋	xié	shoes
2. 来得及	láidejí	in time; be able to make it	7. 洒	sǎ	spill
3. 整理	zhěnglǐ	put in order	8. 撒	sǎ	spilt
4. 堆	duī	stack	9. 广告	guǎnggào	advertisement
5. 扔	rēng	throw			

动量 **用于计量与地面有关的东西。**

A verbal measure word used to refer to a floor of things.

情 景

那辆大货车因车速过快，拐弯儿时一下子翻了车，车上拉的满满一车水果洒了**一地**。

Nà liàng dàhuòchē yīn chēsù guò kuài, guǎiwānr shí yíxiàzi fānle chē, chē shang lāde mǎnmān yì chē shuǐguǒ sǎle yí dì.

短 语

1. 吹了**一地**
2. 堆了**一地**
3. 铺了**一地**
4. 扔了**一地**
5. 洒了**一地**
6. 撒了**一地**

生 词

1. 大货车	dàhuòchē	truck	5. 翻车	fānchē	turn over
2. 车速	chēsù	speed of a motor vehicle	6. 满满	mǎnmān	full
3. 过快	guò kuài	too fast	7. 吹	chuī	blow
4. 拐弯儿	guǎiwānr	turn a corner	8. 铺	pū	spread

1 用于计量事项等。
Used for enumerating points, items, pieces, etc.

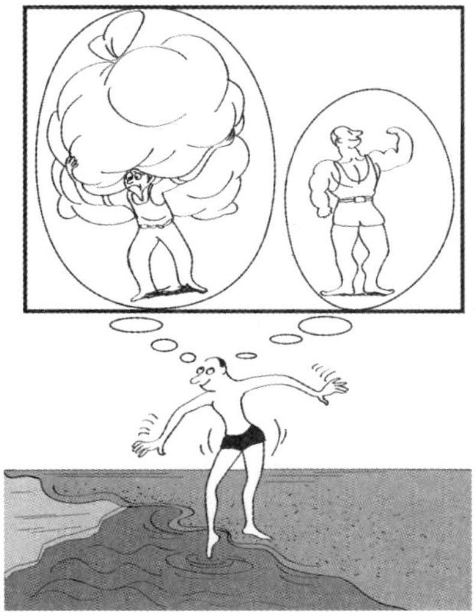

情 景 ▶

我觉得冬天游泳有两**点**好处：第一，可以增强体质；第二，可以锻炼意志。

Wǒ juéde dōngtiān yóuyǒng yǒu liǎng diǎn hǎochù: dì-yī, kěyǐ zēngqiáng tǐzhì; dì-èr, kěyǐ duànliàn yìzhì.

短 语 ▶

1. 几**点**建议　　2. 两**点**注意事项　　3. 一**点**意见

生 词 ▶

1. 增强	zēngqiáng	strengthen	4. 建议	jiànyì	suggestion
2. 体质	tǐzhì	physique	5. 事项	shìxiàng	item; matter
3. 意志	yìzhì	will			

2 用于表示少量，数词多用“一”，一般用儿化。
For a small amount of things, mostly used with the numeral 一 and the retroflex suffix -r.

情 景 ▶

这个菜不难做，放一**点**儿盐、一**点**儿糖，再放一**点**儿醋，就行了。

Zhè ge cài bù nán zuò, fàng yìdiǎnr yán, yìdiǎnr táng, zài fàng yìdiǎnr cù, jiù xíng le.

短 语 ▶

1. 一**点**儿痕迹　　2. 一**点**儿积蓄　　3. 一**点**儿心意

生 词 ▶

1. 痕迹	hénjì	mark;vestige	2. 积蓄	jīxù	savings

★ 比较“点儿”和“些”，见第202页。

碟 dié

1 用于计量用碟盛的东西，多指食品。
Used to refer to a plateful of something.

情 景 ▶

很多人习惯吃饺子时，倒一小**碟**醋，边蘸醋边吃，有的人还爱在醋里放几滴辣油；有的人爱放几滴酱油。

Hěn duō rén xíguàn chī jiǎozi shí, dào yì xiǎo dié cù, biān zhàn cù biān chī, yǒude rén hái ài zài cù li fàng jǐ dī làyóu; yǒude rén ài fàng jǐ dī jiàngyóu.

短 语 ▶

1. **一碟**花生米　2. **一碟**凉菜　3. **一碟**咸菜　4. 蘸**一碟儿**醋

生 词 ▶

1. 饺子	jiǎozi	dumpling; jiaozi	5. 花生米	huāshēngmǐ	peanut
2. 蘸	zhàn	dip in (sauce)	6. 凉菜	liángcài	cold dish
3. 辣油	làyóu	hot pepper oil	7. 咸菜	xiáncài	pickles
4. 酱油	jiàngyóu	soy sauce			

叠 dié

1 用于计量重叠起来的纸张和其他薄的东西，可以儿化或加“子”。
Used to refer to a number of sheets and other flat things piled one upon another. 叠 can be followed by 子 or the retroflex suffix -r.

情 景 ▶

(1) 他一进门，就把一**叠**钞票放在我面前说：“以后要用钱，尽管跟我说，千万别客气。”

Tā yí jìn mén, jiù bǎ yì dié chāopiào fàng zài wǒ miànqián shuō: “Yǐhòu yào yòng qián, jǐnguǎn gēn wǒ shuō, qiānwàn bié kèqi.”

(2) 这位歌星的演出票，可难买了。不到半个小时，几**叠子**票就都卖光了。

Zhè wèi gēxīng de yǎnchūpiào, kě nán mǎi le. Bú dào bàn ge xiǎoshí, jǐ diézi piào jiù dōu màiguāng le.

短 语

1. 一叠报纸
2. 一叠钞票
3. 一叠稿纸
4. 一叠毛巾
5. 一叠门票
6. 一叠明信片
7. 一叠信

生 词

1. 钞票	chāopiào	(a wad of) banknotes	7. 演出	yǎnchū	perform
2. 面前	miànqián	in front of	8. 光	guāng	used up; finished up
3. 尽管	jǐnguǎn	though; even though	9. 报纸	bàozhǐ	(a pile of) newspapers
4. 千万	qiānwàn	be sure to	10. 毛巾	máojīn	towel
5. 大牌	dàpái	well known; famous	11. 明信片	míngxìnpiàn	(a pack of) postcards
6. 歌星	gēxīng	famous singer			

★ 比较"沓儿"和"叠"

同 都用于计量重叠起来的东西。
Both are used for the measure of something placed upon another.

异 "沓儿"只用于纸张类的东西，一般重叠起来不太厚。
沓儿 is used only for paper or a small pile of something flat.

如：一沓儿钞票、一沓儿广告。
e.g., a wad of banknotes; a pile of print ads

"叠"除了用于纸张以外，还可以计量其他物件。
叠 is used for papers as well as for other articles laid one upon another.

如：一叠文件、一叠衣服、一叠毛巾。
e.g., a pile of documents; a pile of clothes; a pile of towels

dǐng 顶

1 用于计量某些有顶的东西。
Used to refer to things that have a cap, a cover, etc.

情 景

（1）她戴了一顶新帽子。我们大家

都很喜欢，问她是在哪儿买的。她说，不是买的，是别人送的。

Tā dàile yì dǐng xīn màozi. Wǒmen dàjiā dōu hěn xǐhuan, wèn tā shì zài nǎr mǎi de. Tā shuō, bú shì mǎi de, shì biéren sòng de.

（2）下周公司放七天假，几个朋友打算开车去西部旅行。他们买了三**顶**帐篷和其他一些户外用品。

Xià zhōu gōngsī fàng qī tiān jià, jǐ ge péngyou dǎsuàn kāi chē qù Xībù lǚxíng. Tāmen mǎile sān dǐng zhàngpeng hé qítā yìxiē hùwài yòngpǐn.

短　语

1. 一**顶**草帽
2. 一**顶**花轿
3. 一**顶**皇冠
4. 一**顶**头盔
5. 一**顶**蚊帐
6. 一**顶**帐篷
7. 一**顶**遮阳帽

生　词

1. 帐篷	zhàngpeng	tent	5. 皇冠	huángguān	imperial crown
2 户外用品	hùwài yòngpǐn	necessities for outdoor survival	6. 头盔	tóukuī	helmet
			7. 蚊帐	wénzhàng	mosquito net
3. 草帽	cǎomào	straw hat	8. 遮阳帽	zhēyángmào	sun hat
4. 花轿	huājiào	bridal sedan chair			

栋 dòng

1 用于计量房屋的数量或其他建筑物。
Used to refer to houses or other buildings.

情　景

这几栋楼都是新盖的，前边那三**栋**已经住进人了，后边那两栋还没盖完。

Zhè jǐ dòng lóu dōu shi xīn gài de, qiánbian nà sān dòng yǐjīng zhùjìn rén le, hòubian nà liǎng dòng hái méi gàiwán.

短　语

1. 一**栋**厂房
2. 一**栋**房子
3. 一**栋**高楼
4. 一**栋**宿舍楼

生　词

1. 厂房	chǎngfáng	factory building	2. 房子	fángzi	house

1 用于计量墙的数目。
Used for the measure of the number of walls.

情 景 ▶

那个坏人跑了，人们在后边追他。他想从小路逃走，结果被前面一**堵**墙给挡住了。这时，大家追了上来，把他抓住了。

Nàge huàirén pǎo le, rénmen zài hòubian zhuī tā. Tā xiǎng cóng xiǎo lù táozǒu, jiéguǒ bèi qiánmian yì dǔ qiáng gěi dǎngzhù le. Zhè shí, dàjiā zhuīle shànglái, bǎ tā zhuāzhù le.

短 语 ▶

一堵墙

生 词 ▶

1. 追	zhuī	pursue	4. 挡	dǎng	block; get in the way
2. 小路	xiǎo lù	path; trail	5. 抓住	zhuāzhù	seize
3. 结果	jiéguǒ	result			

★ 比较"道^{2}"和"堵"

同 都用于计量门、关口及其类似的东西。
They are both used for the measure of doors, gates, strategic passes and similar things.

异 "一堵墙"可以代替"一道墙"。但一般说来，"一堵墙"有"阻碍，阻挡"的隐含意义，而"一道墙"表示狭长的，有时用于分区的墙。
一堵墙 is an alternative form of 一道墙. 一堵墙 generally implies "getting in the way", while 一道墙 indicates a wall which is long, or a partition.

肚子 dùzi

1 用于计量与肚子有关的具体或抽象的数量，数词只限于“一”，有时“肚子”前加“满”表示抽象的意思。

Used either literally or figuratively to refer to one's belly. 肚子 is only used with the numeral 一, and sometimes with 满 to indicate abstraction.

情　景

（1）我今天骑自行车进城去买东西，喝了**一肚子**凉风。回来以后就肚子疼，喝了两杯热水才好。

Wǒ jīntiān qí zìxíngchē jìn chéng qù mǎi dōngxi, hēle yí dùzi liángfēng. Huílái yǐhòu jiù dùzi téng, hēle liǎng bēi rèshuǐ cái hǎo.

（2）刚从老家出来时，什么都不顺利，处处被城里人看不起，受了**一肚子**委屈。

Gāng cóng lǎojiā chūlai shí, shénme dōu bú shùnlì, chùchù bèi chénglǐrén kànbuqǐ, shòule yí dùzi wěiqu.

短　语

1. 满**肚子**不高兴
2. 满**肚子**学问
3. **一肚子**话
4. **一肚子**坏水
5. **一肚子**牢骚
6. **一肚子**墨水
7. **一肚子**啤酒
8. **一肚子**气
9. **一肚子**委屈

生　词

1. 处处	chùchù	everywhere	5. 坏水	huàishuǐ	evil intention
2. 看不起	kànbuqǐ	look down upon	6. 牢骚	láosāo	complaint
3. 委屈	wěiqu	grievance	7. 墨水	mòshuǐ	book learning
4. 学问	xuéwen	knowledge	8. 啤酒	píjiǔ	beer

段 duàn

1 用于计量长条东西分成的若干部分。

Used to refer to a section or part of a long object.

情　景

（1）这**段**高速公路，今天凌晨因大雾

Zhè duàn gāosù gōnglù, jīntiān língchén

的原因，采取了临时封闭措施，中午12点左右才恢复通行。

yīn dàwù de yuányīn, cǎiqǔle línshí fēngbì cuòshī, zhōngwǔ shí'èr diǎn zuǒyòu cái huīfù tōngxíng.

（2）昨天夜里下了一场大雨。听说有**一段**铁轨被大雨冲坏了，正在抢修。所以，这条线路上的火车要晚点几个钟头。

Zuótiān yèli xiàle yì cháng dàyǔ. Tīngshuō yǒu yí duàn tiěguǐ bèi dàyǔ chōnghuài le, zhèngzài qiǎngxiū. Suǒyǐ, zhè tiáo xiànlù shang de huǒchē yào wǎndiǎn jǐ ge zhōngtóu.

短　语

1. **一段**城墙
2. **一段**电线
3. **一段**公路
4. **一段**管子
5. **一段**路程
6. **一段**木头
7. **一段**绳子
8. **一段**铁路
9. **一段**铁丝

生　词

1. 高速公路	gāosù gōnglù	highway	8. 恢复	huīfù	restore
2. 凌晨	língchén	before dawn	9. 铁轨	tiěguǐ	rail
3. 雾	wù	fog	10. 冲	chōng	wash away
4. 采取	cǎiqǔ	adopt	11. 抢修	qiǎngxiū	do rush repairs
5. 临时	línshí	temporary	12. 管子	guǎnzi	tube
6. 封闭	fēngbì	close	13. 绳子	shéngzi	rope
7. 措施	cuòshī	measure			

★ 比较“段”、“节”和“截儿”，见第100页。

2 用于计量一定的空间或时间的距离。
Used to refer to a length of time or distance.

情　景

（1）大夫说：“不要着急，你的病刚好，不能马上就去上班，还应该再休息**一段**时间。”

Dàifu shuō: "Búyào zháojí, nǐ de bìng gāng hǎo, bù néng mǎshàng jiù qù shàng bān, hái yīnggāi zài xiūxi yí duàn shíjiān."

（2）我下了火车一打听，离我要去的那个旅馆还有**一段**距离，我就打了一辆出租车。

Wǒ xiàle huǒchē yì dǎting, lí wǒ yào qù de nàge lǚguǎn háiyǒu yí duàn jùlí, wǒ jiù dǎle yí liàng chūzūchē.

短　语

1. **一段**经历
2. **一段**距离
3. **一段**空隙
4. **一段**日子
5. **一段**时间
6. **一段**岁月

生　词

1. 上班	shàng bān	go to work	4. 空隙	kòngxì	space
2. 经历	jīnglì	experience	5. 日子	rìzi	(a period of) days
3. 距离	jùlí	distance	6. 岁月	suìyuè	(a period of) years

三 用于计量语言、文辞、演出、音乐等的部分。

Used to refer to a stand alone part of a speech or a piece of writing, diction, play, music, etc.

情　景

他们两个人说的那**段**相声很短，一共才说了5分钟，但是非常有意思，没有一个人听了不笑的。

Tāmen liǎng ge rén shuō de nà duàn xiàngsheng hěn duǎn, yígòng cái shuōle wǔ fēnzhōng, dànshì fēicháng yǒu yìsi, méiyǒu yí ge rén tīngle bú xiào de.

短　语

1. **一段**话
2. **一段**记载
3. **一段**开场白
4. **一段**快板
5. **一段**评书
6. **一段**神话
7. **一段**文章
8. **一段**戏
9. **一段**新闻
10. **一段**音乐

生　词

1. 相声	xiàngsheng	comic dialog	5. 评书	píngshū	storytelling (by a professional storyteller)
2. 记载	jìzǎi	record; account			
3. 开场白	kāichǎngbái	introductory remarks	6. 神话	shénhuà	mythology
4. 快板	kuàibǎn	rhythmic comic talk			

4 用于计量已经过去的事物的过程。这件事往往对当事人有情感上的影响。
Used to refer to a period of time in the past that one lived through and that is still having an effect on one's mind and feelings.

情 景

(1) 他出生在农村，农村的那**段**生活给他留下了难忘的回忆。这**段**经历对他后来的写作影响很大。

Tā chūshēng zài nóngcūn, nóngcūn de nà duàn shēnghuó gěi tā liúxiàle nánwàng de huíyì. Zhè duàn jīnglì duì tā hòulái de xiězuò yǐngxiǎng hěn dà.

(2) 他们俩经过一**段**交往，有了更深的了解。彼此的感情也加深了。

Tāmen liǎ jīngguò yí duàn jiāowǎng, yǒule gèng shēn de liǎojiě. Bǐcǐ de gǎnqíng yě jiāshēn le.

短 语

1. 一**段**回忆
2. 一**段**交往
3. 一**段**经历
4. 一**段**历史
5. 一**段**生活
6. 一**段**事迹
7. 一**段**事情
8. 一**段**往事

生 词

1. 出生	chūshēng	born	6. 影响	yǐngxiǎng	influence
2. 难忘	nánwàng	unforgettable	7. 交往	jiāowǎng	association (with)
3. 回忆	huíyì	recall; recollection	8. 彼此	bǐcǐ	each other
4. 经历	jīnglì	experience	9. 事迹	shìjì	deed; achievement
5. 写作	xiězuò	writing	10. 往事	wǎngshì	past events

1 用于计量成堆的物体。
Used to refer to a mass of things or piled up materials.

情 景

(1) 只有5天的旅行，想不到她竟带了一**堆**行李，真好像搬家一样。

Zhǐyǒu wǔ tiān de lǚxíng, xiǎng bu dào tā jìng dàile yì duī xíngli, zhēn hǎoxiàng bānjiā yíyàng.

（2）下课铃响了，孩子们都跑到操场上去玩儿，有的打雪仗，有的滚雪球，还有几个把操场中间那**堆**雪堆成了一个大雪人。

Xiàkè líng xiǎng le, háizi men dōu pǎo dào cāochǎng shang qù wánr, yǒude dǎ xuězhàng, yǒude gǔn xuěqiú, hái yǒu jǐ ge bǎ cāochǎng zhōngjiān nà duī xuě duīchéngle yí ge dà xuěrén.

短　语

1. **一堆**东西
2. **一堆**肥料
3. **一堆**落叶
4. **一堆**人
5. **一堆**石头
6. **一堆**书
7. **一堆**土
8. **一堆**行李
9. **一堆**衣服
10. **一堆**作业

生　词

1. 竟	jìng	unexpectedly	6. 打雪仗	dǎ xuězhàng	have a snowball fight
2. 好像	hǎoxiàng	seem	7. 滚雪球	gǔn xuěqiú	roll a snowball
3. 搬家	bānjiā	moving	8. 堆雪人	duī xuěrén	make a snowman
4. 铃	líng	bell	9. 肥料	féiliào	fertilizer
5. 响	xiǎng	ring	10. 落叶	luòyè	fallen leaves

2 用于计量成堆的人群或昆虫等。

Used to refer to a crowd of people or insects, etc.

情　景

路口堵了**一堆**人，一个老人躺在地上，听说是心脏不舒服，正等救护车呢。

Lùkǒu dǔle yìduī rén, yí ge lǎorén tǎng zài dì shang, tīngshuō shì xīnzàng bù shūfu, zhèng děng jiùhùchē ne.

短　语

1. **一堆**虫子
2. **一堆**孩子
3. **一堆**人

生　词

1. 路口	lùkǒu	crossing; intersection	4. 救护车	jiùhùchē	ambulance
2. 堵	dǔ	block up	5. 虫子	chóngzi	insect
3. 心脏	xīnzàng	heart			

3 用于计量抽象事物，数词只限于“一”，“堆”的前面可以加“大”，表示很多的意思。

Used to refer to something abstract, and always used with the numeral 一, and with 大 followed by 堆, meaning to have plenty.

情　景

公司刚成立，有一大**堆**的事情要去做，一大**堆**的计划要落实，一大**堆**的问题要处理。他忙得好几天都没怎么合眼了。

Gōngsī gāng chénglì, yǒu yí dàduī de shìqing yào qù zuò, yí dàduī de jìhuà yào luòshí, yí dàduī de wèntí yào chǔlǐ. Tā máng de hǎojǐ tiān dōu méi zěnme héyǎn le.

短　语

1. 一大**堆**废话　3. 一大**堆**规划　5. 一大**堆**借口　7. 一大**堆**事情　9. 一大**堆**意见
2. 一大**堆**感想　4. 一大**堆**计划　6. 一大**堆**矛盾　8. 一大**堆**问题　10. 一大**堆**主意

生　词

1. 成立	chénglì	set up	7. 废话	fèihuà	nonsense
2. 计划	jìhuà	plan	8. 感想	gǎnxiǎng	impressions; reflections; thoughts
3. 落实	luòshí	decide	9. 借口	jièkǒu	excuse; pretext
4. 处理	chǔlǐ	attend	10. 矛盾	máodùn	contradiction
5. 好几天	hǎojǐ tiān	several days	11. 意见	yìjiàn	opinion
6. 合眼	héyǎn	sleep	12. 主意	zhǔyi	idea

duì 对

1 用于计量成双的人、动物或成双的同类东西，多用儿化。

Used to refer to a pair of human beings, animals or things, mostly ending with the retroflex suffix -r.

情　景

（1）这**对**孪生姐妹不但长得像，穿的衣服一样，就连走路的姿势、说话的声音也一模一样。

Zhè duì luánshēng jiěmèi búdàn zhǎng de xiàng, chuān de yīfu yíyàng, jiù lián zǒulù de zīshì, shuōhuà de shēngyīn yě yìmú-yíyàng.

对 duì

（2）这一**对**老夫妇结婚已经五十年了。今天是他们的金婚纪念日，很多朋友都来向他们祝贺。

Zhè yí duì lǎofūfu jiéhūn yǐjīng wǔshí nián le. Jīntiān shì tāmen de jīnhūn jìniànrì,hěnduō péngyou dōu lái xiàng tāmen zhùhè.

短　语

1. **一对**翅膀
2. **一对**大虾
3. **一对**大眼睛
4. **一对**耳环
5. **一对**蝴蝶
6. **一对**花瓶
7. **一对**孪生兄弟
8. **一对**矛盾
9. **一对**情人
10. **一对**沙发
11. **一对**鹦鹉
12. **一对**鸳鸯
13. **一对**冤家
14. **一对**枕头

生　词

1. 孪生	luánshēng	twin	9. 耳环	ěrhuán	earring
2. 姿势	zīshì	posture	10. 蝴蝶	húdié	butterfly
3. 一模一样	yìmú-yíyàng	exactly alike	11. 矛盾	máodùn	contradiction
4. 夫妇	fūfù	a couple	12. 鹦鹉	yīngwǔ	parrot
5. 金婚	jīnhūn	golden wedding (anniversary)	13. 鸳鸯	yuānyāng	mandarin duck
6. 祝贺	zhùhè	congratulate	14. 冤家	yuānjia	opponent and foe
7. 翅膀	chìbǎng	wing	15. 枕头	zhěntou	pillow
8. 虾	xiā	shrimp			

★ 比较“对”和“双”，见第164页。

顿 dùn

1 用于计量饮食的次数。
Used to refer to regular meals or any occasion when food is served.

情　景

A：这**顿**饭你一共花了多少钱？
B：一百五十五块。
A：怎么那么贵？
B：这还算便宜的。上次那**顿**饭花了二百多块呢！

A: Zhè dùn fàn nǐ yígòng huāle duōshao qián?
B: Yìbǎi wǔshíwǔ kuài.
A: Zěnme nàme guì?
B: Zhè hái suàn piányi de. Shàng cì nà dùn fàn huāle èrbǎi duō kuài ne!

短　语

1. **一顿**夜宵
2. **一顿**早(午／晚)饭

生 词

夜宵	yèxiāo	refreshments taken late at night

2 **用于计量斥责、劝说、打骂等行为的次数，数词只限于“一”，有时也可以省略。**
Used to refer to reprimanding, advising or abusing, etc. 顿 can only be preceded by the numeral 一, which sometimes is omitted.

(1) 昨天下班后，他跟同事喝酒去了，忘了给家里打电话。半夜回到家后，老婆跟他发了一**顿**脾气，早上起来他们又吵了几句。

Zuótiān xiàbān hòu, tā gēn tóngshì hējiǔ qù le, wàngle gěi jiālǐ dǎ diànhuà. Bànyè huí dào jiā hòu, lǎopo gēn tā fāle yí dùn píqi, zǎoshang qǐlai tāmen yòu chǎole jǐ jù.

(2) 今天经理不知道怎么了，早上一进门就发了一**顿**火，吓得大家都没敢出声。

Jīntiān jīnglǐ bù zhīdào zěnmele, zǎoshang yí jìnmén jiù fāle yí dùn huǒ, xià de dàjiā dōu méi gǎn chūshēng.

短 语

1. 吵了(一)**顿**架 2. 发了一**顿**火 3. 发了(一)**顿**牢骚 4. 发了(一)**顿**脾气 5. 受了一**顿**气

生 词

1. 同事	tóngshì	colleague	5. 吓	xià	be horrified
2. 老婆	lǎopo	wife	6. 敢	gǎn	dare
3. 吵	chǎo	quarrel	7. 出声	chūshēng	speak out
4. 经理	jīnglǐ	manager			

动量 **用于计量斥责、劝说、打骂等行为的次数，数词只限于“一”，有时也可以省略。**
A verbal measure word used to refer to reprimanding, advising or abusing, etc. Here 顿 can only be preceded by the numeral 一, which sometimes is omitted.

情 景

昨天夜里，他一个人出去喝酒，都快12点了才回来。他老婆开开门以后，狠狠地骂了他一**顿**。

Zuótiān yèli, tā yí ge rén chūqu hējiǔ, dōu kuài shí'èr diǎn le cái huílái. Tā lǎopo kāikai mén yǐhòu, hěnhěn de màle tā yí dùn.

顿 dùn

短 语

1. 吵一**顿** 2. 打一**顿** 3. 骂一**顿** 4. 批评一**顿**

生 词

1. 狠狠地	hěnhēn de	severely	3. 批评	pīpíng	criticize
2. 骂	mà	swear			

朵 duǒ

1 用于计量花朵和云彩或像花和云彩的东西。
Used to refer to flowers, clouds, or similar things.

情 景

她养了十几年的花儿，很有经验。她养的花儿都长得那么好。你看！那几**朵**花开得多漂亮啊！

Tā yǎngle shíjǐ nián de huār, hěn yǒu jīngyàn. Tā yǎng de huār dōu zhǎng de nàme hǎo. Nǐ kàn! Nà jǐ duǒ huā kāi de duō piàoliang a!

短 语

1. 一**朵**白云 2. 一**朵**棉花 3. 一**朵**蘑菇 4. 一**朵**云彩

生 词

1. 养	yǎng	grow	4. 蘑菇	mógu	mushroom
2. 白云	báiyún	white cloud	5. 云彩	yúncai	cloud
3. 棉花	miánhuā	cotton			

ěrduo 耳朵

动量 用于计量用耳朵听的次数，表示听到或偶然间听到简短的情况，仅能和数词“一”连用。
A verbal measure word. Used as the measure of the number of times one listens to something briefly or overhears something briefly. 耳朵 is used only with the numeral 一.

情 景 ▶

刚才去超市买东西，我听了一**耳朵**，好像是说附近那家超市就要关张了，什么时候关我没听清。

Gāngcái qù chāoshì mǎi dōngxi, wǒ tīngle yì ěrduo, hǎoxiàng shì shuō fùjìn nà jiā chāoshì jiù yào guānzhāng le, shénme shíhou guān wǒ méi tīngqīng.

短 语 ▶

听了一**耳朵**

生 词 ▶

1. 超市	chāoshì	supermarket	3. 关张	guānzhāng	close down
2. 好像	hǎoxiàng	seem; be like			

fā 发

1 用于计量枪弹、炮弹的数量等。
Used with bullets, shells, etc.

情 景 ▶

他今天第一次打靶，五**发**子弹，打中了三**发**，他很高兴。他觉得打靶也不太难，只要多练习，就能掌握。

Tā jīntiān dì-yī cì dǎbǎ, wǔ fā zǐdàn, dǎzhòngle sān fā, tā hěn gāoxìng. Tā juéde dǎbǎ yě bú tài nán, zhǐyào duō liànxí, jiù néng zhǎngwò.

短 语 ▶

1. 一**发**火箭
2. 一**发**炮弹
3. 一**发**子弹

发 fā

生 词

1. 打靶	dǎ bǎ	shooting practice	3. 炮弹	pàodàn	(artillery) shell
2. 火箭	huǒjiàn	rocket	4. 子弹	zǐdàn	bullet

★ 比较"发"和"颗"，见第109页。

番 fān

1 用于计量感情、语言、过程等，相当于"种"，数词只限于"一"、"几"。
Used to refer to sentiment, ability, speech, or the process of an action. It is equivalent to 种, and is only used with the numeral 一 or 几.

情 景

(1) 他看了那个电影以后，想起了从前他的女朋友和他分手时说的那番话，心里又难过起来了。

Tā kànle nèige diànyǐng yǐhòu, xiǎngqǐle cóngqián tā de nǚpéngyou hé tā fēnshǒu shí shuō de nà fān huà, xīnlǐ yòu nánguò qǐlái le.

(2) 你生活上有困难，他来帮助你，完全是出于一番好心，没有别的意思，你不要误会。

Nǐ shēnghuó shang yǒu kùnnan, tā lái bāngzhù nǐ, wánquán shì chū yú yì fān hǎoxīn, méiyǒu biéde yìsi, nǐ búyào wùhuì.

短 语

1. 别有一番天地
2. 一番本领
3. 一番才能
4. 一番道理
5. 一番风光
6. 一番感触
7. 一番工夫
8. 一番好意
9. 一番解释
10. 一番景象
11. 一番心思
12. 一番心血
13. 一番心意
14. 一番滋味

生 词

1. 分手	fēnshǒu	say goodbye to; separate	7. 感触	gǎnchù	reflection
2. 困难	kùnnan	difficulty	8. 景象	jǐngxiàng	scene
3. 好心	hǎoxīn	good intention	9. 心思	xīnsi	thought; idea
4. 误会	wùhuì	misunderstand	10. 心血	xīnxuè	painstaking care
5. 本领	běnlǐng	ability; talent	11. 心意	xīnyì	warm regard; kindly feelings
6. 才能	cáinéng	ability	12. 滋味	zīwèi	taste; flavor

2 用于计量费时较多，用力较大或过程较完整的行为，相当于“回”、“次”，数词只限于“一”。

Used to describe actions that require a great deal of effort or that take a long time to accomplish. It is equivalent to 回 and 次, and can only be used with the numeral 一.

情　景

（1） A：你汉语说得真好，一定下了一番苦功吧。
B：也没下什么苦功。
A：那你怎么学得那么好呢？
B：因为我母亲是中国人。
A：噢！怪不得呢！

A: Nǐ Hànyǔ shuō de zhēn hǎo, yídìng xiàle yì fān kǔgōng ba.
B: Yě méi xià shénme kǔgōng.
A: Nà nǐ zěnme xué de nàme hǎo ne?
B: Yīnwèi wǒ mǔqin shì Zhōngguórén.
A: Ò! Guàibude ne!

（2）妹妹三岁时，在车站走失。他和家人多次寻找也没有找到。经过一番周折，他终于见到了二十多年没见的妹妹。

Mèimei sān suì shí, zài chēzhàn zǒushī, Tā hé jiārén duō cì xúnzhǎo yě méiyǒu zhǎodào. Jīngguò yì fān zhōuzhé, tā zhōngyú jiàndàole èrshí duō nián méi jiàn de mèimei.

短　语

1. 三番五次
2. 一番唇舌
3. 一番风雨
4. 一番工夫
5. 一番较量
6. 一番介绍
7. 一番夸奖
8. 一番力气
9. 一番描述
10. 一番劝说
11. 一番争论
12. 一番周折

生　词

1. 苦功	kǔgōng	painstaking effort	6. 唇舌	chúnshé	quarrel; argument
2. 怪不得	guàibude	no wonder	7. 工夫	gōngfu	effort
3. 走失	zǒushī	get lost	8. 较量	jiàoliàng	contention of strength
4. 寻找	xúnzhǎo	seek; look for	9. 描述	miáoshù	description
5. 周折	zhōuzhé	setbacks			

三 **用于计量事物按原数增加的量，相当于"倍"。**
Used to refer to twice as many, or double the usual number or amount, of the original quantity. It is equivalent to 倍.

（1）今年来中国留学的总人数，比前几年有所减少，但我们学校的留学人数却比去年翻了一番。

Jīnnián lái Zhōngguó liúxué de zǒngrénshù, bǐ qián jǐ nián yǒusuǒ jiǎnshǎo, dàn wǒmen xuéxiào de liúxué rénshù què bǐ qùnián fānle yì fān.

（2）近几年大中城市人口不断增长，私家车的数量也不断增加。私家车的拥有量比前几年翻了几番。

Jìn jǐ nián dà-zhōng chéngshì rénkǒu búduàn zēngzhǎng, sījiāchē de shùliàng yě búduàn zēngjiā. Sījiāchē de yōngyǒuliàng bǐ qián jǐ nián fānle jǐ fān.

短 语

1. 翻了几番　　2. 翻了一番

生 词

1. 人数	rénshù	the number of people; population		4. 不断	búduàn	increasingly
2. 却	què	but; however		5. 增加	zēngjiā	raise
3. 近几年	jìn jǐ nián	in recent years		6. 拥有量	yōngyǒuliàng	ownership

动量 **用于计量动作的行为，数词只限于"一"。**
A verbal measure word used for certain actions. Only the numeral 一 can be used with it.

（1）这个星期天，我把屋子又重新布置了一番。现在看起来比以前好多了，住起来也比以前舒服多了。

Zhè ge Xīngqītiān, wǒ bǎ wūzi yòu chóngxīn bùzhìle yì fān. Xiànzài kàn qǐlai bǐ yǐqián hǎo duō le, zhù qǐlai yě bǐ yǐqián shūfu duō le.

（2）小区保安把来人从上到下仔细地打量了一番，又问了几个问题，才把门打开，放那个人进去。

Xiǎoqū bǎo'ān bǎ láirén cóng shàng dào xià zǐxì de dǎliangle yì fān, yòu wènle jǐ ge wèntí, cái bǎ mén dǎkāi, fàng nàge rén jìnqu.

短 语

1. 摆弄一番　3. 打量一番　5. 解释一番　7. 研究一番　9. 整顿一番
2. 布置一番　4. 调查一番　6. 炫耀一番　8. 挣扎一番　10. 嘱咐一番

生　词

1. 布置	bùzhi	decorate	5. 打量	dǎliang	measure with the eye; size up
2. 保安	bǎo'ān	security	6. 摆弄	bǎinòng	fiddle with
3. 从上到下	cóng shàng dào xià	from top to bottom	7. 炫耀	xuànyào	show off; make a display of
			8. 挣扎	zhēngzhá	struggle
4. 仔细	zǐxì	careful	9. 整顿	zhěngdùn	rectify; reorganize

★ 比较“次”和“番”

同　**都用于计量动作行为的次数。**

Both are used to refer to the number of times an action is performed.

异　**“次”只说明动作行为的次数。**

次 is used only for the number of times an action is done.

如：一次事故、一次战争、研究了一次。

e.g., an accident; a war; one study or research

“番”用于费时较多、费力较大或过程较完整的行为。

番 is used for actions that require a relatively longer time or greater effort, or for a course of complete action.

如：下了一番工夫、费了一番口舌、调查了一番。

e.g., to put in a lot of work; to have required a lot of explaining or arguing; to conduct an investigation

1 用于计量整体划分成的部分，多数是一个整体划分为十部分，多用于抽象事物。

Used to refer to one to ten tenths of a whole. Mostly used with nouns of abstract meaning.

情　景

（1）他平时不怎么喝酒，今天刚喝了一杯啤酒，就有了几分醉意了。别人怎么劝他喝他也不喝了。

Tā píngshí bù zěnme hējiǔ, jīntiān gāng hēle yì bēi píjiǔ, jiù yǒule jǐ fēn zuìyì le. Biéren zěnme quàn tā hē tā yě bù hē le.

（2）有人说七分人才，三分打扮；也有人说三分人才，七分打扮。我看怎么说都有道理。

Yǒurén shuō qī fēn réncái, sān fēn dǎban; yě yǒurén shuō sān fēn réncái, qī fēn dǎban. Wǒ kàn zěnme shuō dōu yǒu dàolǐ.

（3）她基础很好，平时考试成绩也不错。最近，又把每门功课从头复习了一遍。她觉得这次考大学有八九分把握了。

Tā jīchǔ hěn hǎo, píngshí kǎoshì chéngjī yě búcuò. Zuìjìn, yòu bǎ měi mén gōngkè cóng tóu fùxíle yí biàn. Tā juéde zhè cì kǎo dà xué yǒu bā-jiǔ fēn bǎwò le.

短语

1. 发一分光
2. 发一分热
3. 几分成绩
4. 几分错误
5. 几分欢乐
6. 有几分爱怜
7. 增添几分光彩

生词

1. 醉意	zuìyì	feel drunk	5. 欢乐	huānlè	happy and bright
2. 打扮	dǎban	dress up; make up	6. 爱怜	àilián	pity
3. 成绩	chéngjī	result; achievement	7. 增添	zēngtiān	add
4. 把握	bǎwò	with confidence	8. 光彩	guāngcǎi	splendor

动量 用于计量动作的减弱。
A verbal measure word used with verbs, to imply the meaning of a little, or somewhat.

情景

听到被骗的那几万块钱还有希望找回来，她的病顿时好了几分。

Tīngdào bèi piàn de nà jǐ wàn kuài qián háiyǒu xīwàng zhǎo huílái, tā de bìng dùnshí hǎole jǐ fēn.

短语

1. 好了几分
2. 明白了几分

生词

1. 骗	piàn	be taken in; be deceived	2. 顿时	dùnshí	immediately

1 用于计量餐厅、商店提供的实物量。

Used to refer to a dish ordered from a restaurant menu, or packaged food from a store.

情 景

（1）中午太忙了没有时间做饭，于是我打电话订了**一份儿**肯德基全家桶。他们还赠送了**一份儿**土豆泥。

Zhōngwǔ tài mángle méiyǒu shíjiān zuòfàn, yúshì wǒ dǎ diànhuà dìngle yí fènr Kěndéjī quánjiātǒng. Tāmen hái zèngsòngle yí fènr tǔdòuní.

（2）今天中午有工作餐，每人一个盒饭。包括**一份儿**米饭、**一份儿**荤菜、两**份儿**素菜。

Jīntiān zhōngwǔ yǒu gōngzuòcān, měi rén yí ge héfàn. Bāokuò yí fènr mǐfàn, yí fènr hūncài, liǎng fènr sùcài.

短 语

1. 两**份儿**饭　2. **一份儿**点心　3. **一份儿**饭菜　4. **一份儿**快餐

生 词

1. 于是	yúshì	as a result	5. 土豆泥	tǔdòuní	mashed potatoes
2. 订	dìng	order	6. 工作餐	gōngzuòcān	working lunch
3. 肯德基	Kěndéjī	KFC (Kentucky Fried Chicken)	7. 盒饭	héfàn	boxed lunch
			8. 荤菜	hūncài	meat dishes
4. 全家桶	quánjiātǒng	Variety Bucket (KFC menu)	9. 素菜	sùcài	vegetable dishes
			10. 快餐	kuàicān	fast food

2 用于计量组成整体的部分。

Used to refer to a part or portion of a whole.

情 景

（1）今天是她儿子5岁的生日，她下了班就去商店了。在那儿，她给儿子买了**一份儿**礼物，就高高兴兴地回家了。

Jīntiān shì tā érzi wǔ suì de shēngrì, tā xiàle bān jiù qù shāngdiàn le. Zài nàr, tā gěi érzi mǎile yí fènr lǐwù, jiù gāogāo-xìngxìng de huíjiā le.

（2）父亲临死前立下了**一份儿**遗嘱，把全部家产分成四**份儿**，分给了三个儿子和一个女儿。

Fùqīn lín sǐ qián lìxiàle yí fènr yízhǔ, bǎ quánbù jiāchǎn fēnchéng sì fènr, fēngěile sān ge érzi hé yí ge nǚ'ér.

短　语

1. **一份儿**财产　3. **一份儿**差事　5. **一份儿**工作　7. **一份儿**嫁妆　9. **一份儿**遗嘱
2. **一份儿**彩礼　4. **一份儿**工资　6. **一份儿**家产　8. **一份儿**礼物　10. **一份儿**职业

生　词

1. 下班	xiàbān	finish work	8. 彩礼	cáilǐ	betrothal gifts (from a man's to his fiancée's family)
2. 礼物	lǐwù	gift; present			
3. 临	lín	be about to	9. 差事	chāishi	errand
4. 立	lì	draw up (a will)	10. 工资	gōngzī	wages; salary
5. 遗嘱	yízhǔ	testament; will	11. 嫁妆	jiàzhuang	dowry; trousseau
6. 家产	jiāchǎn	family property	12. 职业	zhíyè	occupation
7. 财产	cáichǎn	property			

三 用于计量报刊、简历、文件等。
Used to refer to a copy of newspaper, magazine, résumé or document, etc.

情　景

（1）那位老教授退休以后，订了**一份儿**英文报纸和**一份儿**英文杂志。他认为每天一边喝茶，一边看报是一种很好的休息。

Nà wèi lǎo jiàoshòu tuìxiū yǐhòu, dìngle yí fènr Yīngwén bàozhǐ hé yí fènr Yīngwén zázhì. Tā rènwéi měi tiān yìbiān hē chá, yìbiān kàn bào shì yì zhǒng hěn hǎo de xiūxi.

（2）现在找**份儿**工作有多难啊，连她自己都记不清投了多少**份儿**简历了，但还没找到**一份儿**满意的工作呢。

Xiànzài zhǎo fènr gōngzuò yǒu duō nán ā, lián tā zìjǐ dōu jì bu qīng tóule duōshǎo fènr jiǎnlì le, dàn hái méi zhǎodào yí fènr mǎnyì de gōngzuò ne.

短　语

1. **一份儿**报告　3. **一份儿**稿子　5. **一份儿**合同　7. **一份儿**清单
2. **一份儿**材料　4. **一份儿**工资　6. **一份儿**简历　8. **一份儿**申请书

9. **一份儿**试卷　　10. **一份儿**文件　　11. **一份儿**协议　　12. **一份儿**杂志

生　词

1. 教授	jiàoshòu	professor	8. 工资	gōngzī	wages; pay
2. 退休	tuìxiū	retire	9. 清单	qīngdān	detailed list
3. 订	dìng	subscribe to	10. 申请书	shēnqǐngshū	application
4. 认为	rènwéi	think; consider	11. 试卷	shìjuàn	examination paper
5. 投	tóu	send	12. 文件	wénjiàn	document
6. 简历	jiǎnlì	résumé	13. 协议	xiéyì	agreement
7. 材料	cáiliào	(printed) material			

4 用于计量抽象事物，数词只限于“一”。“份”表示一种，一类的意义。
Used with nouns of abstract meaning. Here 份儿 is usually preceded by the numeral 一, meaning a kind, or a type.

情　景

从当了出租汽车司机以后，他母亲每天都担着**一份儿**心。有时候他回来晚了，母亲就很着急地站在门口等他。

Cóng dāngle chūzūqìchē sījī yǐhòu, tā mǔqin měi tiān dōu dānzhe yí fènr xīn. Yǒu shíhou tā huílái wǎn le, mǔqīn jiù hěn zháojí de zhàn zài ménkǒu děng tā.

短　语

1. **一份儿**功劳　　3. **一份儿**经验　　5. **一份儿**人情　　7. **一份儿**心愿
2. **一份儿**好意　　4. **一份儿**热情　　6. **一份儿**心意　　8. **一份儿**责任

生　词

1. 司机	sījī	driver	4. 心愿	xīnyuàn	desire
2. 功劳	gōngláo	contribution	5. 责任	zérèn	responsibility
3. 人情	rénqíng	favor			

1 用于计量信件、电子邮件等。
Used to refer to letters, written messages, e-mails, etc.

情 景

（1）上个月他收到了观众寄来的很多信，因为忙，一直没回。今天上午，他一连写了十几**封**信。

Shàng ge yuè tā shōudàole guānzhòng jìlái de hěn duō xìn, yīnwèi máng, yìzhí méi huí. Jīntiān shàngwǔ, tā yìlián xiěle shíjǐ fēng xìn.

（2）几天没有上网查邮件了，今天打开邮箱一看，一共有二十多**封**邮件，其中也有不少**封**垃圾邮件。

Jǐ tiān méiyǒu shàngwǎng chá yóujiàn le, jīntiān dǎkāi yóuxiāng yí kàn, yígòng yǒu èrshí duō fēng yóujiàn, qízhōng yě yǒu bùshǎo fēng lājī yóujiàn.

（3）科技进步了，人们见面的机会却越来越少了，朋友们一般只是发一两**封**电子邮件或手机短信互相问候和祝福。

Kējì jìnbù le, rénmen jiànmiàn de jīhuì què yuèláiyuèshǎo le, péngyou men yìbān zhǐ shì fā yì-liǎng fēng diànzǐ yóujiàn huò shǒujī duǎnxìn hùxiāng wènhòu hé zhùfú.

短 语

1. **一封**公函　2. **一封**公文　3. **一封**请柬　4. **一封**手机短信　5. **一封**遗书

生 词

1. 观众	guānzhòng	audience	7. 问候	wènhòu	greeting; regards
2. 上网	shàngwǎng	go online	8. 公函	gōnghán	official letter
3. 邮件	yóujiàn	e-mail	9. 公文	gōngwén	official document
4. 垃圾邮件	lājī yóujiàn	junk mail	10. 请柬	qǐngjiǎn	invitation card
5. 科技	kējì	science and technology	11. 遗书	yíshū	letter left by one before death
6. 手机短信	shǒujī duǎnxìn	text message			

1 用于计量布匹、绸缎、呢绒等。
Used with cloth, silk, and wool fabric, etc.

情 景

我打算做一件旗袍，我去了最有名的丝绸店，老板说丝绸面料比较窄，一**幅**面料肯定不够，最少要用两**幅**半。

Wǒ dǎsuan zuò yí jiàn qípáo, wǒ qùle zuì yǒumíng de sīchóu diàn, lǎobǎn shuō sīchóu miànliào bǐjiào zhǎi, yì fú miànliào kěndìng bú gòu, zuìshǎo yào yòng liǎng fú bàn.

短 语

1. **一幅**被面　2. **一幅**布　3. **一幅**窗帘　4. **一幅**绸子　5. **一幅**刺绣

生 词

1. 打算	dǎsuan	plan; intend	5. 窄	zhǎi	narrow
2. 旗袍	qípáo	cheongsam, a traditional costume for women	6. 被面	bèimiàn	the facing of a quilt
			7. 窗帘	chuānglián	curtain
3. 丝绸	sīchóu	silk cloth	8. 刺绣	cìxiù	embroidery
4. 面料	miànliào	material for making clothes	9. 绸子	chóuzi	silk fabric; silk

2 用于计量字画、照片等。
Used with calligraphy works, paintings, photographs, etc

情 景

A：这是一**幅**世界名画儿吧？
B：是啊，特有名！
A：谁画的？
B：意大利著名画家达·芬奇。

A: Zhè shì yì fú shìjiè mínghuàr ba?
B: Shì a, tè yǒumíng!
A: Shuí huà de?
B: Yìdàlì zhùmíng huàjiā Dá · Fēnqí.

短 语

1. **一幅**标语　3. **一幅**地图　5. **一幅**剪影　7. **一幅**写生　9. **一幅**字画
2. **一幅**插图　4. **一幅**广告　6. **一幅**图画　8. **一幅**照片　10. **一幅**作品

幅 fú

生 词

1. 名画	mínghuà	famous painting	5. 插图	chātú	illustration
2. 画家	huàjiā	painter	6. 剪影	jiǎnyǐng	paper-cut silhouette
3. 达·芬奇	Dá · Fēnqí	Leonardo da Vinci	7. 写生	xiěshēng	painting or sketch
4. 标语	biāoyǔ	slogan	8. 字画	zìhuà	calligraphy and painting

三 引申用法，数词只限于"一"。
Used figuratively to emphasize a scene or a situation really beyond expectation. It is only used with the numeral 一.

情 景

在昨天的晚会上，有人跳舞，有人表演节目，非常热闹。那一**幅**欢乐的场面给我留下了很深的印象。

Zài zuótiān de wǎnhuì shang, yǒu rén tiàowǔ, yǒu rén biǎoyǎn jiému, fēicháng rènao. Nà yì fú huānlè de chǎngmiàn gěi wǒ liúxiàle hěn shēn de yìnxiàng.

短 语

1. 一**幅**动人的场面
2. 一**幅**丰收景象
3. 一**幅**感人的场景

生 词

1. 欢乐	huānlè	happy; joyous	3. 动人	dòngrén	moving; touching
2. 场面	chǎngmiàn	scene; spectacle	4. 景象	jǐngxiàng	scene; sight

★ 比较"幅"和"副"，见第71页。

服 fù

1 用于计量中药剂数。
Used to refer to a dose of traditional Chinese medicine.

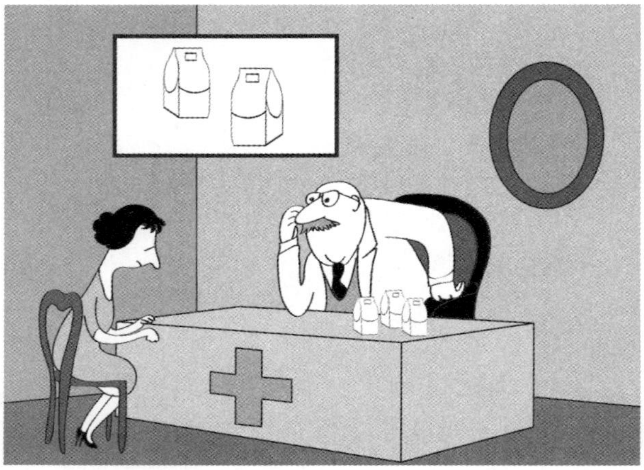

情 景

上星期她去中医医院看病。一位老大夫给她开了三**服**药。她只吃了两**服**，病就好了。

Shàng xīngqī tā qù zhōngyī yīyuàn kàn bìng. Yí wèi lǎo dàifu gěi tā kāile sān fù yào. Tā zhǐ chīle liǎng fù, bìng jiù hǎo le.

fù 服

短 语

1. 三**服**汤药
2. 一**服**中药

生 词

汤药	tāngyào	a deccction of medicinal ingredients

fù 副

1 用于计量成套或成对的东西。
Used to refer to a set of things or a pair of things of the same kind that are used together

情 景

（1）她有两**副**眼镜，一**副**是近视镜，一**副**是老花镜。平时她戴近视镜，看书的时候，她戴老花镜。

Tā yǒu liǎng fù yǎnjìng, yí fù shì jìnshìjìng, yí fù shì lǎohuājìng. Píngshí tā dài jìnshìjìng, kànshū de shíhou, tā dài lǎohuājìng.

（2）一**副**普通的扑克牌，在魔术师手里却能变换出不同的花样，观众席里不时爆发出热烈的掌声。

Yí fù pǔtōng de pūkèpái, zài móshùshī shǒu li què néng biànhuàn chū bùtóng de huāyàng, guānzhòngxí li bùshí bàofā chū rèliè de zhǎngshēng.

短 语

1. 全**副**武装
2. 一**副**担架
3. 一**副**电池
4. 一**副**对联
5. 一**副**耳环
6. 一**副**耳机
7. 一**副**好嗓子
8. 一**副**假牙
9. 一**副**麻将
10. 一**副**扑克牌
11. 一**副**手铐
12. 一**副**手套
13. 一**副**太阳镜
14. 一**副**碗筷
15. 一**副**象棋
16. 一**副**镯子

生 词

1.	眼镜	yǎnjìng	glasses	3.	老花镜	lǎohuājìng	presbyopic glasses
2.	近视镜	jìnshìjìng	spectacles for nearsighted persons	4.	扑克牌	pūkèpái	playing card

生 词

5. 魔术师	móshùshī	magician	12. 对联	duìlián	antithetical couplet
6. 花样	huāyàng	trick	13. 耳环	ěrhuán	earring
7. 爆发	bàofā	break out	14. 耳机	ěrjī	earphone
8. 掌声	zhǎngshēng	applause	15. 假牙	jiǎyá	false tooth
9. 武装	wǔzhuāng	arms	16. 手铐	shǒukào	handcuffs
10. 担架	dānjià	stretcher	17. 镯子	zhuózi	bracelet
11. 电池	diànchí	battery			

2 用于计量人的表情、性格、风度等，有时是引申用法，数词只限于“一”。
Used for describing facial expression, dispositions, or manners, etc. Sometimes the meaning can be extended. It is only used with the numeral 一.

情 景

（1）那个饭店的工作人员服务态度很好，很有礼貌。他们在接送客人的时候，脸上总是带着**一副**笑容。

Nàge fàndiàn de gōngzuò rényuán fúwù tàidù hěn hǎo, hěn yǒu lǐmào. Tāmen zài jiē-sòng kèrén de shíhou, liǎn shang zǒngshì dàizhe yí fù xiàoróng.

（2）光有**一副**好嗓子，也不一定能成为歌唱家。还要系统地学习音乐理论、发音方法。

Guāng yǒu yí fù hǎo sǎngzi, yě bù yídìng néng chéngwéi gēchàngjiā. Hái yào xìtǒng de xuéxí yīnyuè lǐlùn, fāyīn fāngfǎ.

短 语

1. 两**副**面孔
2. 一**副**好嗓子
3. 一**副**可怜相
4. 一**副**生气的样子
5. 一**副**笑脸
6. 一**副**凶相
7. 一**副**严肃的表情
8. 一**副**庄严的面孔

生 词

1. 礼貌	lǐmào	polite	5. 系统	xìtǒng	system
2. 送(客人)	sòng(kèrén)	see (somebody) off or out	6. 面孔	miànkǒng	face
			7. 可怜相	kěliánxiàng	pitiable look
3. 笑容	xiàoróng	smiling expression	8. 样子	yàngzi	appearance; shape
4. 嗓子	sǎngzi	throat	9. 笑脸	xiàoliǎn	smiling face

10. 凶相	xiōngxiàng	ferocious features; fierce look	12. 表情	biǎoqíng	expression
11. 严肃	yánsù	serious; solemn	13. 庄严	zhuāngyán	solemn; stately

★ 比较"幅"和"副"

同 字形相似，读音相近。
Both are similar in appearance and pronunciation.

异 "幅"多用于计量布帛、呢绒及美术作品等。
幅 is used mainly for cloth, silk and wool fabric, and also for fine arts.
如：一幅窗帘、一幅照片、一幅字画。
e.g., a curtain; a photo; a calligraphy and painting

"副"主要用来成套成双的东西和人的表情、性格、风格等。
副 is used mainly for a set or a pair of things of the same kind, or for facial expressions, dispositions, and a person's bearing.
如：一副电池、一副手套、一副面孔。
e.g., a set of two batteries; a pair of gloves; a face

1 用于计量人。
Used to refer to an individual person or persons.

情 景 ▶

(1) 我有一个朋友非常爱干净。他穿的衣服总是一天换一身儿，他住的屋子也总是收拾得整整齐齐的。

Wǒ yǒu yí ge péngyou fēicháng ài gānjìng. Tā chuān de yīfu zǒng shì yì tiān huàn yì shēnr, tā zhù de wūzi yě zǒng shì shōushi de zhěngzhěng-qíqí de.

(2) 这个剧场很大，大概能坐1500个人。前天晚上我们和留学生一起，就是在这儿看的话剧。

Zhège jùchǎng hěn dà, dàgài néng zuò yìqiān wǔbǎi ge rén. Qiántiān wǎnshang wǒmen hé liúxuéshēng yìqǐ, jiùshì zài zhèr kàn de huàjù.

短 语

1. 一个大夫　3. 一个工人　5. 一个留学生　7. 一个学生
2. 一个孩子　4. 一个老师　6. 一个农民　8. 一个演员

生 词

1. 干净	gānjìng	clean	8. 孩子	háizi	child
2. 收拾	shōushi	put in order	9. 工人	gōngrén	worker
3. 整整齐齐	zhěngzhěng-qíqí	in good order	10. 老师	lǎoshī	teacher
4. 剧场	jùchǎng	theater	11. 农民	nóngmín	farmer
5. 留学生	liúxuéshēng	overseas student	12. 学生	xuésheng	student
6. 话剧	huàjù	modern drama	13. 演员	yǎnyuán	actor; actress
7. 大夫	dàifu	doctor			

2 用于计量时间、日子等。
Used to refer to time, dates, seasons, etc.

情 景

（1）每星期日下午，电视节目里都有一个小时的《星期日英语》和半个小时的《星期日日语》。学习外语的人都很欢迎这些节目。

Měi Xīngqīrì xiàwǔ, diànshì jiémù li dōu yǒu yí gè xiǎoshí de "Xīngqīrì Yīngyǔ" hé bàn gè xiǎoshí de "Xīngqīrì Rìyǔ". Xuéxí wàiyǔ de rén dōu hěn huānyíng zhèxiē jiémù.

（2）他身体真好，一点儿也不怕冷，一个冬天连大衣都没穿，只穿了一件毛衣就过冬了。

Tā shēntǐ zhēn hǎo, yìdiǎnr yě bú pà lěng, yí ge dōngtiān lián dàyī dōu méi chuān, zhǐ chuānle yí jiàn máoyī jiù guò dōng le.

短 语

1. 一个春天　3. 一个晚上　5. 一个夏天　7. 一个月　9. 一个中午
2. 一个秋天　4. 一个下午　6. 一个星期　8. 一个早上　10. 一个钟头

生 词

1. 冬天	dōngtiān	winter	3. 毛衣	máoyī	woolen sweater
2. 大衣	dàyī	overcoat	4. 春天	chūntiān	spring

5. 秋天	qiūtiān	autumn	6. 夏天	xiàtiān	summer

3 用于计量面积、国家、团体等。
Used to refer to an area, a country, a unit, a facility, etc.

情　景

（1）这次乒乓球比赛有十几**个**国家派来了代表队。从明天开始到下月2号，一共要在这里比赛八天。

Zhè cì pīngpāngqiú bǐsài yǒu shíjǐ ge guójiā pàiláile dàibiǎoduì. Cóng míngtiān kāishǐ dào xià yuè èr hào, yígòng yào zài zhèli bǐsài bā tiān.

（2）那**个**地方的风景很美，交通也很方便。但是生活费用太高，每天吃饭就得花五六十块钱，而且吃得还不好。

Nàge dìfang de fēngjǐng hěn měi, jiāotōng yě hěn fāngbiàn. Dànshì shēnghuó fèiyong tài gāo, měi tiān chīfàn jiù děi huā wǔ-liùshí kuài qián, érqiě chī de hái bù hǎo.

短　语

1. 一个车站
2. 一个城市
3. 一个村子
4. 一个飞机场
5. 一个工厂
6. 一个教室
7. 一个商店
8. 一个体育馆
9. 一个学校
10. 一个游泳池

生　词

1. 交通	jiāotōng	transportation	7. 飞机场	fēijīchǎng	airport
2. 费用	fèiyong	expense; cost	8. 商店	shāngdiàn	store
3. 花	huā	spend	9. 体育馆	tǐyùguǎn	stadium
4. 车站	chēzhàn	(bus or train) station	10. 学校	xuéxiào	school
5. 城市	chéngshì	city	11. 游泳池	yóuyǒngchí	swimming pool
6. 村子	cūnzi	village			

4 用于计量没有专用量词的名词。
Used with nouns that do not have a set measure word.

情　景

（1）今天我一**个**人骑自行车出去玩儿，中午没吃饭，只吃了两**个**鸡蛋，一**个**苹果。下午五点回来的时候，觉得饿极了。

Jīntiān wǒ yí ge rén qí zìxíngchē chūqu wánr, zhōngwǔ méi chīfàn, zhǐ chīle liǎng gè jīdàn, yí gè píngguǒ. Xiàwǔ wǔ diǎn huílai de shíhou, juéde è jí le.

（2）妈妈刚说："从前，有一个大鼻子象……"，孩子就说："妈妈！您别讲了，这个故事我已经听过好几遍了。"

Māma gāng shuō:"Cóngqián, yǒu yí ge dà bízi xiàng...", háizi jiù shuō:"Māma! Nín bié jiǎng le, zhège gùshi wǒ yǐjīng tīngguò hǎo jǐ biàn le ."

（3）我刚开始学汉语，现在只会写一百多个汉字，还常常写错，不是这里多一笔，就是那里少一笔。

Wǒ gāng kāishǐ xué Hànyǔ, xiànzài zhǐ huì xiě yìbǎi duō gè Hànzì, hái chángcháng xiěcuò, búshì zhèli duō yì bǐ, jiùshì nàli shǎo yì bǐ.

（4）这个孩子真有意思，摔了一个跟头，脸都摔破了也不哭，上了点儿药，又出去玩儿了。

Zhège háizi zhēn yǒu yìsi, shuāile yí ge gēntou, liǎn dōu shuāipòle yě bù kū, shàngle diánr yào, yòu chūqu wánr le.

短　语

1. 一个杯子
2. 一个钉子
3. 一个鸡蛋
4. 一个计划
5. 一个节目
6. 一个扣子
7. 一个雷
8. 一个闪电
9. 一个手指

生　词

1. 鼻子	bízi	nose; trunk	6. 钉子	dīngzi	nail
2. 象	xiàng	elephant	7. 扣子	kòuzi	button
3. 跟头	gēntou	fall	8. 雷	léi	thunder
4. 摔	shuāi	fall	9. 闪电	shǎndiàn	lightning
5. 上药	shàng yào	apply ointment	10. 手指	shǒuzhǐ	finger

5 用于计量抽象事物。
Used with some nouns of abstract meaning.

情　景

背字典不是一个好方法，要是按照那样的方法记生词，一天可以记很多，可是很快就忘了。

Bèi zìdiǎn bú shì yí ge hǎo fāngfǎ, yàoshi ànzhào nàyàng de fāngfǎ jì shēngcí, yì tiān kéyǐ jì hěn duō, kěshì hěn kuài jiù wàng le.

短 语

1. 一个道理　　2. 一个理由　　3. 一个念头　　4. 一个问题

生 词

1. 背	bèi	recite; learn by heart	3. 念头	niàntou	thought; idea
2. 理由	lǐyóu	reason			

6 用于计量某些动作的次数，一般用于动词和宾语之间，数词多用“一”，有时可以省略。
Used for the measure of the number of times of certain actions. It is generally used between a verb and its object. It is normally used with the numeral 一, but sometimes this can be omitted.

情 景

（1）今天下午他先去理了一个发，又洗了一个澡。然后换上了一身新西服，就去参加朋友的婚礼了。

Jīntiān xiàwǔ tā xiān qù lǐle yí ge fà, yòu xǐle yí ge zǎo. Ránhòu huànshàngle yì shēn xīn xīfú, jiù qù cānjiā péngyou de hūnlǐ le.

（2）怕上班迟到，他买了三个闹钟，每天前两个闹钟响后，他翻个身还接着睡，第三个闹钟响时，他才起床。

Pà shàngbān chídào, tā mǎile sān ge nàozhōng, měi tiān qián liǎng ge nàozhōng xiǎng hòu, tā fān ge shēn hái jiēzhe shuì, dì-sān ge nàozhōng xiǎng shí, tā cái qǐchuáng.

短 语

1. 出了一个主意
2. 打了一个电话
3. 打了一个耳光
4. 打了一个哈欠
5. 翻了一个身
6. 见了一个面
7. 起了一个大早
8. 上了一个当
9. 使了一个眼色
10. 说了一个笑话
11. 做了一个梦

生 词

1. 理发	lǐfà	haircut	3. 婚礼	hūnlǐ	wedding ceremony
2. 西服	xīfú	Western style clothes; Western suit	4. 闹钟	nàozhōng	alarm clock
			5. 翻身	fān shēn	turn over

个 gè

6. 打哈欠	dǎ hāqian	yawn	8. 使眼色	shǐ yǎnsè	give somebody a wink
7. 上当	shàng dàng	be duped	9. 做梦	zuò mèng	have a dream

★ 比较“个”和“口”，见第113页。比较“个”、“名”和“位”，见第191页。

根 gēn

1 用于计量细长的或长条的东西，多用儿化。
Used for the measure of something long and slender, often followed by the retroflex suffix -r.

情 景

(1) 为了减肥，她每天不敢吃主食，早上一个西红柿，中午一**根**火腿肠，晚上只吃一**根**黄瓜。

Wèile jiǎnféi, tā měi tiān bù gǎn chī zhǔshí, zǎoshang yí ge xīhóngshì, zhōngwǔ yì gēn huótuǐcháng, wǎnshang zhǐ chī yì gēn huángguā.

(2) 今天是我20岁生日，同学们都来向我祝贺。当我把每**根**蜡烛都吹灭以后，就把蛋糕分给大家吃了。

Jīntiān shì wǒ èrshí suì shēngrì, tóngxuémen dōu lái xiàng wǒ zhùhè. Dāng wǒ bǎ měi gēn làzhú dōu chuīmiè yǐhòu, jiù bǎ dàngāo fēn gěi dàjiā chī le.

(3) 第一次见到她时，她梳着一**根**又长又粗的大辫子，穿着一身儿旗袍，根本没看出她是个洋人。

Dì-yī cì jiàndào tā shí, tā shūzhe yì gēn yòu cháng yòu cū de dà biànzi, chuānzhe yì shēnr qípáo, gēnběn méi kàn chū tā shì ge yángrén.

短 语

1. 几**根**香肠
2. 一**根**鞭子
3. 一**根**辫子
4. 一**根**草
5. 一**根**带子
6. 一**根**稻草
7. 一**根**粉笔
8. 一**根**骨头
9. 一**根**拐杖

10. **一根**棍子　13. **一根**筷子　16. **一根**绳子　19. **一根**香蕉　22. **一根**针
11. **一根**黄瓜　14. **一根**蜡烛　17. **一根**树枝　20. **一根**牙签　23. **一根**柱子
12. **一根**金条　15. **一根**面条　18. **一根**铁丝　21. **一根**烟

生　词

1. 减肥	jiǎnféi	diet	11. 带子	dàizi	belt; ribbon
2. 主食	zhǔshí	staple food	12. 粉笔	fěnbǐ	chalk
3. 西红柿	xīhóngshì	tomato	13. 骨头	gǔtou	bone
4. 蜡烛	làzhú	candle	14. 拐杖	guǎizhàng	walking stick
5. 吹灭	chuīmiè	blow out	15. 棍子	gùnzi	rod; stick
6. 梳	shū	comb (one's hair)	16. 金条	jīntiáo	gold bar
7. 辫子	biànzi	braid; plait	17. 树枝	shùzhī	branch; twig
8. 洋人	yángrén	foreigner	18. 牙签	yáqiān	toothpick
9. 香肠	xiāngcháng	sausage	19. 针	zhēn	needle
10. 鞭子	biānzi	whip	20. 柱子	zhùzi	post; pillar

★ 比较“根”和“棵”，见第107页。

gǔ 股

1 用于计量细长成条的东西。
Used to refer to something that has a long and narrow shape.

情　景

（1）我们爬山爬累了，坐在一块大石头上休息。突然听见身后有流水的声音，走过去一看，原来是**一股**泉水。

Wǒmen pá shān pálèi le, zuò zài yí kuài dà shítou shang xiūxi. Tūrán tīngjiàn shēn hòu yǒu liúshuǐ de shēngyīn, zǒu guòqu yí kàn, yuánlái shì yì gǔ quánshuǐ.

（2）这件毛衣是用两**股**毛线织的，一**股**是黄色的，一**股**是咖啡色的。我穿上以后大家都说好看。

Zhè jiàn máoyī shì yòng liǎng gǔ máoxiàn zhī de, yì gǔ shì huángsè de, yì gǔ shì kāfēisè de. Wǒ chuānshàng yǐhòu dàjiā dōu shuō hǎokàn.

短　语

1. 两**股**线绳　2. **一股**清泉

生 词

1. 流水	liú shuǐ	flowing water; running water	3. 毛线	máoxiàn	knitting wool
2. 泉水	quánshuǐ	spring (water)	4. 咖啡色	kāfēisè	coffee-colored

2 用于计量气体、气味、力量等，数词多用“一”。

Used for the measure of gases, smells, forces, etc. The numeral 一 is usually used together with it.

情 景

（1）她正在写信，突然闻到一**股**糊味儿。她跑到厨房去一看，锅里的饭已经糊得不能吃了。回到桌旁，信纸也不见了，原来刚才一**股**风从窗口吹进来，把信纸吹落在地上了。

Tā zhèngzài xiěxìn,tūrán wéndào yì gǔ húwèir. Tā pǎodào chúfáng qù yí kàn, guōli de fàn yǐjīng hú de bù néng chī le. Huídào zhuō páng, xìnzhǐ yě bú jiàn le, yuánlái gāngcái yì gǔ fēng cóng chuāngkǒu chuī jìnlai, bǎ xìnzhǐ chuīluò zài dì shang le.

（2）他当初就是凭着一**股**闯劲儿，只身来到这个城市的。如今的他，已是远近闻名的大企业家了。

Tā dāngchū jiùshì píngzhe yì gǔ chuǎngjìnr, zhīshēn láidào zhège chéngshì de. Rújīn de tā, yǐ shì yuǎnjìn wénmíng de dà qǐyèjiā le.

短 语

1. 一**股**潮流
2. 一**股**臭味儿
3. 一**股**风
4. 一**股**寒流
5. 一**股**劲儿
6. 一**股**冷气
7. 一**股**力量
8. 一**股**凉气
9. 一**股**浓烟
10. 一**股**暖流
11. 一**股**拼劲儿
12. 一**股**热气
13. 一**股**香味儿
14. 一**股**烟味儿

生 词

1. 糊	hú	(of food) burnt	6. 臭味儿	chòuwèir	offensive smell
2. 凭	píng	rely on	7. 寒流	hánliú	cold current
3. 闯	chuǎng	rush	8. 冷气	lěngqì	cold air
4. 只身	zhīshēn	alone; by oneself	9. 凉气	liángqì	cool air
5. 闻名	wénmíng	famous	10. 暖流	nuǎnliú	warm current

11. 拼	pīn	be ready to risk one's life	13. 香味儿	xiāngwèir	sweet smell
12. 热气	rèqì	steam; heat			

3 用于计量成批的人，多含贬义。
Used to refer to a group of people, often in a derogatory sense.

情　景 ▶

据说这次爆炸式袭击，是一**股**反政府的武装势力干的。

Jùshuō zhè cì bàozhàshì xíjī, shì yì gǔ fǎn zhèngfǔ de wǔzhuāng shìlì gàn de.

短　语 ▶

1. 一**股**部队　2. 一**股**匪徒　3. 一**股**人流　4. 一**股**势力

生　词 ▶

1. 据说	jùshuō	it is said	4. 武装	wǔzhuāng	armed
2. 爆炸式	bàozhàshì	bomb	5. 势力	shìlì	force; power
3. 袭击	xíjī	attack			

guà 挂

1 用于计量成套成串的东西。
Used to refer to something string-shaped or a string of things.

情　景 ▶

前几年，过春节的时候，他总要放几**挂**鞭炮。从上中学以后，他觉得放鞭炮没有意思了，就再也不买了。

Qián jǐ nián, guò Chūn Jié de shíhou, tā zǒng yào fàng jǐ guà biānpào. Cóng shàng zhōngxué yǐhòu, tā juéde fàng biānpào méiyǒu yìsi le, jiù zài yě bù mǎi le.

短　语 ▶

1. 一**挂**辣椒　2. 一**挂**圣诞灯　3. 一**挂**珠子

挂 guà

生 词

1. 放	fàng	light up (fireworks)	4. 圣诞灯	Shèngdàn dēng	(a string of) Christmas decorating lights
2. 鞭炮	biānpào	(a string of) firecrackers			
3. 辣椒	làjiāo	(a bunch of) hot peppers	5. 珠子	zhūzi	(a string of) beads

★ 比较"串儿"和"挂"

同 都用于计量连贯起来的东西。
Both are used to refer to a number of things of the same kind that are linked together.

异 ① "串儿"用于连贯成串的东西。
串儿 is used for the measure of a number of things of the same kind connected together.

如：一串儿钥匙、一串儿糖葫芦。
e.g., a bunch of keys; a stick of sugar coated haws

"挂"用于连贯成串的并能悬挂的东西。
挂 is used for a number of things strung together and suspended from a high place.

如：一挂珠子、一挂鞭炮。
e.g., a string of beads; a string of firecrackers

② "串儿"还可以计量一些抽象的事物。
串儿 is also used figuratively to refer to the effect of a string of actions in succession.

如：一串儿笑声、一串儿脚步声。
e.g., the sound of laughter occurring in succession; the sound of footsteps falling in succession

"挂" 没有这种用法。
挂 cannot be used in a figurative way.

管 guǎn

1 用于计量细长、圆筒形的东西。
Used for the measure of things in the shape of a long, hollow cylinder.

情 景

这管笔我用了快二十年了。虽然很旧 Zhè guǎn bǐ wǒ yòngle kuài èrshí

了，可是我还舍不得扔掉它，因为我觉得什么笔也没有我这**管**笔好使。

nián le. Suīrán hěn jiù le, kěshì wǒ hái shěbude rēngdiào tā, yīnwèi wǒ juéde shénme bǐ yě méiyǒu wǒ zhè guǎn bǐ hǎo shǐ.

短 语

1. 一**管**毛笔
2. 一**管**箫
3. 一**管**牙膏

生 词

1. 舍不得	shěbude	hate to part with	4. 箫	xiāo	a vertical bamboo flute
2. 好使	hǎoshǐ	easy to use	5. 牙膏	yágāo	toothpaste
3. 毛笔	máobǐ	writing brush			

guàn 罐

1 用于计量装在罐子里的东西。
Used for the measure of the contents held in a jar or a pot.

情 景

机场大厅里的自动贩卖机里，有各种饮料。他买了一**罐**咖啡，给妻子买了一**罐**雪碧，给孩子买了一**罐**可乐。

Jīchǎng dàtīng li de zìdòng fànmàijī li, yǒu gèzhǒng yǐnliào. Tā mǎile yí guàn kāfēi, gěi qīzi mǎile yí guàn xuěbì, gěi háizi mǎile yí guàn kělè.

短 语

1. 一**罐**果酱
2. 一**罐**咖啡
3. 一**罐**可乐
4. 一**罐**奶粉
5. 一**罐**啤酒
6. 一**罐**雪碧

生 词

1. 机场	jīchǎng	airport	4. 咖啡	kāfēi	coffee
2. 大厅	dàtīng	hall	5. 雪碧	xuěbì	(a can of) Sprite
3. 自动贩卖机	zìdòng fànmàijī	vending machine; dispenser	6. 可乐	kělè	(a can of) cola
			7. 果酱	guǒjiàng	jam

锅 guō

1 用于计量装在锅里的东西。
Used for the measure of the contents that a pot or a pan holds.

情 景

她熬了一**锅**鸡汤，小心翼翼地倒进一个保温桶里，锁上门就去医院了。

Tā áole yì guō jītāng, xiǎoxīnyìyì de dàojin yí ge bǎowēntǒng li, suǒshàng mén jiù qù yīyuàn le.

短 语

1. 一**锅**饭
2. 一**锅**汤
3. 一**锅**汤药
4. 一**锅**粥

生 词

1. 熬	áo	boil	5. 桶	tǒng	pail; bucket
2. 鸡汤	jītāng	chicken broth	6. 锁	suǒ	lock up
3. 小心翼翼	xiǎoxīnyìyì	act with exceptional care	7. 汤药	tāngyào	a decoction of medicinal ingredients
4. 保温	bǎowēn	keep warm	8. 粥	zhōu	porridge

行 háng

1 用于计量成行的事物。
Used for describing things in a line or row.

情 景

她觉得那几**行**字写得不好，有的大，有的小，很不整齐，就又重新写了一遍。可是，写完以后看了看，还是不满意。

Tā juéde nà jǐ háng zì xiě de bù hǎo, yǒude dà, yǒude xiǎo, hěn bù zhěngqí, jiù yòu chóngxīn xiěle yí biàn. Kěshì, xiěwán yǐhòu kànle kàn, háishì bù mǎnyì.

短 语

1. 几**行**诗
2. 两**行**热泪
3. 一**行**大雁
4. 一**行**脚印
5. 一**行**树
6. 一**行**字

生 词

1. 诗	shī	poem	3. 大雁	dàyàn	wild goose
2. 热泪	rèlèi	hot tears	4. 脚印	jiǎoyìn	footprint

★ 比较“行”、“列”和“排”，见第131页。

hé 盒

1 用于计量成盒的东西。
Used to refer to a boxful of something.

情 景

（1）今天中午有工作餐，每人一盒米饭、两盒菜、一瓶矿泉水。

Jīntiān zhōngwǔ yǒu gōngzuòcān, měi rén yì hé mǐfàn, liǎng hé cài, yì píng kuàngquánshuǐ.

（2）A：你一天抽几支烟？
B：大概得抽一盒（烟）。
A：你怎么抽那么多啊？
B：我知道烟抽多了对身体不好。
A：那你为什么还抽呢？
B：没办法，我戒不了。

A: Nǐ yì tiān chōu jǐ zhī yān?
B: Dàgài děi chōu yì hé (yān).
A: Nǐ zěnme chōu nàme duō a?
B: Wǒ zhīdào yān chōuduōle duì shēntǐ bù hǎo.
A: Nà nǐ wèi shénme hái chōu ne?
B: Méi bànfǎ, wǒ jiè bù liǎo.

短 语

1. 一盒冰淇淋
2. 一盒饼干
3. 一盒茶叶
4. 一盒点心
5. 一盒豆腐
6. 一盒粉笔
7. 一盒罐头
8. 一盒礼物
9. 一盒巧克力
10. 一盒清凉油
11. 一盒首饰
12. 一盒糖
13. 一盒香烟
14. 一盒药

生 词

1. 戒(烟)	jiè(yān)	give up (smoking)	6. 清凉油	qīngliángyóu	cooling ointment
2. 冰淇淋	bīngqílín	ice cream	7. 首饰	shǒushi	jewellery
3. 粉笔	fěnbǐ	chalk	8. 糖	táng	candy; sweets
4. 罐头	guàntou	tin; can	9. 香烟	xiāngyān	cigarette
5. 巧克力	qiǎokèlì	chocolate	10. 药	yào	medicine; pill

壶 hú

1 用于计量装在壶里液体的量。
Used to refer to the amount of liquid in a kettle or a pot.

情 景 ▶

我这个人没有什么特别的嗜好，不抽烟不喝酒，就爱喝点儿茶。每天晚饭后，都要沏**壶**好茶，边喝茶边看电视。

Wǒ zhège rén méiyǒu shénme tèbié de shìhào, bù chōuyān bù hējiǔ, jiù ài hē diánr chá. Měi tiān wǎnfàn hòu, dōu yào qī hú hǎochá, biān hē chá biān kàn diànshì.

短 语 ▶

1. 一壶茶　　2. 一壶酒　　3. 一壶开水

生 词 ▶

1. 嗜好	shìhào	hobby	2. 沏	qī	infuse

户 hù

1 用于计量人家或住户的数量。
Used to refer to the number of households in a place.

情 景 ▶

晚上，我走出了村子，忽然迷了路。这时，只看见远处有一**户**人家的灯还亮着，我赶忙到那里去问路。

Wǎnshang, wǒ zǒuchū le cūnzi, hūrán míle lù. Zhè shí, zhǐ kànjian yuǎnchù yǒu yí hù rénjiā de dēng hái liàngzhe, wǒ gǎnmáng dào nàli qù wèn lù.

短 语 ▶

1. 一户居民；　2. 一户农民；　3. 一户人家

生 词

1. 迷路	mílù	get lost	4. 农民	nóngmín	(a household of) farmers
2. 赶忙	gǎnmáng	rush	5. 人家	rénjia	(a household of) family members
3. 居民	jūmín	residential household			

★ 比较“户”和“家”，见第92页。

huí 回

1 用于计量上文提到的或发生过的事情。
Used to refer to what is being spoken about or what has happened.

情 景

你说的是买衣服很困难，有钱也买不到合适的衣服。他说的是卖衣服的人态度不好。你们两个人说的不是一**回**事。

Nǐ shuō de shì mǎi yīfu hěn kùnnan, yǒu qián yě mǎi bu dào héshì de yīfu. Tā shuō de shì mài yīfu de rén tàidù bù hǎo. Nǐmen liǎng ge rén shuō de bú shì yì huí shì.

短 语

1. 还不是那么**回**事
2. 就是那么**回**事
3. 像那么**回**事
4. 怎么**回**事
5. 这么(一)**回**事

生 词

1. 还不是那么回事	hái bú shì nàme huí shì	(what happened was) not a big deal
2. 就是那么回事	jiùshì nàme huí shì	That was what happened.
3. 像那么回事	xiàng nàme huí shì	act or perform as if something were true
4. 怎么回事	zěnme huí shì	what happened
5. 这么(一)回事	zhème(yī)huí shì	This is what happened.

动量 用于计量动作的次数，多用于口语。
A verbal measure word used to refer to the number of times of an action that is performed, or an experience or event that occurs. It is mainly used in spoken language.

情 景

（1）我到北京快一年了，才吃过一**回**烤鸭。我觉得烤鸭很好吃。我想在回国以前再去吃一**回**。

Wǒ dào Běijīng kuài yì nián le, cái chīguo yì huí kǎoyā. Wǒ juéde kǎoyā hěn hǎochī. Wǒ xiǎng zài huí guó yǐqián zài qù chī yì huí.

回 huí

(2) 你叫什么名字我真想不起来了。我记得问过你**一回**，可还是没记住。

Nǐ jiào shénme míngzi wǒ zhēn xiǎng bu qǐlái le. Wǒ jìde wènguo nǐ yì huí, kě háishì méi jìzhù.

短　语

1. 参观(了／过)**一回**
2. 看(了／过)**一回**
3. 来(了／过)**一回**
4. 去(了／过)**一回**
5. 试(了／过)**一回**
6. 问(了／过)**一回**

生　词

烤鸭	kǎoyā	roast duck

伙 huǒ

1 用于计量人群。
Used to refer to a group of people or a crowd.

情　景

前天晚上，他的笔记本电脑被偷了。他邻居家的摩托车也不见了。有人说这不是一个人干的，可能是**一伙**人干的。

Qiántiān wǎnshang, tā de bǐjìběn diànnǎo bèi tōu le. Tā línjū jiā de mótuōchē yě bú jiàn le. Yǒu rén shuō zhè bú shì yí ge rén gàn de, kěnéng shì yì huǒr rén gàn de.

短　语

1. **一伙**歹徒
2. **一伙**坏蛋
3. **一伙**坏人
4. **一伙**流氓
5. **一伙**强盗
6. **一伙**人

生　词

1. 笔记本电脑	bǐjìběn diànnǎo	notebook computer	3. 歹徒	dǎitú	ruffian
			4. 坏蛋	huàidàn	scoundrel
2. 摩托车	mótuōchē	motorcycle	5. 强盗	qiángdào	robber

★ 比较“帮”、“伙”和“群”，见第151页。

1 用于计量一剂药煎的次数。

Used to refer to the number of times a decoction of Chinese herbal medicine should be taken.

情 景 ▶

这药要喝三和，这是第二和药了，再煎一和，就可以倒掉了。

Zhè yào yào hē sān huò, zhè shì dì-èr huò yào le, zài jiān yí huò, jiù kěyǐ dàodiào le.

短 语 ▶

一和药

生 词 ▶

1. 一和药	yí huò yào	the liquid medicine from one decoction process	2. 煎	jiān	decoct medicinal herbs
			3. 倒	dào	get rid of; pour

动量 用于计量洗东西换水的次数。

A verbal measure word used to refer to the number of rinses that occur when washing clothes.

情 景 ▶

这件蓝衣服也太掉色了，我已经洗了三和了，水还是蓝色的呢。

Zhè jiàn lán yīfu yě tài diàoshǎi le, wǒ yǐjīng xǐle sān huò le, shuǐ háishi lánsè de ne.

短 语 ▶

洗了一和

生 词 ▶

1. 掉色	diào sǎi	fade
2. 蓝色	lánsè	blue

级 jí

1 用于计量台阶、楼梯等的层数。
Used with stairs, steps, etc.

情 景

今天我去颐和园玩儿了一整天，回来以后累得腿都抬不起来了。晚上躺在床上想，我今天上了大概有几百**级**台阶。

Jīntiān wǒ qù Yíhéyuán wánrle yì zhěng tiān, huílái yǐhòu lèi de tuǐ dōu tái bù qǐlái le. Wǎnshang tǎng zài chuáng shang xiǎng, wǒ jīntiān shàngle dàgài yǒu jǐ bǎi jí táijiē.

短 语

1. 一**级**楼梯
2. 一**级**台阶

生 词

1. 颐和园	Yíhéyuán	Summer Palace	4. 躺	tǎng	lie
2. 一整天	yì zhěng tiān	a whole day	5. 台阶	táijiē	a flight of steps
3. 抬	tái	raise	6. 楼梯	lóutī	stairs

2 用于计量等级、技能的高低。
Used to refer to grades, ranks, scales, etc.

情 景

（1）他初中毕业以后就去工厂干活了。他学习很刻苦，技术提高得很快，现在已经是五**级**工了。

Tā chūzhōng bìyè yǐhòu jiù qù gōngchǎng gàn huór le. Tā xuéxí hěn kèkǔ, jìshù tígāo de hěnkuài, xiànzài yǐjīng shì wǔ jí gōng le.

（2）女儿从三岁开始学钢琴，每天弹两个多小时，周末还要去老师家学习。五年多的时间终于通过了八**级**考试。

Nǚ'ér cóng sān suì kāishǐ xué gāngqín, měi tiān tán liǎng ge duō xiǎoshí, zhōumò hái yào qù lǎoshī jiā xuéxí. Wǔ nián duō de shíjiān zhōngyú tōngguòle bā jí kǎoshì.

短　语

1. 二**级**教授　　2. 七**级**电工　　3. 三**级**厨师　　4. 五**级**大风

生　词

1. 初中	chūzhōng	junior high school; middle school	4. 周末	zhōumò	weekend
			5. 终于	zhōngyú	at last; in the end
2. 刻苦	kèkǔ	assiduous; hardworking	6. 考试	kǎoshì	examination; test
3. 钢琴	gāngqín	piano	7. 教授	jiàoshòu	professor
8. 七级电工	qī jí diàngōng	seventh level vocational certificate for an electrician			
9. 三级厨师	sān jí chúshī	third level vocational certificate for a cook			
10. 五级大风	wǔ jí dàfēng	force five wind			

1 用于计量某些动作的次数，数词只限于“一”。
Used for the measure of the number of slaps one receives to one's face, etc. It can only be used with the numeral 一.

情　景

没想到自己辛辛苦苦养大的儿子，竟做出这种丢人的事来，她真想狠狠地给他一**记**耳光。

Méi xiǎngdào zìjǐ xīnxīn-kǔkǔ yǎngdà de érzi, jìng zuòchū zhè zhǒng diūrén de shì lai, tā zhēn xiǎng hěnhěn de gěi tā yí jì ěrguāng.

短　语

给了他一**记**耳光

生　词

1. 辛辛苦苦	xīnxīn-kǔkǔ	work laboriously	4. 狠狠地	hěnhěn de	severe
2. 竟	jìng	unexpectedly	5. 耳光	ěrguāng	slap in the face
3. 丢人	diūrén	embarrassing			

剂 jì

1 用于计量若干味药配合起来的汤药，同“副”、“服”。
Used to refer to a dose of medicine given, or to be taken, at a time. It is similar to 副, 服.

情 景

昨天晚上，我吃了这**剂**药就睡了。夜里出了不少汗，今天早上不发烧了，也能吃东西了。

Zuótiān wǎnshang, wǒ chīle zhè jì yào jiù shuì le. Yèli chūle bù shǎo hàn, jīntiān zǎoshang bù fāshā le, yě néng chī dōngxi le.

短 语

一*剂*汤药

生 词

1. 汗	hàn	sweat; perspiration	2. 发烧	fāshāo	have a temperature

家 jiā

1 用于计量家庭的数量。
Used for the measure of the number of families in a place.

情 景

(1) 我们楼上住的那**家**人，经常大声放音乐，有时候还又唱又跳，吵得大家不能很好地休息。

Wǒmen lóushàng zhù de nà jiā rén, jīngcháng dàshēng fàng yīnyuè, yǒu shíhou hái yòu chàng yòu tiào, chǎo de dàjiā bù néng hěn hǎo de xiūxi.

(2) 那个老人没儿没女，虽然有几**家**亲戚，但是都住得很远，不能常来照顾他，所以他总是感到很孤独。

Nàge lǎorén méi ér méi nǚ, suīrán yǒu jǐ jiā qīnqi, dànshì dōu zhù de hěn yuǎn, bù néng cháng lái zhàogù tā, suǒyǐ tā zǒng shì gǎndào hěn gūdú.

短　语

1. 一家亲戚　　2. 一家人家

生　词

1. 亲戚	qīnqi	relative	3. 孤独	gūdú	lonely
2. 照顾	zhàogù	look after			

★ 比较"家"和"门"，见第128页。

2 用于计量企业、店铺的数量。
Used to refer to institutions, enterprises, stores, business, etc.

情　景

（1）因为那家旅馆吃、住都很便宜，交通也比较方便，所以很多人都喜欢住在那儿。

Yīnwèi nà jiā lǚguǎn chī, zhù dōu hěn piányi, jiāotōng yě bǐjiào fāngbian, suǒyǐ hěn duō rén dōu xǐhuan zhù zài nàr.

（2）这条街上有两家工厂，南边那家是铅笔厂，北边那家是衬衫厂。上下班的时候，等车的人很多。

Zhè tiáo jiē shang yǒu liǎng jiā gōngchǎng, nánbian nèi jiā shì qiānbǐ chǎng, běibian nèi jiā shì chènshān chǎng. Shàng-xià bān de shíhou, děng chē de rén hěn duō.

（3）离学校不远的地方有一家现代化的剧院，每天都有很多人到那里去看电影或者看话剧。现在正在上演《天鹅湖》。

Lí xuéxiào bù yuǎn de dìfang yǒu yì jiā xiàndàihuà de jùyuàn, měi tiān dōu yǒu hěn duō rén dào nàli qù kàn diànyǐng huòzhě kàn huàjù. Xiànzài zhèngzài shàngyǎn "*Tiān'é Hú*".

（4）A：为什么到那家饭馆去吃饭的人那么多呢？
B：因为那家饭馆比较干净。
A：那儿的饭菜做得怎么样？
B：我在那儿吃过几次，还不错。
A：我以后也到那儿去吃一次。

A: Wèi shénme dào nà jiā fànguǎn qù chīfàn de rén nàme duō ne?
B: Yīnwèi nà jiā fànguǎn bǐjiào gānjìng.
A: Nàr de fàncài zuò de zěnmeyàng?
B: Wǒ zài nàr chīguo jǐ cì, hái búcuò.
A: Wǒ yǐhòu yě dào nàr qù chī yí cì.

(5) 这本语法书我跑了好几家大书店，都没买到。最后在一家小书店里买到了。

Zhè běn yǔfǎ shū wǒ pǎole hǎo jǐ jiā dà shūdiàn, dōu méi mǎidào. Zuìhòu zài yì jiā xiǎo shūdiàn li mǎidào le.

短 语

1. 一家报社
2. 一家茶馆
3. 一家超市
4. 一家出版社
5. 一家电台
6. 一家电影院
7. 一家饭馆
8. 一家工厂
9. 一家公司
10. 一家旅馆
11. 一家媒体
13. 一家商店
12. 一家书店
14. 一家通讯社
17. 一家网站
15. 一家医院
16. 一家银行

生 词

1. 衬衫	chènshān	shirt	7. 通讯社	tōngxùnshè	news agency
2. 报社	bàoshè	newspaper office	6. 媒体	méitǐ	media
3. 茶馆	cháguǎn	teahouse	8. 网站	wǎngzhàn	website
4. 出版社	chūbǎnshè	publisher	9. 银行	yínháng	bank
5. 电台	diàntái	broadcasting station			

★ **比较 “户”和“家[1]”**

同 都用于计量人家和住户的数量。
Both are used for the measure of households and families.

异 “户”一般只用于计量人家和住户的数量。
户 is normally used only for households.

如：一户人家、一户居民。
e.g., a family; a household

“家”除了上述用法以外，还可以用来计量一些企业、事业单位的数量。
In addition to referring to households or families, 家 can also be used to refer to enterprises or institutions.

如：一家医院、一家公司、一家电台。
e.g., a hospital; a company; a broadcasting station

1 用于计量有支架的或有机械的东西。

Used to refer to an instrument, a machine, or a device or construction with a metal structure.

情 景

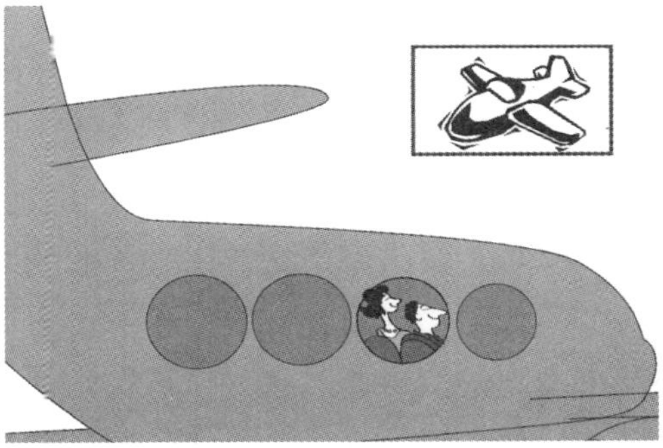

（1）今年暑假我去南方参加了一个学术讨论会，在机场遇见了一位老朋友。他也去南方，正好和我坐同一架飞机。

Jīnnián shǔjià wǒ qù nánfāng cānjiāle yí ge xuéshù tǎolùnhuì, zài jīchǎng yùjiànle yí wèi lǎo péngyou. Tā yě qù nánfāng, zhènghǎo hé wǒ zuò tóng yí jià fēijī.

（2）我给我女儿买了一架钢琴，还给她请了一位老师。老师每星期来一次。她刚学一个多月，就能弹简单的曲子了。

Wǒ gěi wǒ nǚ'ér mǎile yí jià gāngqín, hái gěi tā qǐngle yí wèi lǎoshī. Lǎoshī měi xīngqī lái yí cì. Tā gāng xué yí ge duō yuè, jiù néng tán jiǎndān de qǔzi le.

短 语

1. 一架飞机
2. 一架缝纫机
3. 一架高射炮
4. 一架机器
5. 一架录音机
6. 一架桥
7. 一架秋千
8. 一架收音机
9. 一架梯子
10. 一架望远镜
11. 一架显微镜
12. 一架照相机

生 词

1. 钢琴	gāngqín	piano	6. 秋千	qiūqiān	swing
2. 弹	tán	play	7. 梯子	tīzi	ladder
3. 曲子	qǔzi	song; tune	8. 望远镜	wàngyuǎnjìng	telescope
4. 缝纫机	féngrènjī	sewing machine	9. 显微镜	xiǎnwēijìng	microscope
5. 高射炮	gāoshèpào	anti-aircraft gun			

★ 比较“架”和“台”，见第169页。

间 jiān

1 用于计量房间的数量，是计量房屋的最小单位。

Used to refer to the number of rooms in a house or a building. It is the smallest unit used when counting rooms.

情 景

（1）这家公司原来只有**一间**办公室，因为生意越做越好，如今已经发展成全国有名的大公司了。

Zhè jiā gōngsī yuánlái zhǐyǒu yì jiān bàngōngshì, yīnwèi shēngyi yuè zuò yuè hǎo, rújīn yǐjīng fāzhǎn chéng quánguó yǒumíng de dà gōngsī le.

（2）我们班人不多，平时都在这**间**小教室里上课。看教学电影时，就和别的班一起在对面那**间**大教室里上课。

Wǒmen bān rén bù duō, píngshí dōu zài zhè jiān xiǎo jiàoshì li shàngkè. Kàn jiàoxué diànyǐng shí, jiù hé biéde bān yìqǐ zài duìmiàn nà jiān dà jiàoshì li shàngkè.

短 语

1. **一间**办公室
2. **一间**病房
3. **一间**厂房
4. **一间**厨房
5. **一间**储藏室
6. **一间**教室
7. **一间**牢房
8. **一间**门脸儿
9. **一间**宿舍
10. **一间**网吧
11. **一间**卫生间
12. **一间**浴室
13. **一间**阅览室

生 词

1. 公司	gōngsī	company; firm	7. 门脸儿	ménliǎnr	shop front
2. 有名	yǒumíng	famous; well-known	8. 网吧	wǎngbā	Internet café
3. 病房	bìngfáng	ward (of a hospital)	9. 卫生间	wèishēngjiān	restroom
4. 厨房	chúfáng	kitchen	10. 浴室	yùshì	bathroom
5. 储藏室	chǔcángshì	storeroom	11. 阅览室	yuèlǎnshì	reading room
6. 牢房	láofáng	prison cell			

件 jiàn

1 用于计量个体器物。

Used to refer to a piece of a commodity, musical instrument, artwork, writing, etc.

情 景

（1）这**件**毛衣我穿着很合适，可惜是黑色的。我最不喜欢黑颜色的衣服，我想买**一件**咖啡色的，或者是米黄色的。

Zhè jiàn máoyī wǒ chuānzhe hěn héshì, kěxī shì hēisè de. Wǒ zuì bù xǐhuān hēi yánsè de yīfu, wǒ xiǎng mǎi yí jiàn kāfēisè de, huòzhě shì mǐhuángsè de.

(2) 我想在回国以前，先把这几**件**大一点儿的行李寄走，剩下那几**件**小件儿的，我自己带着就行了。

Wǒ xiǎng zài huíguó yǐqián, xiān bǎ zhè jǐ jiàn dà yìdiǎnr de xíngli jìzǒu, shèngxia nà jǐ jiàn xiǎo jiànr de, wǒ zìjǐ dàizhe jiù xíng le.

(3) 我的邻居要出去旅行，走以前她请我替她办两件事：第一**件**事情是浇花；第二**件**事情是拿报纸。

Wǒ de línjū yào chūqu lǚxíng, zǒu yǐqián tā qǐng wǒ tì tā bàn liǎng jiàn shì: dì-yī jiàn shìqing shì jiāo huā; dì-èr jiàn shìqing shì ná bàozhǐ.

(4) A：我给她买了**一件**礼物，你猜是什么？
B：是钢笔吧。
A：不对。
B：是手表？
A：也不对。
B：那是什么，我猜不着。
A：是一把扇子。

A: Wǒ gěi tā mǎile yí jiàn lǐwù, nǐ cāi shì shénme?
B: Shì gāngbǐ ba.
A: Bú duì.
B: Shì shǒubiǎo?
A: Yě bú duì.
B: Nà shì shénme, wǒ cāi bu zháo.
A: Shì yì bǎ shànzi.

短语

1. **一件**包裹
2. **一件**产品
3. **一件**东西
4. **一件**家具
5. **一件**礼物
6. **一件**首饰
7. **一件**玩具
8. **一件**文物
9. **一件**行李
10. **一件**艺术品
11. **一件**乐器
12. **一件**字画
13. **一件**作品

生词

1. 可惜	kěxī	it's a shame	5. 包裹	bāoguǒ	bundle; parcel
2. 米黄色	mǐhuángsè	cream-colored	6. 玩具	wánjù	toy
3. 行李	xíngli	luggage	7. 艺术品	yìshùpǐn	artwork
4. 浇花	jiāohuā	water flowers	8. 乐器	yuèqì	musical instrument

9. 字画	zìhuà	calligraphy and painting	10. 作品	zuòpǐn	writings

2 用于计量衣类的数量，多用于上衣。

Used to refer to clothes, mostly outer garments worn on the upper body.

情 景

今年冬天不太冷，只穿**一件**衬衫和**一件**厚毛衣就够了。新买的羽绒服根本没穿。

Jīnnián dōngtiān bú tài lěng, zhǐ chuān yí jiàn chènshān hé yí jiàn hòu máoyī jiù gòu le. Xīn mǎi de yǔróngfú gēnběn méi chuān.

短 语

1. **一件**背心
2. **一件**衬衫
3. **一件**风衣
4. **一件**毛衣
5. **一件**旗袍
6. **一件**睡衣
7. **一件**衣服
8. **一件**羽绒服
9. **一件**雨衣

生 词

1. 衬衫	chènshān	shirt	5. 背心	bèixīn	sleeveless garment
2. 厚	hòu	thick	6. 风衣	fēngyī	windbreaker
3. 毛衣	máoyī	woolen sweater	7. 睡衣	shuìyī	pajamas
4. 羽绒服	yǔróngfú	down jacket	8. 雨衣	yǔyī	raincoat

3 用于计量事情、案件、公文等的数量。

Used to refer to things to be done, legal cases, official documents, etc.

情 景

上次那场官司胜诉后，他开始忙起来了。常常是**一件**案子还没完，就又接了**一件**新案子。

Shàng cì nà chǎng guānsi shèngsù hòu, tā kāishǐ máng qǐlai le. Chángcháng shì yí jiàn ànzi hái méiwán, jiù yòu jiēle yí jiàn xīn ànzi.

短 语

1. **一件**案子
2. **一件**工作
3. **一件**公文
4. **一件**事情

生 词

1. 官司	guānsi	lawsuit	3. 案子	ànzi	case
2. 胜诉	shèngsù	win a lawsuit	4. 公文	gōngwén	official document

★ 比较“件”、“身儿”和“套”，见第176页。比较“件”、“起”和“宗”，见第230页。

jiǎo 脚

动量 用于计量用脚踢的数量。
A verbal measure word used for the measure of the number of times one kicks or steps with one's foot.

情 景

（1）刚才地铁车厢里很挤，连站的地方都没有。旁边一个小伙子没站稳踩了我一**脚**。

Gāngcái dìtiě chēxiāng li hěn jǐ, lián zhàn de dìfang dōu méiyǒu. Pángbiān yí ge xiǎohuǒzi méi zhàn wěn cǎile wǒ yì jiǎo.

（2）球传到禁区，5号抬起一**脚**没踢进去，跑过来的队友又补了一**脚**，球进了。

Qiú chuán dào jìnqū, wǔ hào tái qǐ yì jiǎo méi tī jìnqù, pǎo guòlái de duìyǒu yòu bǔle yì jiǎo, qiú jìn le.

短 语

1. 踩了一**脚**　2. 踹了两**脚**　3. 蹬了一**脚**　4. 踢了几**脚**球

生 词

1. 地铁	dìtiě	underground	6. 稳	wěn	firm
2. 车厢	chēxiāng	railway carriage	7. 传	chuán	pass; pass on
3. 挤	jǐ	crowded	8. 禁区	jìnqū	penalty area
4. 连……都	lián...dōu	even	9. 补	bǔ	supply; make up for
5. 小伙子	xiǎohuǒzi	lad; young fellow			

jié 节

1 用于计量独自成段的东西。
Used to refer to a section of things.

情 景

（1）昨天我从网上看到了一条消息，说有一列火车出轨了，有

三节车厢翻了。可是一个人也没死，只有少数人受了伤。

Zuótiān wǒ cóng wǎngshang kàndào-le yì tiáo xiāoxi, shuō yǒu yí liè huǒchē chūguǐ le, yǒu sān jié chēxiāng fān le. Kěshì yí ge rén yě méi sǐ, zhǐyǒu shǎo-shù rén shòule shāng.

（2）由于乘坐公共交通的人增多，城市轻轨越来越拥挤，从下月起，原来的6节车厢将加长2节，增加到8节车厢。

Yóuyú chéngzuò gōnggòng jiāotōng de rén zēngduō, chéngshì qīngguǐ yuèláiyuè yōngjǐ, cóng xià yuè qǐ, yuánlái de liù jié chēxiāng jiāng jiācháng liǎng jié, zēngjiā dào bā jié chēxiāng.

短 语 ▶

1. 一节电池　2. 一节甘蔗　3. 一节骨头　4. 一节藕　5. 一节烟囱　6. 一节竹子

生 词 ▶

1. 出轨	chūguǐ	go off the rails	5. 甘蔗	gānzhe	sugar cane
2. 车厢	chēxiāng	railway carriage	6. 藕	ǒu	lotus root
3. 轻轨	qīngguǐ	light rail	7. 烟囱	yāncong	chimney
4. 骨头	gǔtou	bone			

2 用于计量教学的时数。

A verbal measure word used to refer to the number of classes in school.

情 景 ▶

今天上午我们有四节课。两节听力课，由王老师给我们上，还有两节阅读课，是李老师教。

Jīntiān shàngwǔ wǒmen yǒu sì jié kè. Liǎng jié tīnglìkè, yóu Wáng lǎoshī gěi wǒmen shàng, hái yǒu liǎng jié yuèdúkè, shì Lǐ lǎoshī jiāo.

短 语 ▶

一节课

生 词 ▶

1. 听力课	tīnglìkè	listening comprehension class
2. 阅读课	yuèdúkè	reading comprehension class

★ 比较"节"和"堂"，见第172页。

1 用于计量某些细长的东西被截断部分的数量。
Used to refer to the number of sections cut from a long thin piece of material.

情 景

（1）A：你找什么？
B：我想找**一截儿**尼龙绳。
A：干什么用？
B：我要把那些旧报纸捆起来。
A：我这儿有**一截儿**纸绳，你看行不行？
B：也行，给我吧。

A: Nǐ zhǎo shénme?
B: Wǒ xiǎng zhǎo yì jiér nílóng shéng.
A: Gàn shénme yòng?
B: Wǒ yào bǎ nàxiē jiù bàozhǐ kǔ qǐlai.
A: Wǒ zhèr yǒu yì jiér zhǐ shéng, nǐ kàn xíng bu xíng?
B: Yě xíng, gěi wǒ ba.

（2）一个工人说："这里走不过去了，地下有**一截儿**水管子坏了，正在修理呢，请大家从那边走吧。"

Yí ge gōngrén shuō:"Zhèli zǒu bú guòqù le, dìxià yǒu yì jiér shuǐguǎnzi huài le, zhèngzài xiūlǐ ne, qǐng dàjiā cóng nàbian zǒu ba."

短 语

1. **一截儿**粉笔
2. **一截儿**黄瓜
3. **一截儿**木头
4. **一截儿**藕
5. **一截儿**绳子
6. **一截儿**铁管
7. **一截儿**铁丝

生 词

1. 尼龙绳	nílóng shéng	nylon rope	5. 黄瓜	huángguā	cucumber
2. 捆	kǔn	bundle up; tie up	6. 木头	mùtou	wood; log
3. 纸绳	zhǐ shéng	paper rope	7. 铁管	tiěguǎn	iron pipe; iron tube
4. 水管子	shuǐguǎnzi	water pipe	8. 铁丝	tiěsī	iron wire

★ 比较"段[1]" "节[1]"和"截儿"

同 **都用于计量某些细长的东西分成的部分。**

They are used for the measure of something slender in form that is cut off or broken away from a longer piece.

异 **①"段"多为断开的东西、事情或时间。**

段 is used to refer to a segment of something cut off or broken away from a longer piece, or period of time.

如：一段路、一段铁轨、一段往事。

e.g., a section of a road; a section of a railway; a past event

"节"用于自身独立成段的东西。

节 is used to refer to a section or sections naturally joined or artificially made.

如：一节竹子、一节甘蔗、一节电池。

e.g., a joint of bamboo; a joint of sugarcane; a battery

"截儿"多用于被截断或近似截断的东西。

截儿 often used to refer to a portion or a part cut or broken off from an object.

如：一截儿绳子、一截儿管子、一截儿黄瓜。

e.g., a small length of rope; a piece of a pipe; a small piece of cucumber

②"段"的使用范围广，除了计量条状截断的部分以外，还可以计量时间、空间的距离及语言文辞的部分。

段 has a wider range of applications. It can be used for a section cut from a long narrow piece, or for a period of time or length of distance, or for a section of prose or writing.

如：一段时光、一段距离、一段相声。

e.g., a period of time; a length of distance; a comic dialog

"截儿"和"节"都没有这个用法。

截儿 and 节 cannot be used this way.

1 用于计量定期会议、毕业的班级、运动会及任职期限等。
Used to refer to regularly scheduled conferences, graduations, sports meetings, or a tenure of office, etc.

情 景

(1) 我们学校每年举办一次邮票展览，已经举办了四**届**。今年展出的邮票分五个专题共两千多枚，比上**届**展览多了20%左右。

Wǒmen xuéxiào měi nián jǔbàn yí cì yóupiào zhǎnlǎn, yǐjīng jǔbànle sì jiè. Jīnnián zhǎnchū de yóupiào fēn wǔ ge zhuāntí gòng liǎngqiān duō méi, bǐ shàng jiè zhǎnlǎn duō le bǎi fēn zhī èrshí zuǒyòu.

(2) 这**届**世界杯爆出了最大的冷门儿，上**届**冠军，在小组赛中就被淘汰了，没能进入16强。

Zhè jiè shìjièbēi bàochūle zuì dà de lěngménr, shàng jiè guànjūn, zài xiǎozǔ sài zhōng jiù bèi táotài le, méi néng jìnrù shíliù qiáng.

短 语

1. 第十三**届**商品交易会
2. 两**届**毕业生
3. 三**届**学生
4. 上**届**奥运会
5. 上**届**洽谈会
6. 上（一）**届**书展
7. 下**届**锦标赛
8. 这**届**博览会
9. 这**届**运动会

生 词

1. 专题	zhuāntí	subject	8. 淘汰	táotài	knock out
2. 世界杯	shìjièbēi	World Cup	9. 交易会	jiāoyìhuì	trade fair
3. 爆	bào	produce	10. 奥运会	Àoyùnhuì	Olympic Games
4. 冷门儿	lěngménr	an unexpected winner	11. 洽谈会	qiàtánhuì	(trade) talks
5. 冠军	guànjūn	champion	12. 书展	shūzhǎn	book fair
6. 小组赛	xiǎozǔ sài	group competition	13. 锦标赛	jǐnbiāosài	championship
7. 16强	shíliù qiáng	top 16	14. 博览会	bólǎnhuì	fair; trade fair

★ 比较“届”和“任”，见第152页。

局 jú

1 **用于计量棋类、乒乓球、排球等比赛的次数。**
Used to refer to the number of games or sports competitions like Chinese chess, table tennis, volleyball, etc., that are played or held.

情　景

(1) 他才八岁，下棋就下得那么好。前天晚上我和他下棋，下了五局，他赢了四局，只输了一局。

Tā cái bā suì, xià qí jiù xià de nàme hǎo. Qiántiān wǎnshang wǒ hé tā xià qí, xiàle wǔ jú, tā yíngle sì jú, zhǐ shūle yì jú.

(2) 比赛采取三局两胜制，也就是说，先胜三局的队，为获胜队。

Bǐsài cǎiqǔ sān jú liǎng shèng zhì, yě jiùshi shuō xiān shèng sān jú de duì, wéi huòshèng duì.

短　语

1. 决胜局　　2. 三局两胜制　　3. 一局比赛

生　词

1. 下棋	xià qí	play chess	4. 采取	cǎiqǔ	adopt; take
2. 赢	yíng	win	5. 三局两胜制	sān jú liǎng shèng zhì	best-of-three series
3. 输	shū	lose	6. 获胜	huòshèng	won

句 jù

1 **用于计量语言的单位。**
Used to refer to a sentence or sentences.

情　景

(1) 妈妈每天都要嘱咐孩子几句话：第一，过马路要小心；第二，回家以后先做作业；第三，出去的时候，别忘了锁门。

Māma měi tiān dōu yào zhǔfu háizi jǐ jù huà: dì-yī, guò mǎlù yào xiǎoxīn, dì-èr, huíjiā yǐhòu xiān zuò zuòyè; dì-sān, chūqu de shíhou, bié wàngle suǒ mén.

（2）大家在一起又说又笑，谈得非常热闹，可是她却坐在那儿一句话也不说。

Dàjiā zài yìqǐ yòu shuō yòu xiào, tán de fēicháng rènao, kěshì tā què zuò zài nàr yí jù huà yě bù shuō.

短　语

1. 一句歌词　3. 一句牢骚　5. 一句诗　7. 一句玩笑　9. 一句谣言
2. 一句开场白　4. 一句名言　6. 一句顺口溜　8. 一句瞎话

生　词

1. 嘱咐	zhǔfu	exhort; enjoin	6. 顺口溜	shùnkǒuliū	jingle
2. 歌词	gēcí	words of a song	7. 玩笑	wánxiào	joke
3. 开场白	kāichǎngbái	introductory remarks	8. 瞎话	xiāhuà	lie
4. 牢骚	láosāo	complaint	9. 谣言	yáoyán	rumor
5. 名言	míngyán	well-known saying			

jù 具

1 用于计量棺材、尸体或某些器物。
Used to refer to a coffin or corpse.

情　景

110接到一个电话，说在山上发现了一具尸体。公安人员就立刻开着汽车到现场去了。

Yāo yāo líng jiēdào yí ge diànhuà, shuō zài shān shang fāxiànle yí jù shītǐ. Gōng'ān rényuán jiù lìkè kāizhe qìchē dào xiànchǎng qù le.

短　语

1. 一具棺材　2. 一具尸体

生　词

1. 尸体	shītǐ	corpse	3. 现场	xiànchǎng	scene (of a crime or accident)
2. 公安局	gōngānjú	public security bureau	4. 棺材	guāncai	coffin

卷儿 juǎnr

1 用于计量成卷儿的东西，多用儿化。

Used to refer to things rolled into a cylindrical shape, often followed by the retroflex suffix -r

情 景

（1）有了数码相机方便多了，再也不用买胶卷儿了。几年前她第一次去长城，爬上去才发现一**卷儿**胶卷也没带。

Yǒule shùmǎ xiàngjī fāngbiàn duō le, zài yě bú yòng mǎi jiāojuǎnr le. Jǐ nián qián, tā dì-yī cì qù Chángchéng, pá shàngqu cái fāxiàn yì juǎnr jiāojuǎn yě méi dài.

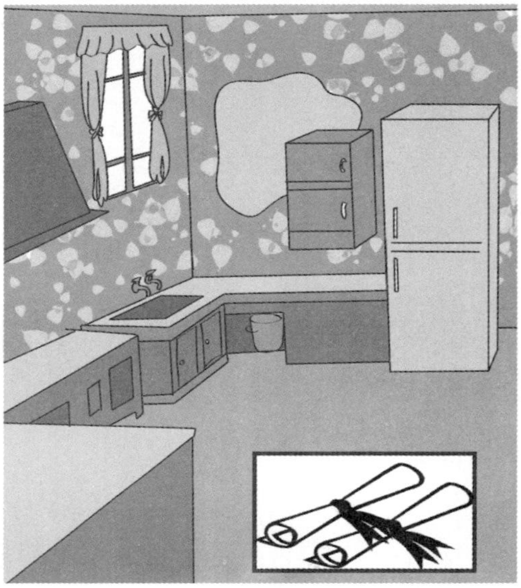

（2）新房子装修得差不多了，地板铺好了，橱柜也安完了。昨天买了几**卷儿**壁纸，明天一贴完就彻底完工了。

Xīn fángzi zhuāngxiū de chàbuduō le, dìbǎn pūhǎo le, chúguì yě ānwán le. Zuótiān mǎile jǐ juǎnr bìzhǐ, míngtiān yì tiēwán jiù chèdǐ wángōng le.

短 语

1. **一卷儿**报纸
2. **一卷儿**壁纸
3. **一卷儿**东西
4. **一卷儿**画
5. **一卷儿**胶卷儿
6. **一卷儿**棉布
7. **一卷儿**丝绸
8. **一卷儿**纸
9. **一卷儿**字画

生 词

1. 数码相机	shùmǎ xiàngjī	digital camera	7. 壁纸	bìzhǐ	wallpaper
2. 胶卷	jiāojuǎn	roll of film	8. 彻底	chèdǐ	thoroughly
3. 装修	zhuāngxiū	fix up	9. 完工	wángōng	complete
4. 地板	dìbǎn	floor	10. 棉布	miánbù	cotton cloth
5. 铺	pū	pave	11. 丝绸	sīchóu	silk
6. 橱柜	chúguì	cupboard			

1 用于计量篇幅较多，分成若干部分的书籍。

Used to refer to a volume or a multi-volume set of the same title.

情 景

这部小说共分上中下三卷，跨越了50年的历史，描写一个家族的兴衰史。作者用了8年的时间完成了这部巨作。

Zhè bù xiǎoshuō gòng fēn shàng zhōng xià sān juàn, kuàyuèle wǔshí nián de lìshǐ, miáoxiě yí ge jiāzú de xīngshuāi shǐ. Zuòzhě yòngle bā nián de shíjiān wánchéngle zhè bù jùzuò.

短 语

1. 万卷书　　2. 一卷书

生 词

1. 跨越	kuàyuè	stride across	4. 兴衰	xīngshuāi	rise and fall
2. 历史	lìshǐ	history	5. 巨作	jùzuò	monumental work
3. 描写	miáoxiě	describe			

★ 比较“卷儿（juǎnr）”和“卷（juàn）”

同 汉字相同。

Both have the same character.

异 ①读音不同。

They have different pronunciations.

②用法和意思不同。

They have different usages and carry different meanings.

“卷儿（juǎnr）”用于计量成卷儿的东西。

卷儿 (juǎnr) refers to things made into the shape of a cylinder by being rolled up.

如：一卷儿纸、一卷儿布。

e.g., a roll of paper; a roll of cloth

“卷（juàn）”用于计量书籍。

卷 (juàn) is used for books.

如：这套文选分三卷。

e.g., This anthology has three volumes.

卷 juàn

③“卷（juǎn）”可以使用儿化。
卷 can take the retroflex suffix -r.

“卷（juàn）”不能用儿化。
卷 cannot be used with the retroflex suffix -r.

棵 kē

1 用于计量植物的数量。
Used for the measure of the number of plants.

情 景

（1）我家院子里有一**棵**大树，夏天的晚上全家人常常坐在树下乘凉，聊天儿，一直到很晚才回去睡觉。

Wǒ jiā yuànzi li yǒu yì kē dà shù, xiàtiān de wǎnshang quánjiārén chángcháng zuò zài shù xià chéngliáng, liáotiānr, yìzhí dào hěn wǎn cái huíqu shuìjiào.

（2）我在花卉市场买了几**棵**绿色植物。一**棵**发财树；一**棵**巴西木。可是没有几个月那**棵**发财树就死了。

Wǒ zài huāhuì shìchǎng mǎile jǐ kē lǜsè zhíwù. Yì kē fācáishù; yì kē Bāxīmù. Kěshì méiyǒu jǐ ge yuè nà kē fācáishù jiù sǐ le.

（3）今年的白菜长得都很好。上午我买的那**棵**大白菜，差不多有七八斤重，够我吃好几天的。

Jīnnián de báicài zhǎng de dōu hěn hǎo. Shàngwǔ wǒ mǎi de nà kē dà báicài, chàbuduō yǒu qī-bā jīn zhòng, gòu wǒ chī hǎo jǐ tiān de.

短 语

1. 一**棵**草　　2. 一**棵**葱　　3. 一**棵**苗

生 词

1. 乘凉	chéngliáng	enjoy the cool air	
2. 聊天儿	liáotiānr	chat	

3. 花卉	huāhuì	flowers and plants	6. 巴西木	Bāxīmù	Brazilwood
4. 植物	zhíwù	plant	7. 葱	cōng	scallion;
5. 发财树	fācáishù	Guiana chestnut			green Chinese onion

★ **比较"根"和"棵"**

同 都用于计量植物。
Both are used to refer to plants.

异 "棵"只限用于植物。
棵 is used only for plants.

如：一棵草、一棵苗。
e.g., a blade of grass; a seedling

"根"还可以用于计量长的东西。
根 can also be used for elongated things.

如：一根鞭子、一根香肠。
e.g., a whip; a sausage

kē 颗

1 用于计量颗粒状的东西。
Used to refer to something small and roundish such as beans, beads, etc.

情　景▶

（1）昨天他从自行车上摔下来了。身上没受伤，可是一**颗**门牙被摔掉了，旁边那**颗**牙也摔活动了。

Zuótiān tā cóng zìxíngchē shang shuāi xiàlái le. Shēn shang méi shòushāng, kěshì yì kē ményá bèi shuāidiào le, pángbiān nà kē yá yě shuāi huódòng le.

（2）二十年前，他的腿上中了一**颗**子弹，一直没取出来，这次他来到首

Èrshí nián qián, tā de tuǐ shang zhòng-le yì kē zǐdàn, yìzhí méi qǔ chūlái, zhè

都，想找一位有经验的大夫把那**颗**子弹取出来。

cì tā láidào shǒudū, xiǎng zhǎo yí wèi yǒu jīngyàn de dàifu bǎ nà kē zǐdàn qǔ chūlai.

短语

1. 一**颗**宝石
2. 一**颗**瓜子儿
3. 一**颗**汗珠
4. 一**颗**黑痣
5. 一**颗**假牙
6. 一**颗**螺丝钉
7. 一**颗**炮弹
8. 一**颗**善良的心
9. 一**颗**新星
10. 一**颗**炸弹
11. 一**颗**珍珠
12. 一**颗**珠子
13. 一**颗**钻石

生词

1. 门牙	ményá	front tooth	9. 炮弹	pàodàn	shell
2. 活动	huódòng	be loose	10. 善良	shànliáng	good and honest
3. 中	zhòng	hit by	11. 星	xīng	star
4. 宝石	bǎoshí	precious stone	12. 炸弹	zhàdàn	bomb
5. 汗珠	hànzhū	beads of sweat	13. 珍珠	zhēnzhū	pearl
6. 痣	zhì	mole	14. 珠子	zhūzi	pearl; bead
7. 假牙	jiǎyá	false tooth	15. 钻石	zuànshí	diamond
8. 螺丝钉	luósīdīng	screw			

★ 比较“棵”和“颗”

同 **读音相同。**
They share the same pronunciation.

异 **“棵”用于计量植物的数量。**
棵 is used to refer to a number of plants.

如：一棵树、一棵草、一棵白菜。
e.g., a tree; a blade of grass; a Chinese cabbage

“颗”用于颗粒状的东西。
颗 is used for small and roundish things.

如：一颗宝石、一颗黑痣、一颗炮弹。
e.g., a precious stone; a mole; a shell

★ **比较“发”和“颗”**

同 **都用于计量枪弹、炮弹的数量等。**
Both are used for the measure of a number of shells, bullets, etc.

如：一发炮弹、一颗炮弹。
e.g., a shell

异 **“发”只用于计量枪弹、炮弹。**
发 is only used to refer to shells, or bullets.

“颗”还可以用于计量其他颗粒状的东西。
颗 is also used for the measure of small and roundish things.

如：一颗宝石、一颗黑痣。
e.g., a precious stone; a mole

★ 比较“颗”和“粒”，见第118页。

kè 课

1 用于计量教材的段落。
Used to refer to a lesson or a unit of teaching materials.

情 景 ▶

这本书一共有15**课**，每**课**课文都很长，生词也很多。这学期我们都学完了，可是很多我还没记住。

Zhè běn shū yígòng yǒu shíwǔ kè, měi kè kèwén dōu hěn cháng, shēngcí yě hěn duō. Zhè xuéqī wǒmen dōu xuéwán le, kěshì hěn duō wǒ hái méi jìzhù.

短 语 ▶

1. **一课**练习　　2. **一课**书

生 词 ▶

学期	xuéqī	school term; semester

课 kè

动量 **用于计量教材的段落。**
A verbal measure word used to refer to a lesson or a unit of teaching materials.

情 景 ▶

他年纪大了，学什么都记不住了，还每天坚持学外语，虽然是学**一课**忘**一课**，但他还是努力地学。

Tā niánjì dà le, xué shénme dōu jì bú zhù le, hái měi tiān jiānchí xué wàiyǔ, suīrán shì xué yí kè wàng yí kè, dàn tā háishi nǔlì de xué.

短 语 ▶

1. 复习了**一课**　　2. 学了**一课**　　3. 预习了**一课**

生 词 ▶

1. 年纪	niánjì	age	4. 努力	nǔlì	make great efforts
2. 记不住	jì bú zhù	cannot remember exactly	5. 复习	fùxí	review
3. 坚持	jiānchí	insist	6. 预习	yùxí	prepare lessons before class

口 kǒu

1 **用于计量家庭的人数。**
Used to refer to the number of people in a family.

情 景 ▶

这家有四**口**人：父亲、母亲都是大学的老师，大儿子是大夫，小儿子是演员，他家的生活很和睦。

Zhè jiā yǒu sì kǒu rén: fùqin, mǔqin dōu shì dàxué de lǎoshī, dà érzi shì dàifu, xiǎo érzi shì yǎnyuán, tā jiā de shēnghuó hěn hémù.

短 语 ▶

1. 四**口**人　　2. 五**口**之家

生 词 ▶

和睦	hémù	harmonious; harmony

2 用于计量牲畜的数量。
Used for the measure of domestic animals.

情　景▶

这户农民全家一共有六口人，他们除了干地里的活儿以外，还养了几十口猪，日子越过越好。

Zhè hù nóngmín quán jiā yígòng yǒu liù kǒu rén, tāmen chúle gàn dìli de huór yǐwài, hái yǎngle jǐshí kǒu zhū, rìzi yuè guò yuè hǎo.

短　语▶

一口猪

生　词▶

1. 除了……以外……	chúle...yǐwài...	except	4. 养	yǎng	raise
			5. 猪	zhū	pig
2. 地里	dìli	field	6. 日子	rìzi	life; livelihood
3. 活儿	huór	work			

★ 比较“口”和“头”，见第187页。

3 用于计量有口或有刃的器物。
Used to refer to a large open vessel, or a well, vat, or something with a big opening or an edge.

情　景▶

最近有两个多月没下雨了，我们村子里的那几口井都快干了。再不下雨，我们的饮水就成问题了。

Zuìjìn yǒu liǎng ge duō yuè méi xià yǔ le, wǒmen cūnzi li de nà jǐ kǒu jǐng dōu kuài gān le. Zài bú xià yǔ, wǒmen de yǐnshuǐ jiù chéng wèntí le.

短　语▶

1. 一口宝剑　2. 一口大钟　3. 一口棺材　4. 一口井　5. 一口水缸

生　词▶

1. 成问题	chéng wèntí	be a problem	3. 棺材	guāncai	coffin
2. 宝剑	bǒojiàn	a double-edged sword	4. 水缸	shuǐgāng	water vat

★ 比较“口”和“眼”，见第205页。

4 用于计量口腔动作的次数。
Used to refer to the number of mouthfuls taken when eating, drinking, smoking, etc.

情 景 ▶

(1) 这几天他不想吃饭，今天早上喝了半杯牛奶，中午吃了几**口**饭就躺下睡了。家里人不知道他得的是什么病，很着急。

Zhè jǐ tiān tā bù xiǎng chī fàn, jīntiān zǎoshang hēle bàn bēi niúnǎi, zhōngwǔ chīle jǐ kǒu fàn jiù tǎngxia shuì le. Jiālirén bù zhīdào tā dé de shì shénme bìng, hěn zháojí.

(2) 今天从睁眼到现在我一**口**水没喝，一**口**饭没吃。一直忙东忙西，可把我累坏了。

Jīntiān cóng zhēng yǎn dào xiànzài wǒ yì kǒu shuǐ méi hē, yì kǒu fàn méi chī. Yìzhí máng dōng máng xī, kě bǎ wǒ lèihuài le.

短 语 ▶

1. 长长地出了**口**气
2. 啃了几**口**面包
3. 吐了几**口**血
4. 吐了一**口**药
5. 吸了一**口**气
6. 一**口**茶
7. 一**口**酒
8. 一**口**水
9. 一**口**烟
10. 一**口**整齐的牙齿

生 词 ▶

1. 睁眼	zhēng yǎn	open (the eyes)	4. 吐	tù	spit; vomit
2. 忙东忙西	máng dōng máng xī	be terribly busy	5. 吸气	xī qì	breathe in
3. 啃	kěn	gnaw; nibble	6. 牙齿	yáchǐ	tooth

5 用于计量语言，数词只限于“一”。
Used to refer to an identifiable style of pronunciation in spoken language. It is used with the numeral 一 only.

情 景 ▶

在她两岁的时候，父母就把她送到上海奶奶家去了。小学和中学都是在那儿上的，所以她能说一**口**流利的上海话。

Zài tā liǎng suì de shíhou, fùmǔ jiù bǎ tā sòng dào Shànghǎi nǎinai jiā qù le. Xiǎoxué hé zhōngxué dōu shì zài nàr shàng de, suǒyǐ tā néng shuō yì kǒu liúlì de Shànghǎihuà.

短 语

1. 一口北京话　2. 一口流利的英语　3. 一口娘娘腔　4. 一口学生腔

生 词

1. 流利	liúlì	fluent
2. 娘娘腔	niángniangqiāng	(a man) speaking in a girlish voice

动量 计量与口有关的动作。
A verbal measure word used for the measure of the number of times the mouth is used to bite, drink, eat, etc.

情 景

那个孩子说饿了，妈妈买了一个面包给他吃。可是他只吃了两**口**，就不吃了，又要喝橙汁。妈妈只好又给他买了一瓶橙汁。

Nège háizi shuō è le, māma mǎile yí ge miànbāo gěi tā chī. Kěshì tā zhǐ chīle liǎng kǒu, jiù bù chī le, yòu yào hē chéngzhī. Māma zhǐhǎo yòu gěi tā mǎile yì píng chéngzhī.

短 语

1. 尝了一口　2. 吃了一口　3. 啃了一口　4. 吐了一口　5. 咬了一口

生 词

1. 橙汁	chéngzhī	orange juice	3. 啃	kěn	gnaw; nibble
2. 尝	cháng	taste; try the flavor (of)	4. 咬	yǎo	bite; snap at

★ 比较“个[1]”和“口[1]”

同 都用于计量人的数量。
Both can be used with people.

异 “个”没有环境限制。
个 can be used anywhere without limitation.

如：我家有四个人。我们班有二十个学生。
e.g., There are four people in my family. There are twenty students in our class.

口 kǒu

"口"只限于计量家庭的人数。
口 is used only for the number of people in a family.

如：我家有四口人。
e.g., There are four people in my family.

块 kuài

1 用于计量块状或片状的东西。
Used to refer to pieces or lumps of a solid substance.

情 景 ▶

(1) 你看那个老人踩在**一块**西瓜皮上差一点儿滑倒了，多危险哪！有的人吃完西瓜随便乱扔皮，这种习惯真不好。

Nǐ kàn nàge lǎorén cǎizài yí kuài xīguāpí shang chà yìdiǎnr huádǎo le, duō wēixiǎn na! Yǒu de rén chīwán xīguā suíbiàn luàn rēng pí, zhèzhǒng xíguàn zhēn bù hǎo.

(2) 这间样板房布置得很漂亮，一进门地上有**一块**黑色的大理石，客厅中间铺着**一块**白色的羊毛地毯。

Zhè jiān yàngbǎnfáng bùzhì de hěn piàoliang, yí jìn mén dìshang yǒu yí kuài hēisè de dàlǐshí, kètīng zhōngjiān pūzhe yí kuài báisè de yángmáo dìtǎn.

(3) 小时候，有一次我过马路没注意，被自行车撞倒了。胳膊、腿都受了伤，留下了好几**块**伤疤，到现在还能看出来。

Xiǎo shíhou, yǒu yí cì wǒ guò mǎlù méi zhùyì, bèi zìxíngchē zhuàngdǎo le. Gēbo, tuǐ dōu shòule shāng, liúxiàle hǎo jǐ kuài shāngbā, dào xiànzài hái néng kàn chūlai.

(4) 我买了**一块**橡皮不好用，一擦，纸上就**一块**黑。我又买了**一块**，还是不好用，气得我把两**块**橡皮都扔了。

Wǒ mǎile yí kuài xiàngpí bù hǎoyòng, yì cā, zhǐ shang jiù yí kuài hēi. Wǒ yòu mǎile yí kuài, háishi bù hǎo yòng, qì de wǒ bǎ liǎng kuài xiàngpí dōu rēng le.

短 语

1. 一块薄膜
2. 一块玻璃
3. 一块布
4. 一块草地
5. 一块绸子
6. 一块蛋糕
7. 一块地毯
8. 一块豆腐
9. 一块骨头
10. 一块黑板
11. 一块金牌
12. 一块面包
13. 一块木头
14. 一块泥
15. 一块巧克力
16. 一块肉
17. 一块伤疤
18. 一块石头
19. 一块手表
20. 一块糖
21. 一块头巾
22. 一块西瓜
23. 一块香皂
24. 一块橡皮
25. 一块云彩
26. 一块招牌
27. 一块砖

生 词

1. 踩	cǎi	step on	11. 胳膊	gēbo	arm
2. 西瓜皮	xīguāpí	watermelon rind	12. 伤疤	shāngbā	scar
3. 滑倒	huádǎo	slip and fall	13. 橡皮	xiàngpí	eraser
4. 随便	suíbiàn	carelessly	14. 薄膜	báomó	membrane
5. 乱	luàn	as one pleases	15. 泥	ní	mud
6. 样板房	yàngbǎnfáng	sample room	16. 肉	ròu	meat
7. 大理石	dàlǐshí	marble	17. 头巾	tóujīn	scarf
8. 羊毛	yángmáo	sheep's wool	18. 招牌	zhāopai	shop sign
9. 马路	mǎlù	street	19. 砖	zhuān	brick
10. 撞	zhuàng	bump against			

2 用于计量中国货币的单位，同“元”，多用于口语。
Used to refer to a unit of Chinese currency, mostly in spoken language. It is equivalent to 元.

情 景

A：请问，这件衬衫多少钱？
B：一百二十五**块**。
A：我要一件四十一号的。
B：您这是一百五十**块**，找您二十五。请收好。您还要看看什么？
A：谢谢，不用了。
B：欢迎下次光临。

A: Qǐngwèn, zhè jiàn chènshān duōshao qián?
B: Yìbǎi èrshíwǔ kuài.
A: Wǒ yào yí jiàn sìshíyī hào de.
B: Nín zhè shì yìbǎi wǔshí kuài, zhǎo nín èrshíwǔ. Qǐng shōuhǎo. Nín hái yào kànkan shénme?
A: Xièxie, bú yòng le.
B: Huānyíng xià cì guānglín.

块 kuài

短语

1. 两**块**五（毛）
2. 三**块**六毛四
3. 三十七**块**零五分
4. 十**块**整
5. 一**块**钱

生词

1. 请问	qǐngwèn	excuse me	4. 光临	guānglín	gracious presence (for a guest, etc)
2. 衬衫	chènshān	shirt			
3. 找	zhǎo	give change			

捆 kǔn

1 用于计量捆起来的东西，可以儿化。
Used for things tied together or bundled up. It can be followed by retroflex suffix -r.

情景

我看见她拿着一大**捆**书，就对她说："你把书放在我的自行车上吧！"她笑笑说："太好了，谢谢你。"

Wǒ kànjian tā názhe yí dà kǔn shū, jiù duì tā shuō: "Nǐ bǎ shū fàng zài wǒ de zìxíngchē shang ba!" Tā xiàoxiao shuō: "Tài hǎo le, xièxie nǐ."

短语

1. 一**捆**报纸
2. 一**捆**菜
3. 一**捆**草
4. 一**捆**葱
5. 一**捆**旧杂志
6. 一**捆**书

生词

1. 报纸	bàozhǐ	newspaper	4. 葱	cōng	green onion
2. 菜	cài	vegetable	5. 杂志	zázhì	magazine
3. 草	cǎo	grass			

★ 比较"把儿"、"捆"和"束"，见第163页。

lèi 类

1 **用于计量人或事物的品种和等级。**
Used to refer to the type, kind or rank of people or things.

情　景 ▶

烟酒这**类**东西和他没有关系，他从来不抽烟，也不喝酒。他现在都七十多岁了，身体还那么结实。

Yān jiǔ zhè lèi dōngxi hé tā méiyǒu guānxi, tā cónglái bù chōu yān, yě bù hē jiǔ. Tā xiànzài dōu qīshí duō suì le, shēntǐ hái nàme jiēshi.

短　语 ▶

1. 一类人　　2. 一类事情　　3. 这类问题

生　词 ▶

1. 结实	jiēshi	strong; sturdy	3. 一类事情	yí lèi shìqing	(one sort of) things
2. 一类人	yí lèi rén	(one kind of) people	4. 这类问题	zhè lèi wèntí	(this type of) questions

★ **比较“类”和“种”**

同　**都可以用于计量人或事物的种类。“类”和“种”表示人或事物的种类时可以互换。**
Both are used to refer to persons or things. 类 and 种 are interchangeable when they are used to refer to persons or things.

如：一类人、一种人；一类看法、一种看法。
e.g., a kind of people; a kind of things; an opinion

lì 粒

1 **用于计量小颗粒状的东西。**
Used to refer to something small like seeds or grains.

情　景 ▶

（1）母亲从小就教育他不要浪费**一粒**粮食。所以他现在养成了节约的好习惯。

Mǔqin cóng xiǎo jiù jiàoyù tā bú yào làngfèi yí lì liángshi. Suǒyǐ tā xiànzài yǎngchéngle jiéyuē de hǎo xíguàn.

（2）昨天中午，他骑车回家，进门以后觉得有点儿头晕、恶心，就赶紧吃了几**粒**人丹，过了一会儿就好了。

Zuótiān zhōngwǔ, tā qí chē huí jiā, jìn mén yǐhòu juéde yǒudiǎnr tóu yūn, ěxin, jiù gǎnjǐn chīle jǐ lì Réndān, guòle yíhuìr jiù hǎo le.

短　语

1. 一**粒**安眠药
2. 一**粒**花椒
3. 一**粒**黄豆
4. 一**粒**葡萄
5. 一**粒**砂子
6. 一**粒**药
7. 一**粒**芝麻
8. 一**粒**种子

生　词

1. 从小	cóng xiǎo	from childhood	7. 安眠药	ānmiányào	sleeping pill
2. 浪费	làngfèi	waste	8. 花椒	huājiāo	Chinese prickly ash
3. 节约	jiéyuē	save; practise thrift	9. 黄豆	huángdòu	soya bean
4. 头晕	tóu yūn	dizzy; giddy	10. 葡萄	pútao	grape
5. 恶心	ěxin	feel sick	11. 砂子	shāzi	grit
6. 人丹	Réndān	a popular traditional Chinese medicine for various minor ailments	12. 药	yào	medicine
			13. 芝麻	zhīma	sesame
			14. 种子	zhǒngzi	seed

★ 比较“颗”和“粒”

同　都用于计量颗粒状的小东西。

Both are used to refer to small and roundish things.

异　“颗”有时也用于较大的东西。

颗 sometimes can be used for relatively big things.

如：一颗炮弹、一颗原子弹。

e.g., an artillery shell; an atomic bomb

"粒"一般只用于小圆珠形或小碎块形的颗粒状的东西。
粒 is normally used for any small roundish or broken pieces of something.

如：一粒米、一粒砂子。
e.g., a grain of rice; a grain of grit

liǎn 脸

1 用于计量与脸有关的具体的数量，数词只限于"一"。有时"脸"前加"满"表示抽象的意思。
Used to describe the human face's change, 脸 is used only with the numeral 一 and sometimes with 满 to indicate the meaning of abstract.

情　景

（1）车开到半路，突然出了毛病，他连忙爬到车下去检查，十多分钟后，车修好了，他却蹭了**一脸**油泥。

Chē kāi dào bànlù, tūrán chūle máobìng, tā liánmáng pá dào chē xià qù jiǎnchá, shí duō fēnzhōng hòu, chē xiūhǎo le, tā què cèngle yì liǎn yóuní.

（2）今天出去办事，正赶上刮大风，在外边跑了一天，弄了满身满**脸**土。

Jīntiān chūqu bàn shì, zhèng gǎnshàng guā dàfēng, zài wàibiān pǎole yì tiān, nòngle mǎn shēn mǎn liǎn tǔ.

短　语

1. 蹭了**一脸**油泥
2. 刮了**一脸**土
3. 抹了**一脸**汗
4. 弄了**一脸**泥
5. 沾了**一脸**水

生　词

1. 毛病	máobìng	sth. wrong (with the car)	7. 办事	bànshì	work
2. 爬	pá	crawl	8. 赶上	gǎnshàng	run into
3. 检查	jiǎnchá	check up	9. 刮	guā	blow
4. 蹭	cèng	smear with	10. 抹	mǒ	wipe one's face
5. 油泥	yóuní	greasy filth	11. 沾	zhān	be stained with
6. 出去	chūqu	go out			

辆 liàng

1 用于计量一般车辆，火车除外。
Used to refer to all vehicles except for trains.

情　景

（1）每天都有几百**辆**汽车和上千辆自行车经过这座桥。现在这座桥坏了，工人们正在加紧修理，很快就要通车了。

Měi tiān dōu yǒu jǐ bǎi liàng qìchē hé shàng qiān liàng zìxíngchē jīngguò zhè zuò qiáo. Xiànzài zhè zuò qiáo huài le, gōngrénmen zhèngzài jiājǐn xiūlǐ, hěn kuài jiù yào tōng chē le.

（2）以前他那**辆**卧车只能在市区和高速路上跑，很受限制。最近他换了一**辆**吉普车，准备假期时，开车去旅行。

Yǐqián tā nà liàng wòchē zhǐnéng zài shìqū hé gāosùlù shang pǎo, hěn shòu xiànzhi. Zuìjìn tā huànle yí liàng jípǔchē, zhǔnbèi jiàqī shí, kāichē qù lǚxíng.

短　语

1. 一**辆**出租汽车
2. 一**辆**大货车
3. 一**辆**大卡车
4. 一**辆**电动自行车
5. 一**辆**公共汽车
6. 一**辆**豪华轿车
7. 一**辆**吉普车
8. 一**辆**跑车
9. 一**辆**双层大巴
10. 一**辆**坦克
11. 一**辆**拖拉机
12. 一**辆**无轨电车
13. 一**辆**越野车
14. 一**辆**自行车

生　词

1. 通车	tōng chē	be open to traffic	9. 豪华	háohuá	luxurious
2. 卧车	wòchē	car; sedan	10. 轿车	jiàochē	car; sedan
3. 市区	shìqū	city proper	11. 跑车	pǎochē	sports car
4. 限制	xiànzhì	limit	12. 坦克	tǎnkè	tank
5. 吉普车	jípǔchē	jeep	13. 拖拉机	tuōlājī	tractor
6. 假期	jiàqī	vacation	14. 无轨电车	wúguǐ diànchē	trackless trolley
7. 卡车	kǎchē	lorry; truck	15. 越野车	yuèyěchē	jeep
8. 电动自行车	diàndòng zìxíngchē	electric bike			

★ 比较“部[2]”和“辆”

同 都用于计量车辆。
Both are used to refer to vehicles.

异 “部”的应用范围比较广，除了车辆以外，还可以用于机器、设备等方面。
In addition to vehicles, 部 can also be used to refer to machines, equipment, etc.

如：一部轿车、一部电话。
e.g., a car; a telephone

“辆”是车辆的专用量词，可用于计量各种车辆（火车除外）。
辆 is the special measure word for all vehicles (except for trains).

如：一辆摩托车、一辆大公共。
e.g., a motorcycle; a bus

1 用于计量成行列的事物。
Used to refer to a train or people standing in a line.

情 景 ▶

这**列**火车有硬卧车厢，也有软卧车厢。硬卧车厢在后边，软卧车厢在前边。

Zhè liè huǒchē yǒu yìngwò chēxiāng, yě yǒu ruǎnwò chēxiāng. Yìngwò chēxiāng zài hòubian, ruǎnwò chēxiāng zài qiánbian.

短 语 ▶

1. 一**列**横队 2. 一**列**货车 3. 一**列**纵队

生 词 ▶

1. 硬卧	yìngwò	hard berth	4. 货车	huòchē	freight train
2. 软卧	ruǎnwò	soft berth	5. 纵队	zòngduì	file
3. 横队	héngduì	rank			

★ 比较“行”、“列”和“排”，见第131页。

绺儿 liǔr

1 用于计量丝、线、麻、头发、胡须等细丝状的东西。
Used for the measure of a tuft of hair, or silk, or a skein of wool hanging or coiled.

情 景

(1) 你帮我剪剪头发吧！我的头发太长了，特别是前边这**一绺儿**头发，总挡着我的眼睛，看书写字都不方便。

Nǐ bāng wǒ jiǎnjian tóufa ba! Wǒ de tóufa tài cháng le, tèibié shì qiánbian zhè yì liǔr tóufa, zǒng dǎngzhe wǒ de yǎnjing, kàn shū xiě zì dōu bù fāngbiàn.

(2) 他为了追求个性，把头发染成好几个颜色。前面**一绺儿**红头发，中间还留了**一绺儿**蓝头发。。

Tā wèile zhuīqiú gèxìng, bǎ tóufa rǎnchéng hǎo jǐ ge yánsè. Qiánmiàn yì liǔr hóng tóufa, zhōngjiān hái liúle yì liǔr lán tóufa.

短 语

1. **一绺儿**胡子　2. **一绺儿**丝线　3. **一绺儿**头发　4. **一绺儿**线

生 词

1. 头发	tóufa	hair	5. 染	rǎn	dye
2. 挡	dǎng	cover	6. 胡子	húzi	moustache
3. 追求	zhuīqiú	seek	7. 丝线	sīxiàn	silk thread (for sewing)
4. 个性	gèxìng	individual character			

溜 liù

1 用于计量成行列的事物，相当于"排"、"列"，多用儿化。
Used to refer to a line of vehicles or people or things gathered in single file. It is equivalent to 排 and 列, but usually end with the retroflex suffix -r.

情 景

前几年，这儿的**一溜**小平房都拆了，现在都变成了一排一排的现代化办公大楼了。

Qián jǐ nián, zhèr de yí liù xiǎo píngfáng dōu chāi le, xiànzài dōu biànchéngle yì pái yì pái de xiàndàihuà bàngōng dàlóu le.

liù 溜

短 语

1. 一**溜**矮房　　2. 一**溜**平房

生 词

1. 平房	píngfáng	one-story house	3. 矮	ǎi	low
2. 拆	chāi	dismantle; tear down			

lún 轮

1 用于计量太阳、月亮等。
Used to refer to the sun or the moon.

情 景

站在山顶等了一个多小时的人们，终于看见一**轮**红日，慢慢升起来了。

Zhàn zài shāndǐng děngle yí ge duō xiǎoshí de rénmen, zhōngyú kànjiàn yì lún hóng rì, mànmān shēng qǐlai le.

短 语

1. 一**轮**红日　　2. 一**轮**明月

生 词

1. 山顶	shāndǐng	hilltop	4. 升	shēng	rise
2. 终于	zhōngyú	at last	5. 明月	míng yuè	bright moon
3. 红日	hóng rì	rising sun			

2 用于计量循环的事物。
Used to refer to a recurring series of activities or functions.

情 景

（1）这次比赛采取淘汰赛，胜出的前12名进入下一**轮**复赛。复赛胜出前4名，进入决赛。

Zhè cì bǐsài cǎiqǔ táotàisài, shèngchū de qián shí'èr míng jìnrù xià yì lún fùsài. Fùsài shèngchū qián sì míng jìnrù juésài.

轮 lún

（2）下月底，四国首脑将在北京举行新**一轮**会谈。希望通过会谈建立多边经济合作关系。

Xià yuè dǐ, sì guó shǒunǎo jiāng zài Běijīng jǔxíng xīn yì lún huìtán. Xīwàng tōngguò huìtán jiànlì duōbiān jīngjì hézuò guānxi.

短　语

1. **一轮**比赛　　2. **一轮**会谈　　3. **一轮**演出

生　词

1. 复赛	fùsài	semi-final	4. 会谈	huìtán	talks
2. 决赛	juésài	final	5. 多边	duōbiān	multilateral
3. 首脑	shǒunǎo	head; leader	6. 合作	hézuò	cooperate

摞 luò

1 用于计量重叠放置的东西。
Used to refer to things laid one on top of the other.

情　景

（1）我家的碗柜是两层的，上层放着两**摞**碗、一**摞**盘子；下层放着油、盐、糖等东西。

Wǒ jiā de wǎnguì shì liǎng céng de, shàng céng fàngzhe liǎng luò wǎn, yí luò pánzi, xià céng fàngzhe yóu, yán, táng děng dōngxi.

（2）他准备写论文，每星期从图书馆借回来**一摞**书。看完了还回去，又借回**一摞**书，看完了再还回去。这样，花了半年的时间，终于写完了论文。

Tā zhǔnbèi xiě lùnwén, měi xīngqī cóng túshūguǎn jiè huílái yí luò shū. Kànwánle huán huíqu, yòu jièhuí yí luò shū, kànwánle zài huán huíqu. Zhèyàng, huāle bàn nián de shíjiān, zhōngyú xiěwánle lùnwén.

短　语

1. **一摞**报　　3. **一摞**筐　　5. **一摞**杂志
2. **一摞**本子　　4. **一摞**衣服　　6. **一摞**砖

生 词

1. 碗柜	wǎnguì	kitchen cupboard	4. 终于	zhōngyú	finally
2. 盐	yán	salt	5. 筐	kuāng	basket
3. 论文	lùnwén	thesis	6. 砖	zhuān	brick

méi 枚

1 用于计量形体较小的东西，多用于书面。
Used to refer to some small things or objects, often used in written Chinese.

情 景

那位将军年轻的时候经历过两次战争，得了好几**枚**勋章。每次参加大会的时候，他都把那些勋章戴在胸前。

Nà wèi jiāngjūn niánqīng de shíhou jīnglìguo liǎng cì zhànzhēng, déle hǎo jǐ méi xūnzhāng. Měi cì cānjiā dàhuì de shíhou, tā dōu bǎ nàxiē xūnzhāng dài zài xiōng qián.

短 语

1. **一枚**纪念章
2. **一枚**戒指
3. **一枚**金牌
4. **一枚**棋子
5. **一枚**硬币
6. **一枚**邮票

生 词

1. 将军	jiāngjūn	general	6. 金牌	jīnpái	gold medal
2. 勋章	xūnzhāng	medal	7. 棋子	qízǐ	chess piece
3. 胸	xiōng	bosom	8. 硬币	yìngbì	coin
4. 纪念章	jìniànzhāng	souvenir badge	9. 邮票	yóupiào	postage stamp
5. 戒指	jièzhi	ring			

枚 méi

2 用于计量部分武器、弹药等，同“颗”。
Used for the measure of weapons and ammunitions. It is very similar to 颗 in meaning.

情　景 ▶

这次两国海上军事演习，共出动六千多官兵，发射了数十**枚**导弹，十几**枚**火箭弹。

Zhè cì liǎng guó hǎishàng jūnshì yǎnxí, gòng chūdòng liùqiān duō guān-bīng, fāshèle shù shí méi dǎodàn, shíjǐ méi huǒjiàndàn.

短　语 ▶

1. **一枚**导弹　　2. **一枚**火箭炮　　3. **一枚**手榴弹

生　词 ▶

1. 军事	jūnshì	military affairs	5. 导弹	dǎodàn	(guided) missile
2. 演习	yǎnxí	maneuver	6. 火箭弹	huǒjiàndàn	rocket shell
3. 官兵	guān-bīng	officers and soldiers	7. 手榴弹	shǒuliúdàn	hand grenade
4. 发射	fāshè	launch			

门 mén

1 用于计量亲事、亲戚等，可以儿化。
Used to refer to blood relatives or marriage. It can be followed by the retroflex suffix -r.

情　景 ▶

我家有好几**门**亲戚都在国外。每年圣诞节前，我都买很多礼物给他们寄去，他们也买很多礼物给我寄来。

Wǒ jiā yǒu hǎo jǐ mén qīnqi dōu zài guówài. Měi nián Shèngdàn Jié qián, wǒ dōu mǎi hěn duō lǐwù gěi tāmen jìqù, tāmen yě mǎi hěn duō lǐwù gěi wǒ jìlái.

短　语 ▶

1. **一门**亲戚　　2. **一门**亲事

生　词

1. 亲戚	qīnqi	relative	3. 亲事	qīnshì	marriage
2. 圣诞节	Shèngdàn Jié	Christmas Day			

2 用于计量大炮的数量。
Used to refer to the number of cannons or big guns.

情　景

当我们走进展览馆的时候，看到那里放着一门大炮。讲解员告诉我们说，那门大炮有一百多年的历史了。

Dāng wǒmen zǒujìn zhǎnlǎnguǎn de shíhou, kàndào nàli fàngzhe yì mén dàpào. Jiǎngjiěyuán gàosu wǒmen shuō, nà mén dàpào yǒu yìbǎi duō nián de lìshǐ le.

短　语

1. 一门高射炮　　2. 一门火箭炮

生　词

1. 展览馆	zhǎnlǎnguǎn	exhibition center	4. 高射炮	gāoshèpào	anti-aircraft artillery
2. 大炮	dàpào	cannon	5. 火箭炮	huǒjiànpào	rocket artillery
3. 讲解员	jiǎngjiěyuán	guide; interpreter			

3 用于计量科学技术、知识、课程等，可以儿化。
Used to refer to a subject course offered in a school, or the technical knowledge and skills associated with a subject. It can be followed by the retroflex suffix -r.

情　景

（1）这学期我们只有四门课。一门汉语课、一门英语课、一门历史课，还有一门体育课。所以我们不太忙。

Zhè xuéqī wǒmen zhǐyǒu sì mén kè. Yì mén Hànyǔ kè, yì mén Yīngyǔ kè, yì mén lìshǐ kè, háiyǒu yì mén tǐyù kè. Suǒyǐ wǒmen bú tài máng.

（2）修理汽车这门技术掌握起来不太难。只要认真学习，有半年的时间就差不多了。

Xiūlǐ qìchē zhè mén jìshu zhǎngwò qǐlai bú tài nán. Zhǐyào rènzhēn xuéxí, yǒu bàn nián de shíjiān jiù chàbuduō le.

（3）他从小就对做衣服感兴趣。后来正式跟一位老师傅学习了两年，现在他已经学会了这门手艺。

Tā cóng xiǎo jiù duì zuò yīfu gǎn xìngqù. Hòulái zhèngshì gēn yí wèi lǎo shīfu xuéxíle liǎng nián, xiànzài tā yǐjīng xuéhuìle zhè mén shǒuyì.

短 语

1. 一门本领
2. 一门功课
3. 一门技术
4. 一门科学
5. 一门课程
6. 一门手艺
7. 一门学科
8. 一门学问
9. 一门知识

生 词

1. 兴趣	xìngqù	interest	5. 课程	kèchéng	course
2. 师傅	shūfu	master worker	6. 知识	zhīshi	knowledge
3. 手艺	shǒuyì	craftsmanship	7. 学科	xuékē	branch of learning
4. 功课	gōngkè	lesson			

★ 比较“家[1]”和“门[1]”

同 都可以用于计量亲事、亲戚。“家”和“门”在表示亲属关系时，可以互换。

Both are used to refer to marriages or relatives. 家 and 门 are interchangeable when they are used to refer to relatives.

面 miàn

1 用于扁平的物件。
Used to refer to something vertical with a flat surface.

情 景

国庆节那天，我们学校门口儿挂着一

Guóqìng Jié nà tiān, wǒmen xuéxiào ménkǒur guàzhe yí miàn guóqí, mén

面国旗，门的左右两边有两个红灯笼，红灯笼上有“国庆”两个大字。

ce zuǒ-yòu liǎngbiān yǒu liǎng ge hóng dēnglong, hóng dēnglong shang yǒu “Guóqìng” liǎng ge dà zì.

短 语 ▶

1. 一**面**鼓　2. 一**面**镜子　3. 一**面**旗子　4. 一**面**墙

生 词 ▶

1. 国庆节	Guóqìng Jié	National Day	4. 红灯笼	hóng dēnglong	red lantern
2. 挂	guà	hang; put up	5. 鼓	gǔ	drum
3. 国旗	guóqí	national flag	6. 镜子	jìngzi	mirror

动量 **用于计量见面的次数。**
A verbal measure word used to refer to the number of encounters that occur.

情 景 ▶

早就听说过她的名字，一直没见过面。去年，在一次学术会议上，我们见了一**面**。

Zǎojiù tīngshuōguo tā de míngzi, yìzhí méi jiànguo miàn. Qùnián, zài yí cì xuéshù huìyì shang, wǒmen jiànle yí miàn.

短 语 ▶

1. 见了一**面**　2. 露了一**面**　3. 照了一**面**

生 词 ▶

1. 学术	xuéshù	academic	3. 露（面）	lòu (miàn)	show one's face
2. 会议	huìyì	meeting	4. 照（面）	zhào (miàn)	encounter; come across

míng 名

1 **用于计量人的数量，常指具有某些身份或某种职业的人，多用于书面语。**
Used to describe a person with a certain social status or associated with a profession. It is often used in written language.

情 景 ▶

她的病很复杂，身体又比较虚弱。最

Tā de bìng hěn fùzá, shēntǐ yòu bǐjiào xūruò. Zuìhǎo zhǎo yì míng jīngyàn

名 míng

好找一名经验丰富、医术高明的大夫来给她做这个手术。

fēngfù, yīshù gāomíng de dàifu lái gěi tā zuò zhège shǒushù.

短 语

1. 一名编辑
2. 一名代表
3. 一名电工
4. 一名工人
5. 一名工作人员
6. 一名顾客
7. 一名观众
8. 一名记者
9. 一名教师
10. 一名警察
11. 一名司机
12. 一名学者
13. 一名演员
14. 一名医生
15. 一名专家

生 词

1. 复杂	fùzá	complicated; complex	6. 顾客	gùkè	customer
2. 虚弱	xūruò	weak; in poor health	7. 警察	jǐngchá	policeman
3. 医术	yīshù	medical skill	8. 司机	sījī	driver
4. 高明	gāomíng	superb; excellent	9. 学者	xuézhě	scholar; learned man
5. 编辑	biānjí	editor	10. 专家	zhuānjiā	expert

★ 比较“个”、“名”和“位”，见第191页。

幕 mù

1 用于计量戏剧较完整的段落。
Used to refer to an act of a play or an opera.

情 景

昨天上演的三幕话剧，是一部城市轻喜剧。讲述了几个年轻人艰难创业的故事。

Zuótiān shàngyǎn de sān mù huàjù, shì yí bù chéngshì qīngxǐjù. Jiǎngshùle jǐ ge niánqīngrén jiānnán chuàngyè de gùshi.

短 语

1. 一幕悲剧
2. 三幕话剧
3. 一幕轻喜剧
4. 三幕喜剧

生 词

1. 上演	shàngyǎn	put on the stage	5. 艰难	jiānnán	difficult
2. 话剧	huàjù	modern drama	6. 创业	chuàngyè	start an undertaking
3. 轻喜剧	qīngxǐjù	light comedy	7. 悲剧	bēijù	tragedy
4. 讲述	jiǎngshù	tell about something			

1 用于计量左右排列的人或物。
Used to refer to a row of people or things.

情 景

(1) 昨天看电影我去晚了，剧场里很黑。我走到前边一看，有两**排**座位是空的，我就随便找了一个座位坐下了。

Zuótiān kàn diànyǐng wǒ qùwǎn le, jùchǎng li hěn hēi. Wǒ zǒudào qiánbian yí kàn, yǒu liǎng pái zuòwèi shì kōng de, wǒ jiù suíbiàn zhǎole yí ge zuòwèi zuòxià le.

(2) 你看，这两**排**树长得多好，又高又直，远远看去像一幅画儿一样。我们下车在这儿照几张相吧！

Nǐ kàn, zhè liǎng pái shù zhǎng de duō hǎo, yòu gāo yòu zhí, yuǎnyuān kànqu xiàng yì fú huàr yíyàng. Wǒmen xià chē zài zhèr zhào jǐ zhāng xiàng ba!

短 语

1. 一**排**房子
2. 一**排**果树
3. 一**排**扣子
4. 一**排**楼房
5. 一**排**人
6. 一**排**椅子
7. 一**排**整齐的牙齿
8. 一**排**子弹
9. 一**排**座位

生 词

1. 空	kōng	vacant	5. 楼房	lóufáng	building of two or more stories
2. 座位	zuòwèi	seat			
3. 果树	guǒshù	fruit tree	6. 牙齿	yáchǐ	tooth
4. 扣子	kòuzi	button	7. 子弹	zǐdàn	bullet

★ 比较“行”、“列”和“排”

同 都可以用于计量排列的人或物。
They are all used to refer to the number of rows of people or things.

异 “行”指横向或纵向排列的人或物。
行 refers to the number of people or things gathered in a vertical or horizontal line.

如：一行诗、两行眼泪。
e.g., a line of poetry; two streams of tears

排 pái

"列"也指横向或纵向排列的人或物，但仅限"火车"或"队伍"。

列 is used to refer to people or things grouped together in either a horizontal or a vertical line however its usage is limited to a train or a column of people.

如：一列火车、一列纵队。

e.g. a train; a column of soldiers

"排"指横向排列的人或物。

排 is only used to refer to people or things gathered in a horizontal line.

如：坐在最后一排的是老师。上下两排牙齿。

e.g. teachers sitting on the last line; the upper and lower lines of teeth

盘 pán

1 用于计量用盘子盛的东西，可以儿化。

Used for the measure of things held on a plate or dish. It can be followed by retroflex suffix -r.

情　景

星期六晚上，我去朋友家聊天儿。他夫人从冰箱里拿出来一**盘**儿哈蜜瓜和一**盘**儿葡萄干儿请我吃。她说，这些都是她刚从新疆带回来的。

Xīngqīliù wǎnshang, wǒ qù péngyou jiā liáotiānr. Tā fūren cóng bīngxiāng li ná chūlai yì pánr hāmìguā hé yì pánr pútaogānr qǐng wǒ chī. Tā shuō, zhèxiē dōu shì tā gāng cóng Xīnjiāng dài huílai de.

短　语

1. 一**盘**儿菜
2. 一**盘**儿点心
3. 一**盘**儿花生
4. 一**盘**儿肉
5. 一**盘**儿水果
6. 一**盘**儿鱼

生　词

1. 夫人	fūren	wife	6. 菜	cài	dish
2. 冰箱	bīngxiāng	refrigerator	7. 点心	diǎnxin	dessert
3. 哈蜜瓜	hāmìguā	Hami melon	8. 花生	huāshēng	peanut
4. 葡萄干儿	pútaogānr	raisin	9. 鱼	yú	fish
5. 新疆	Xīnjiāng	Xinjiang			

2 用于计量回旋缠绕状的东西，可以儿化。

Used to refer to something coiled up or wound together . It can be followed by the retroflex suffix -r .

情 景 ▶

(1) 电视开着，桌子上放着洗好的水果，地上还有**一盘儿**点燃的蚊香，可是屋里没有人。

Diànshì kāizhe, zhuōzi shang fàngzhe xǐhǎo de shuǐguǒ, dìshang háiyǒu yì pánr diǎnrán de wénxiāng, kěshi wūli méiyǒu rén.

(2) 他去音像店买了好几**盘儿**太极剑的DVD，打算每天早上跟着带子好好练习练习。

Tā qù yīnxiàngdiàn mǎile hǎo jǐ pánr tàijíjiàn de DVD, dǎsuan měi tiān zǎoshang gēnzhe dàizi hǎohāo liànxí liànxí.

短 语 ▶

1. **一盘儿**CD
2. **一盘儿**磁带
3. **一盘儿**电线
4. **一盘儿**卷尺
5. **一盘儿**录像带
6. **一盘儿**蚊香
7. **一盘儿**纸绳

生 词 ▶

1. 点燃	diǎnrán	light	5. 带子	dàizi	tape
2. 蚊香	wénxiāng	mosquito repellent incense	6. 电线	diànxiàn	electric wire
			7. 卷尺	juǎnchǐ	tape measure
3. 音像店	yīnxiàngdiàn	audio-visual shop	8. 录像带	lùxiàngdài	video cassette
4. 太极剑	tàijíjiàn	Tai Chi sword	9. 纸绳	zhǐshéng	paper rope

3 用于计量棋类比赛或某些球赛。

Used to refer to a game of chess or cards, or to certain ball games such as table tennis, etc.

情 景 ▶

我们一连下了四**盘**棋，前两**盘**他赢了，我输了。后两**盘**我赢了，他输了。现

Wǒmen yìlián xiàle sì pán qí, qián liǎng pán tā yíng le, wǒ shū le. Hòu liǎng

在我们正在下第五**盘**棋。

pán wǒ yíng le, tā shū le. Xiànzài wǒmen zhèngzài xià dì-wǔ pán qí.

短　语 ▶

1. 一**盘**残局　　2. 一**盘**跳棋　　3. 一**盘**围棋　　4. 一**盘**象棋

生　词 ▶

1. 残局	cánjú	the final phase of a chess game	black and white pieces on a board consisting of		
2. 跳棋	tiàoqí	Chinese checkers	19×19 intersecting lines)		
3. 围棋	wéiqí	*weiqi*; go (a game played with	4. 象棋	xiàngqí	(Chinese) chess

动量 用于计量棋类比赛或某些球赛。

A verbal measure word used to refer to a game of chess or cards, or to some ball games such as table tennis.

情　景 ▶

他下象棋的水平太差了，我们俩下了一晚上，我连赢了他好几**盘**。

Tā xià xiàngqí de shuǐpíng tài chà le, wǒmen liǎ xiàle yì wǎnshang, wǒ lián yíngle tā hǎo jǐ pán.

短　语 ▶

1. 打了一**盘**
2. 和了一**盘**
3. 输了一**盘**
4. 玩儿了一**盘**
5. 下了一**盘**
6. 赢了一**盘**

生　词 ▶

1. 连	lián	in succession; in a row	4. 和	hú	complete a set in mahjong
2. 赢	yíng	win	5. 玩儿	wánr	play
3. 打	dǎ	play	6. 下	xià	play

pén 盆

1 用于计量用盆装的东西。
Used for measuring the contents of a pot, bowl or vase, etc.

情　景

退休后，他迷上了养花儿。他家阳台上摆了十几**盆**花儿，有观叶的、有观花儿的。

Tuìxiū hòu, tā míshàngle yǎng huār. Tā jiā yángtái shang bǎile shíjǐ pén huār, yǒu guānyè de, yǒu guān huār de.

短　语

1. 和了一**盆**面　2. 一**盆**花　3. 一**盆**水　4. 一**盆**汤

生　词

1. 退休	tuìxiū	retire	5. 观叶	guān yè	leafy plant
2. 迷上	míshàng	be fascinated by	6. 观花	guān huā	flowering plant
3. 养花	yǎng huā	grow flowers	7. 和面	huó miàn	mix powder with water
4. 阳台	yángtái	balcony			

pī 批

1 用于计量大量的货物。
Used to refer to a large quantity or batch of goods or commodities.

情　景

我想买一台电冰箱，跑了好几家商店也没有一个满意的。有人说，元旦前后可能要来**一批**新货，我只好等一等了。

Wǒ xiǎng mǎi yì tái diànbīngxiāng, pǎole hǎo jǐ jiā shāngdiàn yě méiyǒu yí ge mǎnyì de. Yǒu rén shuō, Yuándàn qiánhòu kěnéng yào lái yì pī xīn huò, wǒ zhǐhǎo děng yi děng le.

短　语

1. **一批**产品
2. **一批**货物
3. **一批**快件
4. **一批**生意
5. 在山上种了**一批**树

生 词

1. 电冰箱	diànbīngxiāng	refrigerator	5. 货物	huòwù	goods
2. 元旦	Yuándàn	New Year's Day	6. 快件	kuàijiàn	express mail
3. 货	huò	goods	7. 生意	shēngyi	business
4. 产品	chǎnpǐn	product			

2 用于计量数量较多的书类、文件。

Used to refer to a batch of books or documents, etc.

情 景

他从小就喜欢字画，这些年他收集了一大**批**名人字画，最有价值的一幅是几年前在一个旧货市场淘来的。

Tā cóng xiǎo jiù xǐhuan zìhuà, zhèxiē nián tā shōujíle yí dà pī míngrén zìhuà, zuì yǒu jiàzhí de yì fú shì jǐ nián qián zài yí ge jiùhuò shìchǎng táolái de.

短 语

1. 一**批**读者
2. 一**批**稿件
3. 一**批**信件
4. 一**批**字画
5. 一**批**作品

生 词

1. 收集	shōují	collect	6. 读者	dúzhě	reader
2. 字画	zìhuà	calligraphy and painting	7. 稿件	gǎojiàn	manuscript
3. 价值	jiàzhí	worth; value	8. 信件	xìnjiàn	letter; mail
4. 旧货	jiùhuò	second-hand goods	9. 作品	zuòpǐn	works
5. 淘	táo	discover through searching			

3 用于计量同一类的人。

Used to refer to a group of people who have the same backgrounds, are in the same profession, or have the same purpose.

情 景

刚开张的这家饭店生意可真火，刚送走一**批**客人，就又来一**批**客人。周五晚上还有不少人在门口排队等座呢。

Gāng kāizhāng de zhè jiā fàndiàn shēngyi kě zhēn huǒ, gāng sòngzǒu yì pī kèren, jiù yòu lái yì pī kèren. Zhōuwǔ wǎnshang hái yǒu bùshǎo rén zài ménkǒu páiduì děng zuò ne.

短 语

1. 一批歌手　2. 一批客人　3. 一批新人　4. 一批学者；　5. 一批专家

生 词

1. 开张	kāizhāng	begin doing business	5. 歌手	gēshǒu	singer
2. 火	huǒ	prosperous	6. 新人	xīnrén	newcomer
3. 客人	kèren	guest	7. 学者	xuézhě	scholar
4. 等座	děng zuò	line up; queue up	8. 专家	zhuānjiā	expert; specialist

★ **比较"拨"和"批[3]"**

同　都用于计量人群。
Both are used for a group of people.

异　"拨"强调同时行动的、分组的人群，多用于北方口语，一般不用于庄重严肃的场合。
拨儿 refers to a group of people involved in a common activity. It is mostly used in the spoken language of the northern part of China. It is seldom used on serious occasions.

如：一拨顾客、一拨游客。
e.g., a group of customers; a group of visitors

"批"的意思和"拨"相似，但可以用于庄重场合。
批 means the same as 拨儿, but it can be used on serious occasions.

如：一批学者、一批专家、一批教授。
e.g., a group of scholars; a group of specialists; a group of professors

1 用于计量某些牲畜，如：马、骆驼、骡子等。
Used to refer to certain livestock such as horses, mules, camels, etc.

情 景

（1）这匹白色的马虽然又小又矮，可　Zhè pǐ báisè de mǎ suīrán yòu xiǎo yòu

是跑得很快。那**匹**棕色的马虽然又高又大，可是没有那**匹**白马跑得快。

ǎi, kěshì pǎo de hěn kuài. Nà pǐ zōngsè de mǎ suīrán yòu gāo yòu dà, kěshì méiyǒu nà pǐ bái mǎ pǎo de kuài.

（2）长城上的那几**匹**骆驼是为游人准备的。那次我们去长城，我还骑在一**匹**骆驼上照了几张相呢。

Chángchéng shang de nà jǐ pǐ luòtuo shì wèi yóurén zhǔnbèi de. Nà cì wǒmen qù Chángchéng, wǒ hái qí zài yì pǐ luòtuo shang zhàole jǐ zhāng xiàng ne.

短 语

1. 一**匹**骡子　　2. 一**匹**骆驼　　3. 一**匹**牲口

生 词

1. 棕色	zōngsè	brown	4. 骡子	luózi	mule
2. 骆驼	luòtuo	camel	5. 牲口	shēngkou	draught animal
3. 游人	yóurén	visitor; sightseer; traveler			

2 用于计量成卷的绸缎、布匹等。
Used to refer to a bolt of silk, satin or cloth, etc.

情 景

她打算买十几**匹**纯棉花布，做床单、被罩用，还想买几**匹**花布，准备做窗帘。

Tā dǎsuan mǎi shíjǐ pǐ chúnmián huābù, zuò chuángdān, bèizhào yòng, hái xiǎng mǎi jǐ pǐ huābù, zhǔnbèi zuò chuānglián.

短 语

1. 一**匹**绸缎　　2. 一**匹**棉布

生 词

1. 床单	chuángdān	sheet	4. 窗帘	chuānglián	curtain
2. 花布	huābù	cotton print	5. 绸缎	chóuduàn	silks and satins
3. 被罩	bèizhào	quilt cover	6. 棉布	miánbù	cotton cloth

pìgu 屁股

1 用于计量与屁股有关的具体的数量，数词只限于“一”。
Used to describe change to the human buttocks, 屁股 is used only with the numeral 一.

情　景

（1）他雪天出门没注意，脚底一滑，就坐到地上了，沾了一**屁股**泥，裤子也弄湿了。

Tā xuětiān chū mén méi zhùyì, jiǎo dǐ yì huá, jiù zuòdao dì shang le, zhānle yí pìgu ní, kùzi yě nòngshī le.

（2）为了给孩子治病，这些年他们到处借钱，能借的地方都借遍了，欠了一**屁股**债。

Wèile gěi háizi zhì bìng, zhèxiē nián tāmen dàochù jiè qián, néng jiè de dìfang dōu jièbiàn le, qiànle yí pìgu zhài.

短　语

1. 欠了一**屁股**债　2. 沾了一**屁股**泥　3. 坐了一**屁股**水　4. 坐了一**屁股**油漆

生　词

1. 滑	huá	slippery	5. 借钱	jiè qián	borrow money from sb.
2. 泥	ní	mud	6. 欠债	qiàn zhài	be in debt
3. 治病	zhì bìng	treat an illness	7. 沾	zhān	be stained with
4. 到处	dàochù	at all places	8. 油漆	yóuqī	paint

piān 篇

1 用于计量文章的数量。
Used to refer to articles, reports, or other types of writings, etc.

情　景

（1）这**篇**文章写的是一个青年怎样从普通工人变为厂长的过程。人们看了很受启发。

Zhè piān wénzhāng xiě de shì yí ge qīngnián zěnyàng cóng pǔtōng gōngrén biànwéi chǎngzhǎng de guòchéng. Rénmen kànle hěn shòu qǐfā.

篇 piān

（2）他从上学那年起，每天都要写一篇日记，一直写到现在，从来也没间断过。

Tā cóng shàngxué nà nián qǐ, měi tiān dōu yào xiě yì piān rìjì, yìzhí xiědào xiànzài, cónglái yě méi jiànduàn guò.

短　语

1. 一篇报道
2. 一篇稿子
3. 一篇故事
4. 一篇纪实文学
5. 一篇论文
6. 一篇日记
7. 一篇社论
8. 一篇小说

生　词

1. 普通	pǔtōng	ordinary	5. 报道	bàodào	report
2. 厂长	chǎngzhǎng	factory director	6. 稿子	gǎozi	manuscript
3. 启发	qǐfā	inspire	7. 纪实文学	jìshí wénxué	documentary literature
4. 日记	rìjì	diary	8. 社论	shèlùn	editorial

篇儿 piānr

1 用于计量印着文字的纸张、书页。
Used to refer to the number of printed pages of a book, or to pages containing written words.

情　景

这本书的质量太差了，一篇儿纸就有十多个错字，一共二百多页的书，还缺了三四篇儿纸呢。

Zhè běn shū de zhìliàng tài chà le, yì piānr zhǐ jiù yǒu shí duō ge cuòzì, yígòng èrbǎi duō yè de shū, hái quēle sān-sì piānr zhǐ ne.

短　语

1. 一篇儿稿纸　2. 一篇儿活页纸　3. 一篇儿信纸

生 词

1. 质量	zhìliàng	quality	5. 活页纸	huóyèzhǐ	loose leaf paper
2. 差	chà	of poor (quality)	6. 论文	lùnwén	thesis; dissertation
3. 缺	quē	be missing	7. 信纸	xìnzhǐ	letter or writing paper
4. 稿纸	gǎozhǐ	ruled writing paper (with squares or lines) for manuscripts			

★ 比较 “篇” 和“篇儿”

同 字形相似，读音相近。
They have similar appearances and pronunciations.

异 “篇”只用于计量文章的数量，不能儿化。
篇 is used to refer to writings. It cannot be used with the retroflex suffix -r.

如：一篇日记、一篇故事、一篇报道。
e.g., a diary; a story; a news report

“篇儿”用于计量印着文字的纸张、书页，用儿化。
篇儿 is used to refer to the number of printed pages of a book, or to pages containing written words. It is used with the retroflex suffix -r.

如：一篇儿稿纸。
e.g., a page of lined paper

★ 比较“篇儿”和“页”，见第207页。比较“篇儿”和“张”，见第212页。

piàn 片

1 用于计量面积较大、范围较广的东西，一般指土地和水面等。数词只限于“一”。
Used to refer to a large stretch of land, water or cloud, etc. It can only be used with the numeral 一.

情 景

十年以前这里还是一片稻田。现在这里盖起了一排一排的大楼，已经变成居民区了。

Shí nián yǐqián zhèli háishi yí piàn dàotián. Xiànzài zhèli gàiqǐle yì pái yì pái de dàlóu, yǐjīng biànchéng jūmínqū le.

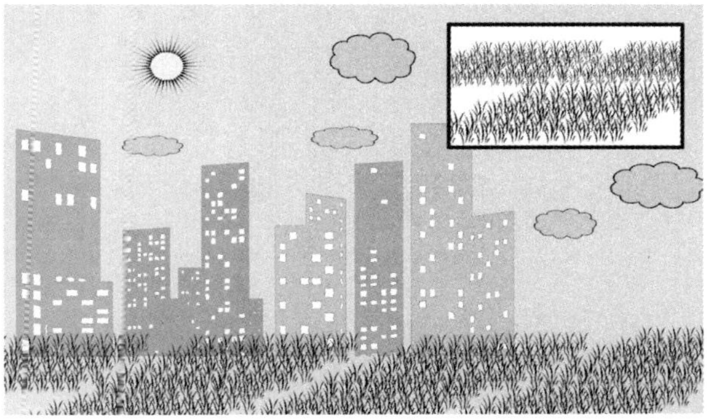

短　语

1. 几片白云
2. 一片彩霞
3. 一片草地
4. 一片废墟
5. 一片空地
6. 一片蓝天
7. 一片麦田
8. 一片平原
9. 一片森林
10. 一片沙漠
11. 一片阳光
12. 一片原野
13. 一片洼地
14. 一片汪洋

生　词

1. 稻田	dàotián	paddy; rice field	8. 空地	kòngdì	vacant lot
2. 变成	biànchéng	become	9. 蓝天	lántiān	blue sky
3. 居民区	jūmínqū	residential area	10. 麦田	màitián	wheat field
4. 白云	báiyún	white cloud	11. 森林	sēnlín	forest
5. 彩霞	cǎixiá	rosy or pink clouds	12. 沙漠	shāmò	desert
6. 草地	cǎodì	grassland	13. 原野	yuányě	open country
7. 废墟	fèixū	ruin	14. 汪洋	wāngyáng	a vast expanse of sea

2 用于声音、光亮、语言、感情、心意等，数词只限于“一”。

Used to describe a variety of environmental or psychological phenomena, such as sounds, light, emotions, feelings, speech, etc. It is used with the numeral 一 only.

情　景

（1）礼物请你收下吧，虽然并不是什么贵重的东西，但却代表了我的一片心意。

Lǐwù qǐng nǐ shōuxià ba, suīrán bìng bú shì shénme guìzhòng de dōngxi, dàn què dàibiǎole wǒ de yí piàn xīnyì.

（2）这么多年，我一片真心对待她，可她却对我不理不睬，真是让我伤透了心。

Zhème duō nián, wǒ yí piàn zhēnxīn duìdài tā, kě tā què duì wǒ bùlǐ-bùcǎi, zhēnshì ràng wǒ shāngtòule xīn.

短　语

1. 一片嘈杂
2. 一片沉寂
3. 一片灯光
4. 一片歌声
5. 一片好心
6. 一片胡言乱语
7. 一片欢腾
8. 一片混乱
9. 一片紧张空气
10. 一片空白
11. 一片哭声
12. 一片深情
13. 一片心意
14. 一片议论
15. 一片忠心

生　词

1. 贵重	guìzhòng	valuable	7. 欢腾	huānténg	great rejoicing
2. 真心	zhēnxīn	whole hearted; sincere	8. 空白	kòngbái	blankness
			9. 深情	shēnqíng	deep feeling
3. 不理不睬	bùlǐ-bùcǎi	pay no attention to	10. 心意	xīnyì	kindly feeling
4. 嘈杂	cáozá	noisy	11. 议论	yìlùn	discussion
5. 沉寂	chénjì	quietness	12. 忠心	zhōngxīn	devotion
6. 胡言乱语	húyán-luànyǔ	nonsense			

piànr 片儿

1 用于计量成片的东西。
Used to refer to a small flat piece of something, or a thin broad piece cut off from a larger object, such as a tablet or slice.

情　景

他每天晚上都得吃两**片儿**安眠药才能睡着。他吃了十几年了，已经习惯了，不吃就睡不着。

Tā měi tiān wǎnshang dōu děi chī liǎng piànr ānmiányào cáinéng shuìzháo. Tā chīle shíjǐ nián le, yǐjīng xíguàn le, bù chī jiù shuì bu zháo.

片儿 piànr

短 语

1. 一片儿饼干 2. 一片儿馒头 3. 一片儿面包 4. 一片儿肉 5. 几片儿雪花

生 词

1. 安眠药	ānmiányào	sleeping pill	3. 雪花	xuěhuā	snowflake
2. 馒头	mántou	steamed bread			

★ 比较“片”和“片儿”

同 字形相似，读音相近。

They are similar in appearance and prounciation.

异 ① 计量的范围不同。

They are used to measure different things.

“片”用于计量面积较大、范围较广的东西，一般指土地和水面等。数词只限于“一”。

片 is used to refer to a large stretch of land or water, cloud, etc. It can only be used with the numeral 一.

如：一片森林、一片洼地。

e.g., an expanse of forest; a piece of low-lying land

“片儿”一般用于计量较小、成片的东西，数词不限。

片儿 is used to refer to a small flat piece of something, or a thin broad piece cut off from a larger object. It is not limited to only using the numeral 一, numbers more than one are often used with it.

如：一片儿肉、两片儿药。

e.g., a slice of meat; two tablets

② “片”不能用儿化。“片儿” 能儿化。

片 cannot be used with the retroflex suffix -r. 片儿 is always used with the retroflex suffix -r.

③ “片”还可以表示抽象意思，“片儿”没有抽象用法。

片 can be used to describe an environmental or psychological phenomenon while 片儿 cannot.

如：一片阳光、一片深情。

e.g., a of sunlight; a deep feeling

piě 撇

1 用于计量像汉字笔画“丿”一样的东西，可以儿化。
Used to refer to things that look like the left-falling stroke of a Chinese character. It can be followed by the retroflex suffix -r.

情　景

他认为留着两**撇**小胡子一定很漂亮，就留起来了。后来大家都说不好看，他又把胡子剃了。

Tā rènwéi liúzhe liǎng piě xiǎo húzi yídìng hěn piàoliang, jiù liú qǐlái le. Hòulái dàjiā dōu shuō bù hǎokàn, tā yòu bǎ húzi tì le.

短　语

1. 两**撇**扫帚眉
2. 两**撇**小胡子

生　词

1. 胡子	húzi	beard; moustache	3. 扫帚眉	sàozhouméi	bushy brows
2. 剃	tì	shave			

píng 瓶

1 用于计量瓶装的东西，可以儿化。
Used for the measure of the contents in a bottle. It can be followed by the retroflex suffix -r.

情　景

他这次感冒没发烧，但是咳嗽得很厉害。昨天去医院看病，大夫给他开了**一瓶**咳嗽药。

Tā zhè cì gǎnmào méi fāshāo, dànshì késou de hěn lìhai. Zuótiān qù yīyuàn kànbìng, dàifu gěi tā kāile yì píng késou yào.

短　语

1. **一瓶**醋
2. **一瓶**果汁
3. **一瓶**浆糊
4. **一瓶**胶水
5. **一瓶**酒
6. **一瓶**咖啡
7. **一瓶**墨水
8. **一瓶**牛奶
9. **一瓶**香水
10. **一瓶**药水
11. **一瓶**油

瓶 píng

生 词

1. 感冒	gǎnmào	cold	6. 浆糊	jiànghu	paste
2. 发烧	fāshāo	have a fever	7. 胶水	jiāoshuǐ	glue
3. 咳嗽	késou	cough	8. 墨水	mòshuǐ	ink
4. 醋	cù	vinegar	9. 香水	xiāngshuǐ	perfume
5. 果汁	guǒzhī	fruit juice	10. 药水	yàoshuǐ	liquid medicine

★ 比较“瓶”和“听”，见第183页。

期 qī

1 用于计量分期的事物、分期的班级或有共性的一群人等。
Used to refer to an issue of a publication or a cohort of people with something in common, such as being in the same class, grade, training program, etc.

情 景

（1）上一**期**《旅游》杂志上，有一篇关于中国少数民族的文章。我觉得那篇文章写得不错，看完以后增长了不少知识。

Shàng yì qī “Lǚyóu” zázhì shang, yǒu yì piān guānyú Zhōngguó shǎoshù mínzú de wénzhāng. Wǒ juéde nà piān wénzhāng xiě de búcuò, kànwán yǐhòu zēngzhǎngle bù shǎo zhīshi.

（2）我们两个人都参加了那**期**电脑培训班。她打字打得又快又好，错儿又少，我打得不如她。

Wǒmen liǎng ge rén dōu cānjiāle nà qī diànnǎo péixùnbān. Tā dǎ zì dǎ de yòu kuài yòu hǎo, cuòr yòu shǎo, wǒ dǎ de bùrú tā.

短 语

1. 一**期**毕业生　2. 一**期**培训班　3. 一**期**学员　4. 一**期**杂志

生 词

1. 关于	guānyú	about	5. 打字	dǎ zì	typewriting
2. 少数民族	shǎoshù mínzú	ethnic minority	6. 不如	bùrú	not equal to
3. 增长知识	zēngzhǎng zhīshi	broaden one's knowledge	7. 毕业生	bìyèshēng	graduate
4. 培训班	péixùnbān	training course	8. 学员	xuéyuán	student

1 用于计量事件、案件的数量。
Used to refer to incidents, events, or occurrences.

情 景

这个路口最近发生了两**起**交通事故，**一起**是因为司机酒后驾车，**一起**是因为骑自行车的人违反了交通规则。

Zhège lùkǒu zuìjìn fāshēngle liǎng qǐ jiāotōng shìgù, yì qǐ shì yīnwèi sījī jiǔ hòu jiàchē, yì qǐ shì yīnwèi qí zìxíngchē de rén wéifǎnle jiāotōng guīzé.

短 语

1. **一起**车祸
2. **一起**火灾
3. **一起**合同纠纷
4. **一起**凶杀案
5. **一起**医疗事故
6. **一起**争端

生 词

1. 司机	sījī	driver	6. 火灾	huǒzāi	fire
2. 违反	wéifǎn	violate	7. 凶杀案	xiōngshā'àn	a case of murder
3. 规则	guīzé	regulations	8. 医疗事故	yīliáo shìgù	medical accident
4. 车祸	chēhuò	traffic accident	9. 争端	zhēngduān	conflict; argument
5. 纠纷	jiūfēn	dispute			

★ 比较"件"、"起"和"宗"，见第230页。

1 用于计量围成圈的人或物，多用儿化。
Used to refer to a circle of people or things, usually followed by the retroflex suffix -r .

情 景

对面的人行道上围着一**圈**儿人，我从远处看，有一个青年人站得很高，一边吆喝，一边用手比画着，好像在卖什么东西。

Duìmiàn de rénxíngdào shang wéizhe yì quānr rén, wǒ cóng yuǎnchù kàn, yǒu yí ge qīngniánrén zhàn de hěn gāo, yìbiān yāohe, yìbiān yòng shǒu bǐhuazhe, hǎoxiàng zài mài shénme dōngxi.

短 语

1. 摆了**一圈儿**椅子　2. **一圈儿**篱笆　3. **一圈儿**围墙　4. 种了**一圈儿**松树

生 词

1. 人行道	rénxíngdào	pavement	4. 篱笆	líba	fence
2. 吆喝	yāohe	hawk one's wares	5. 围墙	wéiqiáng	enclosing wall
3. 比画	bǐhua	gesticulate	6. 松树	sōngshù	pine tree

2 用于计量麻将。
Used to refer to a game of Mahjong.

情 景

跟他打麻将真受罪，他每打一张都要犹豫好半天。跟别人能打两**圈儿**麻将，跟他最多打**一圈儿**。

Gēn tā dǎ májiàng zhēn shòuzuì, tā měi dǎ yì zhāng dōu yào yóuyù hǎo bàntiān. Gēn biéren néng dǎ liǎng quānr májiàng, gēn tā zuì duō dǎ yì quānr.

动量 用于绕圈的动作。
A verbal measure word used to refer to movements in a circle.

情 景

那儿的东西一般，但价格很高，逛的人挺多，买的人少。我昨天逛了**一圈儿**，确实没什么可买的。

Nàr de dōngxi yìbān, dàn jiàgé hěn gāo, guàng de rén tǐng duō, mǎi de rén shǎo. Wǒ zuótiān guàngle yì quānr, quèshí méi shénme kě mǎi de.

短 语

1. 跑了**一圈儿**　2. 绕了**一圈儿**　3. 围了**一圈儿**　4. 找了**一圈儿**　5. 转了**一圈儿**

生 词

1. 一般	yìbān	general	4. 确实	quèshí	true
2. 价格	jiàgé	price	5. 绕	rào	move around
3. 逛	guàng	go window-shopping	6. 围	wéi	surround
			7. 转	zhuàn	turn; rotate

quán 拳

动量 **用于计量用拳头的次数。**

A verbal measure word used with the number of times one is hit or hits with the fist.

情　景

那个人好像是喝醉了，不知道因为什么和邻桌的人打了起来。他被邻桌的高个子打了好几**拳**。

Nàge rén hǎoxiàng shì hēzuì le, bù zhīdào yīnwèi shénme hé línzhuō de rén dǎle qǐlái. Tā bèi línzhuō de gāo gèzi dǎle hǎo jǐ quán.

短　语

1. 挨了一**拳**　　2. 打了一**拳**　　3. 给了一**拳**　　4. 揍了一**拳**

生　词

1. 喝醉	hēzuì	become intoxicated from wine	3. 高个子	gāo gèzi	tall person
			4. 挨	ái	take (a beating)
2. 邻桌	línzhuō	adjacent table	5. 揍	zòu	beat

qún 群

1 **用于计量成群的人。**

Used to refer to a crowd or group.

情　景

每天上午9点钟，幼儿园的老师就带着一**群**孩子出来做操，做完操，就让他们在操场上玩儿。

Měi tiān shàngwǔ jiǔ diǎn zhōng, yòu'éryuán de lǎoshī jiù dàizhe yì qún háizi chūlái zuò cāo, zuòwán cāo, jiùràng tāmen zài cāochǎng shang wánr.

短　语

1. 一**群**人　　2. 一**群**学生

生 词

1. 幼儿园	yòu'éryuán	kindergarten	3. 操场	cāochǎng	playground
2. 做操	zuò cāo	do exercises			

2 用于计量聚集在一起的飞禽走禽、昆虫等。

Used to refer to a flock of birds, a herd of animals or a swarm of insects of the same kind.

情 景

（1）这几天来晨练的人突然发现，水边出现了一**群**从南方飞来的天鹅，有白天鹅，还有两只黑天鹅呢。

Zhè jǐ tiān lái chénliàn de rén tūrán fāxiàn, shuǐ biān chūxiànle yì qún cóng nánfāng fēilái de tiān'é, yǒu bái tiān'é, hái yǒu liǎng zhī hēi tiān'é ne.

（2）秋天是这儿最美的季节，远处的山变成了黄颜色，山脚下还有一**群**一**群**的牛羊。

Qiūtiān shì zhèr zuì měi de jìjié, yuǎnchù de shān biànchéngle huáng yánsè, shān jiǎoxià hái yǒu yì qún yì qún de niú-yáng.

短 语

1. 一**群**鸽子
2. 一**群**蜜蜂
3. 一**群**鸟
4. 一**群**牛
5. 一**群**牲口
6. 一**群**鸭子
7. 一**群**羊
8. 一**群**野兽

生 词

1. 晨练	chénliàn	morning exercise	6. 蜜蜂	mìfēng	bee
2. 天鹅	tiān-é	swan	7. 牲口	shēngkou	draught animal
3. 脚下	jiǎoxià	the foot of (a hill)	8. 鸭子	yāzi	duck
4. 牛羊	niú-yáng	cow and sheep	9. 野兽	yěshòu	wild animal
5. 鸽子	gēzi	pigeon; dove			

3 用于计量自然界的事物。
Used to refer to a group of things formed by nature, such as islands and mountains.

情 景

远处有一群小岛，有的岛上只有几户人家，有的岛是无人居住的荒岛。

Yuǎnchù yǒu yì qún xiǎodǎo, yǒude dǎo shang zhǐyǒu jǐ hù rénjiā, yǒude dǎo shì wúrén jūzhù de huāngdǎo.

短 语

1. 一**群**海岛　2. 一**群**火山　3. 一**群**山脉　4. 一**群**小岛

生 词

1. 居住	jūzhù	live	4. 火山	huǒshān	volcano
2. 荒岛	huāngdǎo	desert island	5. 山脉	shānmài	mountain range
3. 海岛	hǎidǎo	island in the sea			

★ 比较"帮"、"伙"和"群[1]"

同 都用于计量人群。
They are all used with a crowd of people.

异 "帮"一般为中性，有时含贬义。
帮 is a neutral term in general, but it can sometimes imply contempt or disgust.

如：一帮孩子、一帮废物、一帮坏蛋。
e.g., a group of children; a band of worthless persons; a band of scoundrels

"伙"多用来计量由同伴组成的人群，多含贬义。
伙 refers to a group of persons doing something bad together, often in a derogatory way.

如：一伙强盗、一伙歹徒。
e.g., a gang of robbers; a gang of scoundrels

"群"多指聚集在一起的人群，一般不用于严肃、正式的场合。
群 is used to refer to a number of persons gathered together. It is seldom used on serious or formal occasions.

如：一群年轻人、一群孩子。
e.g., a group of young fellows; a group of children

任 rèn

1 用于计量担任官职的次数。
Used to refer to a term of office or tenure of office.

情　景

今天是公司第二**任**董事长卸任的日子，也是第三**任**董事长上任的日子。

Jīntiān shì gōngsī dì-èr rèn dǒngshìzhǎng xièrèn de rìzi, yě shì dì-sān rèn dǒngshìzhǎng shàngrèn de rìzi.

短　语

1. 第二**任**大使　2. 第一**任**总统　3. 两**任**董事长　4. 两**任**经理　5. 前**任**校长

生　词

1. 董事长	dǒngshìzhǎng	chairman of the board	5. 总统	zǒngtǒng	president
2. 卸任	xièrèn	leave office	6. 经理	jīnglǐ	manager
3. 上任	shàngrèn	assume office	7. 前任	qiánrèn	predecessor
4. 大使	dàshǐ	ambassador	8. 校长	xiàozhǎng	college president; principal

★ 比较“届”和“任”

同　都用于计量任职期限。
Both are used with a term of office.

异　“届”除了用于任职期限以外，还用于定期召开的会议、毕业的班级等。
届 is also used to refer to a regularly scheduled convention or a graduating class in addition to referring to a term of office.

如：第一届毕业生、第十届运动会。
e.g., the first graduates of the school; the 10th session of the sports meeting

“任”只限于计量官职的次数。
任 is used only for one ' s term of office

如：一任总统、第四任大使。
e.g., the president's term of office; the fourth ambassador

sǎngzi 嗓子

动量 用于计量声音发出的次数。
A verbal measure word used to refer to the number of times a sound is heard.

情 景 ▶

我到隔壁办公室去办点儿事，要是有人来找我，或有我电话，你喊我**一嗓子**。

Wǒ dào gébì bàngōngshì qù bàn diǎnr shì, yàoshi yǒurén lái zhǎo wǒ, huò yǒu wǒ diànhuà, nǐ hǎn wǒ yì sǎngzi.

短 语 ▶

喊一**嗓子**

生 词 ▶

1. 隔壁	gébì	next door	3. 喊	hǎn	call(a person)
2. 办事	bàn shì	work			

shàn 扇

1 用于计量门窗等的数量。
Used to refer to the number of doors, windows, and screens, etc in a building.

情 景 ▶

(1) 我家的那**扇**窗让大风给吹开了，玻璃也碎了，桌子上的东西也都吹掉了。

Wǒ jiā de nà shàn chuāng ràng dàfēng gěi chuīkāi le, bōli yě suì le, zhuōzi shang de dōngxi yě dōu chuīdiào le.

(2) 这**扇**门做得不合适，总关不严，一到冬天，屋子里的热气都从门缝儿跑了，所以特别冷。

Zhè shàn mén zuò de bù héshì, zǒng guān bù yán, yí dào dōngtiān, wūzi li de rèqì dōu cóng ménfèngr pǎo le, suǒyǐ tèbié lěng.

短 语 ▶

1. 一**扇**窗户　2. 一**扇**门　3. 一**扇**屏风

扇 shàn

生 词

1. 碎	suì	be broken into pieces			door and its frame
2. 门缝	ménfèng	a crack between a	3. 屏风	píngfēng	screen

★ 比较“道²”和“扇”

同 都用于计量门窗。

Both are used to refer to the number of doors, windows, and screens, etc. in a building.

如：一道门、一扇门。

e.g., a door

异 意义和应用对象不同。

They carry slightly different meanings and have different usages.

①“扇”指的是两个门中的一个。“道”几层门中的一个。

扇 refers to one of the two leaves of a door. 道 denotes one of several doors.

②“扇”可以用于窗和墙。“道”可以用墙，但不能用于窗。

扇 can also be used to refer to a window or wall. 道 can be used to refer to a wall, but not a window.

③“道”可以用于某些类似“门”的物体。“扇”则不能。

道 can also be used to refer to something that functions like a door, but 扇 cannot.

如：一道防线、一道篱笆。

e.g., a defense line; a fence

勺 sháo

1 用于计量用勺盛的东西，可以儿化。

Used to refer to measure a spoonful of something. It can be followed by the retroflex suffix -r .

情 景

她从来没做过菜，今天想做一次试试，结果做咸了。大家问她放了多

Tā cónglái méi zuòguò cài, jīntiān xiǎng zuò yí cì shìshi, jiéguǒ zuò xián le. Dàjiā

少盐，她说：“我只放了两勺盐。”大家听了都笑起来了。

wèn tā fàngle duōshao yán, tā shuō:“Wǒ zhǐ fàngle liǎng sháo yán.” Dàjiā tīngle dōu xiào qǐlai le.

短 语

1. 一勺菜　　2. 一勺饭　　3. 一勺汤　　4. 一勺糖

生 词

1. 菜	cài	cooked vegetables	3. 汤	tāng	soup
2. 咸	xián	salty	4. 糖	táng	granulated sugar

shēn 身

1 用于计量与身体有关的具体或抽象的数量，数词只限于“一”。有时“身”前加“满”，表示抽象的意思。

Used to describe changes to the human body or its response to environmental stimuli, such as fear, nervousness, stress, fright, danger, etc. 身 is used only with the numeral一 and sometimes with 满 to indicate the meaning of abstraction.

情 景

（1）我们打了一下午篮球，出了一身大汗，又渴又累，现在只想洗个热水澡，好好睡一觉。

Wǒmen dǎle yí xiàwǔ lánqiú, chūle yì shēn dà hàn, yòu kě yòu lèi, xiànzài zhǐ xiǎng xǐ ge rèshuǐzǎo, hǎohāo shuì yí jiào.

（2）刚才开车过路口时，从路边突然窜出一个行人来，她赶忙踩了一脚刹车，吓得她出了一身冷汗。

Gāngcái kāichē guò lùkǒu shí, cóng lùbiān tūrán cuànchu yí ge xíngrén lai, tā gǎnmáng cǎile yì jiǎo shāchē, xià de tā chūle yì shēn lěnghàn.

（3）父母每天忙着做生意，没有时间管他，他从小就跟街上的小混混一起玩儿，养成了一身坏毛病。

Fùmǔ měi tiān mángzhe zuò shēngyi, méiyǒu shíjiān guǎn tā, tā cóng xiǎo jiù gēn jiē shang de xiǎohùnhun yì qǐ wánr, yǎngchéngle yì shēn huài máobìng.

短　语▶

1. 一身坏毛病　　2. 一身鸡皮疙瘩　　3. 一身冷汗

生　词▶

1. 只想	zhǐxiǎng	desperately want to do something	5. 刹车	shāchē	brake
			6. 冷汗	lěnghàn	cold sweat
2. 窜	cuàn	flee; scurry	7. 小混混	xiǎohùnhun	loafer
3. 赶忙	gǎnmáng	hurry	8. 坏毛病	huài máobìng	bad habit
4. 踩	cǎi	step on	9. 鸡皮疙瘩	jīpí gēda	goose bumps

2 用于计量覆盖在身上的某些东西，数词只限于“一”。

Used to refer to the body being splashed or covered all over with something. It can only be used with the numeral 一.

情　景▶

足球比赛以前，下了一阵雨，球场上有很多水。比赛结束的时候，差不多每个运动员都是一身泥。

Zúqiú bǐsài yǐqián, xiàle yízhèn yǔ, qiúchǎng shang yǒu hěn duō shuǐ. Bǐsài jiéshù de shíhou, chàbuduō měi ge yùndòngyuán dōu shì yì shēn ní.

短　语▶

1. 一身泥　　2. 一身水　　3. 一身土　　4. 一身血

生　词▶

1. 足球	zúqiú	soccer; football	4. 差不多	chàbuduō	almost
2. 球场	qiúchǎng	court	5. 泥	ní	mud
3. 结束	jiéshù	end; finish	6. 血	xiě	blood

1 用于计量衣服，一身儿衣服包括上装和下装。
Used to refer to a set of outer clothes comprising both upper and lower garments.

情景

他结婚时做了一身儿新衣服，一直放在箱子里舍不得穿。现在他想拿出来穿，可是样子已经过时了。

Tā jiéhūn shí zuòle yì shēnr xīn yīfu, yìzhí fàng zài xiāngzi li shěbude chuān. Xiànzài tā xiǎng ná chulai chuān, kěshì yàngzi yǐjīng guòshí le.

短语

1. 一身儿穿戴
2. 一身儿工作服
3. 一身儿军装
4. 一身儿礼服
5. 一身儿连衣裙
6. 一身儿旗袍
7. 一身儿西服
8. 一身儿新衣服
9. 一身儿中山装

生词

1. 过时	guòshí	out of fashion	6. 旗袍	qípáo	cheongsam, a traditional Chinese dress for women
2. 穿戴	chuāndài	one's dress			
3. 军装	jūnzhuāng	military uniform	7. 西服	xīfú	Westernstyle clothes; suit
4. 礼服	lǐfú	ceremonial robe or dress	8. 中山装	zhōngshānzhuāng	Chinese tunic suit
5. 连衣裙	liányīqún	one-piece dress			

★ 比较“身”和“身儿”

同 ①字形相似，读音相近。
They are similar in appearance.

②都用来计量与身体有关的事物。
They both are used to refer to the body.

异 ① 计量的范围不同。
“身”用于计量覆盖在身上的某些东西，不能儿化。
身 is used to refer to the body being splashed or covered all over with something.
身 cannot be followed by retroflex suffix -r .

身儿 shēnr

如：一身泥、一身水。
e.g., with mud all over the body; with water all over the body

"身儿"只用于计量衣服，一身衣服包括上装和下装，能儿化。
身儿 is used to refer to a set of outer clothes.

如：一身儿礼服；一身儿工作服。
e.g., a suit; a set of work clothes

② "身"不能用儿化。"身儿"能儿化。
身 cannot be followed by the retroflex suffix -r , however 身儿 can.

③ "身"还可以表示抽象意思，"身儿"没有抽象用法。
身 can also be used for something abstract, while 身儿 cannot.

如：一身毛病。
e.g., full of bad behavior (or bad habits)

★ 比较"件"、"身儿"和"套"，见第176页。

声 shēng

1 用于计量声音发出的次数，数词多用"一"。
Used to refer to the number of times a sound is heard. Only used with the numeral 一.

情　景 ▶

他平时睡觉很轻，只要一**声**响动他就醒。可是昨天夜里，打了好几**声**雷，他都没听见。

Tā píngshí shuìjiào hěn qīng, zhǐyào yì shēng xiǎngdòng tā jiù xǐng. Kěshì zuótiān yèli, dǎle hǎo jǐ shēng léi, tā dōu méi tīngjiàn.

短　语 ▶

1. 一声喊叫
2. 一声号令
3. 一声霹雷
4. 一声响动

生 词

1. 轻	qīng	gently; softly	4. 喊叫	hǎnjiào	shouting
2. 响	xiǎng	sound; noise	5. 号令	hàolìng	verbal command; order
3. 醒	xǐng	be awake	6. 霹雷	pīléi	loud thunder

动量 用于计量喊、叫、笑等的行为的次数。
A verbal measure word used to refer to the number of times of someone's shouting, or laughing, or greeting, or crying, etc.

情 景

请你通知他一**声**，今天下午有会。要是他不在家，你就告诉他家里的人，让他下午两点一定来。

Qǐng nǐ tōngzhī tā yì shēng, jīntiān xiàwǔ yǒu huì. Yàoshi tā bú zài jiā, nǐ jiù gàosu tā jiāli de rén, ràng tā xiàwǔ liǎng diǎn yídìng lái.

短 语

1. 告诉(他)一**声**
2. 喊(他)一**声**
3. 叫(他)一**声**
4. 问(他)一**声**
5. 招呼(他)一**声**
6. 转告(他)一**声**

生 词

1. 招呼	zhāohu	call	2. 转告	zhuǎnggào	pass on (a message)

动量 用于计量洗衣服的次数。
A verbal measure word used to refer to the number of times an item of clothing has been washed.

情 景

新买的衣服只洗了两**水**，就抽了不少，如果再洗一**水**，估计就穿不了了。

Xīn mǎi de yīfu zhǐ xǐle liǎng shuǐ, jiù chōule bù shǎo, rúguǒ zài xǐ yì shuǐ, gūjì jiù chuān bù liǎo le.

水 shuǐ

短 语

1. 过了一**水**　　2. 洗了一**水**

生 词

1. 抽	chōu	shrink	3. 过	guò	undergo a process
2. 估计	gūjì	guess			

手 shǒu

1 **用于计量与手有关的数量，数词只限于“一”、“两”。**
Used to refer to one hand or both hands that have been covered with something liquid or muddy. It can only be used with the numerals 一 or 两.

情 景

雨天出门没注意，脚底一滑，就扑倒在地上了，沾了一手泥，裤子也弄湿了。

Yǔ tiān chū mén méi zhùyì, jiǎo dǐ yì huá, jiù pūdǎo zài dì shang le, zhānle yì shǒu ní, kùzi yě nòngshī le.

短 语

1. 一手墨
2. 一手泥
3. 一手水
4. 一手油
5. 一手血

生 词

1. 脚底	jiǎo dǐ	the sole of the foot	4. 沾	zhān	be stained with
2. 滑	huá	slippery	5. 湿	shī	wet
3. 扑倒	pūdǎo	fall	6. 墨	mò	ink

2 用于计量与手有关的一种技能，数词仅限于“一”、“两”。
Used to refer to a special kind of skill. It can only be used with the numerals 一 or 两.

情 景

（1）他从四岁就开始学习书法，到了十几岁已经能写一手好字了。

Tā cóng sì suì jiù kāishǐ xuéxí shūfǎ, dàole shíjǐ suì yǐjīng néng xiě yì shǒu hǎo zì le.

（2）为了能练出一手好枪法，他每天刻苦训练，终于在奥运会上获得了冠军。

Wèile néng liànchū yì shǒu hǎo qiāngfǎ, tā měi tiān kèkǔ xùnliàn, zhōngyú zài Àoyùnhuì shang huòdéle guànjūn.

短 语

1. 一手好枪法
2. 一手好手艺
3. 一手好针线

生 词

1. 书法	shūfǎ	calligraphy	5. 奥运会	Àoyùnhuì	Olympic Games
2. 枪法	qiāngfǎ	marksmanship	6. 冠军	guànjūn	champion
3. 刻苦	kèkǔ	hardworking	7. 手艺	shǒuyì	handicraft
4. 训练	xùnliàn	train	8. 针线	zhēnxian	needlework

3 用于计量麻将或扑克等。
Used to refer to Mahjong tiles or playing cards.

情 景

今晚我手气怎么这么好呀，一抓就是一手好牌，我连着和了好几把了。

Jīnwǎn wǒ shǒuqì zěnme zhème hǎo ya, yì zhuā jiùshì yì shǒu hǎo pái, wǒ liánzhe húle hǎo jǐ bǎ le.

短 语

一手好牌

生 词

1. 手气	shǒuqì	luck at gambling	3. 连	lián	in succession
2. 抓	zhuā	draw (a playing card from a deck)			

首 shǒu

1 用于计量诗、词、歌曲等。
Used to refer to a poem, a song or lyrics, etc.

情 景

（1）她就喜欢唱那**首**歌，别的歌都不喜欢。每次表演节目她都唱那**首**歌，虽然听过很多次了，可是我还很爱听。

Tā jiù xǐhuan chàng nà shǒu gē, biéde gē dōu bù xǐhuan. Měi cì biǎoyǎn jiémù tā dōu chàng nà shǒu gē, suīrán tīngguò hěn duō cì le, kěshì wǒ hái hěn àitīng.

（2）这**首**诗一共才几十个字，可是我改了写，写了改，花了好几天的时间才写好。

Zhè shǒu shī yígòng cái jǐshí ge zì, kěshì wǒ gǎile xiě, xiěle gǎi, huāle hǎo jǐ tiān de shíjiān cái xiěhǎo.

短 语

1. 一**首**词　2. 一**首**歌曲　3. 一**首**交响乐　4. 一**首**曲子　5. 一**首**诗

生 词

1. 歌曲	gēqǔ	song	3. 曲子	qǔzi	melody
2. 交响乐	jiāoxiǎngyuè	symphony			

★ 比较“首”和“支”，见第217页。

束 shù

1 用于计量捆在一起的的东西。
Used to refer to a collection of things of the same sort that are tied or fastened together in a bundle, bunch, sheaf, etc.

情 景

孩子们每人手里拿着一**束**鲜花向主席台跑去。这时，会场上响起了热烈的掌声。

Háizimen měi rén shǒu li názhe yí shù xiānhuā xiàng zhǔxítái pǎoqù. Zhèshí, huìchǎng shang xiǎngqǐle rèliè de zhǎngshēng.

短 语

1. 一束稻草　　2. 一束青草　　3. 一束鲜花；

生 词

1. 鲜花	xiānhuā	fresh flowers	5. 热烈	rèliè	warm
2. 主席台	zhǔxítái	rostrum	6. 掌声	zhǎngshēng	clapping; applause
3. 会场	huìchǎng	meeting place	7. 稻草	dàocǎo	straw
4. 响	xiǎng	sound	8. 青草	qīngcǎo	green grass

★ 比较“把儿”、“捆”和“束”

同 **都用于计量捆在一起的东西。**
They are all used with a bunch of things tied together.

异 **“把儿”表示一手能抓起的，数量较少的东西。**
把儿 is used for a small quantity of things that can be held in one hand.

如：一把儿挂面、一把儿蒜苗。
e.g., a bunch of dried noodles; a bunch of garlic shoots

“捆儿”的数量比“把儿”相对大一些。
The quantity in 捆儿 is relatively bigger than that in 把儿

如：一捆书、一捆大葱。
e.g., a batch of books; a bunch of Chinese green onions

“束”多用于书面语。
束 is usually used in written language.

如：一束鲜花。
e.g., a bunch of flowers

shuāng 双

1 用于计量成对的东西。
Used to refer to a pair of things that are usually used together.

情 景

(1) 我新买的那**双**皮鞋，颜色、样 Wǒ xīn mǎi de nà shuāng píxié, yánsè,

子、质量都不错，穿起来也很舒服，就是贵了一点儿。

yàngzi, zhìliàng dōu búcuò, chuān qǐlai yě hěn shūfu, jiùshì guì le yìdiǎnr.

（2）我们两个人叫好了菜，服务员立刻把两**双**筷子、两个小碟儿、两把小勺儿放在我们面前。

Wǒmen liǎng ge rén jiàohǎole cài, fúwùyuán lìkè bǎ liǎng shuāng kuàizi, liǎng ge xiǎo diér, liǎng bǎ xiǎo sháor fàng zài wǒmen miànqián.

短　语

1. 一**双**翅膀	3. 一**双**筷子	5. 一**双**手套	7. 一**双**鞋
2. 一**双**脚	4. 一**双**手	6. 一**双**袜子	8. 一**双**眼睛

生　词

1. 皮鞋	píxié	leather shoe	4. 翅膀	chìbǎng	wing
2. 质量	zhìliàng	quality	5. 手套	shǒutào	glove
3. 叫(菜)	jiào (cài)	order (dishes at a restaurant)	6. 袜子	wàzi	sock

★ 比较"对"和"双"

同　都用于计量成双成对的东西。"对"、"双"在表示"眼睛"、"翅膀"时可以互换。

Both are used for things in pairs. 对 and 双 are interchangeable when they are used to refer to eyes or wings.

异　"对"多用于按照性别、正反、左右等配合成的双数的人、动物或事情。

对 is used for two people or two animals, or two things that are seen, used or associated together by gender, directional position, etc.

如：一对夫妻、一对矛盾、一对枕头、一对鸳鸯。
e.g., a married couple; a contradiction; a pair of pillows; a pair of mandarin ducks

"双"多用于左右对称的肢体、器官或成双使用的东西。

双 is mostly used for limbs and organs of the human body, or two things of the same kind usually used together.

如：一双手、一双鞋、一双筷子。
e.g., one's hands; a pair of shoes; a pair of chopsticks

1 用于计量极细的东西，“丝”的前面多用“一”、“几”、“半”等。

Used to refer to something very thin and narrow. It can be preceded by 一，几 or 半.

情 景

我一直觉得奇怪，他也是快60岁的人了，可是没有一**丝**白发。原来他的头发是染的。

Wǒ yìzhí juéde qíguài, tā yě shì kuài liùshí suì de rén le, kěshì méiyǒu yìsī báifà. Yuánlái tā de tóufa shì rǎn de.

短 语

1. 一**丝**白发
2. 一**丝**缝隙
3. 一**丝**光线
4. 一**丝**痕迹
5. 一**丝**云彩

生 词

1. 奇怪	qíguài	strange	5. 缝隙	fèngxì	chink; crack
2. 白发	báifà	white hair	6. 光线	guāngxiàn	light; ray
3. 原来	yuánlái	so	7. 痕迹	hénjì	mark; trace
4. 染	rǎn	dye (hair)			

2 用于极小或极少的光亮、声音、感情、感觉等。

Used for the measure of a very small piece, quantity or amount of something. It is often used in association with light, sound, hope, comfort, etc.

情 景

(1) 铃声响了，考试正式开始。考场上立刻安静下来了，没有一**丝**声响。

Língshēng xiǎng le, kǎoshì zhèngshì kāishǐ. Kǎochǎng shang lìkè ānjìng xiàlái le, méiyǒu yì sī shēngxiǎng.

(2) 看着孩子一天比一天长大，也一天比一天懂事了，她心里得到了一**丝**安慰。

Kànzhe háizi yì tiān bǐ yì tiān zhǎngdà, yě yì tiān bǐ yì tiān dǒngshì le, tā xīnli dédàole yì sī ānwèi.

丝 sī

短　语

1. **一丝**安慰　2. **一丝**差错　3. **一丝**光明　4. **一丝**幻想　5. **一丝**声响　6. **一丝**希望

生　词

1. 立刻	lìkè	immediately	5. 安慰	ānwèi	comfort
2. 安静	ānjìng	quiet	6. 差错	chācuò	mistake
3. 声响	shēngxiǎng	sound	7. 幻想	huànxiǎng	illusion
4. 懂事	dǒngshì	become more mature			

艘 sōu

1 用于计量船只的数量，多用于较大的船只。
Used to refer to seagoing vessels or ships of considerable size.

情　景

我们坐的那**艘**游轮很新、很大。在船上可以看电影，吃的、住的都不错。大家都说坐这样的船旅行真舒服。

Wǒmen zuò de nà sōu yóulún hěn xīn, hěn dà. Zài chuán shang kěyǐ kàn diànyǐng, chī de, zhù de dōu búcuò. Dàjiā dōu shuō zuò zhèyàng de chuán lǚxíng zhēn shūfu.

短　语

1. **一艘**海轮　2. **一艘**货轮　3. **一艘**军舰　4. **一艘**快艇　5. **一艘**渔船

生　词

1. 游轮	yóulún	steamer	4. 军舰	jūnjiàn	warship
2. 海轮	hǎilún	ocean ship	5. 渔船	yúchuán	fishing boat
3. 货轮	huòlún	freighter			

★ 比较“艘”、“条”和“只”，见第221页。

1 用于计量房屋或其他建筑物。
Used to refer to houses or other buildings.

情　景

他不喜欢城市生活，想在农村买一所房子，退休以后和妻子一起搬到那儿去住。

Tā bù xǐhuan chéngshì shēnghuó, xiǎng zài nóngcūn mǎi yì suǒ fángzi, tuìxiū yǐhòu hé qīzi yìqǐ bān dào nàr qù zhù.

短　语

1. 一所别墅　2. 一所房子　3. 一所公馆　4. 一所庭院　5. 一所住宅

生　词

1. 别墅	biéshù	villa	3. 庭院	tíngyuàn	courtyard
2. 公馆	gōngguǎn	mansion; residence (of a rich person)	4. 住宅	zhùzhái	house

2 用于计量学校、医院等。
Used to refer to schools, hospital, or other institutional buildings.

情　景

那所医院虽然不大，可是大夫的医术很高明，所以每天来这里看病的人很多。

Nà suǒ yīyuàn suīrán bú dà, kěshì dàifu de yīshù hěn gāomíng, suǒyǐ měi tiān lái zhèli kàn bìng de rén hěn duō.

短　语

1. 一所监狱　3. 一所寺庙　5. 一所银行
2. 一所教堂　4. 一所学校　6. 一所邮局

生　词

1. 医术	yīshù	medical skill	4. 寺庙	sìmiào	temple
2. 高明	gāomíng	wise	5. 银行	yínháng	bank
3. 监狱	jiānyù	prison	6. 邮局	yóujú	post office

台 tái

1 用于计量某些机器、设备。
Used to refer to a machine or equipment.

情　景

（1）他们工厂今年进了十几**台**新机器，把原来的旧机器都换掉了。产量比过去提高了很多。

Tāmen gōngchǎng jīnnián jìnle shíjǐ tái xīn jīqì, bǎ yuánlái de jiù jīqì dōu huàndiào le. Chǎnliàng bǐ guòqù tígāole hěn duō.

（2）这**台**洗衣机刚用了一年就坏了。修了几次也没修好，所以一直放在那里没用。

Zhè tái xǐyījī gāng yòngle yì nián jiù huài le. Xiūle jǐ cì yě méi xiūhǎo, suǒyǐ yìzhí fàng zài nàli méi yòng.

（3）她买了一**台**笔记本电脑，打算上上网、打打字，玩玩儿游戏。还想通过视频和美国的儿子聊聊天儿。

Tā mǎile yì tái bǐjìběn diànnǎo, dǎsuàn shàngshang wǎng, dǎda zì, wánwanr yóuxì. Hái xiǎng tōngguò shìpín hé Měiguó de érzi liáoliao tiānr.

短　语

1. 一台抽水机
2. 一台打印机
3. 一台打字机
4. 一台电脑
5. 一台电子计算机
6. 一台发动机
7. 一台缝纫机
8. 一台空调
9. 一台录相机
10. 一台录音机
11. 一台扫描仪
12. 一台设备
13. 一台显微镜
14. 一台相机
15. 一台仪器

生　词

1. 洗衣机	xǐyījī	washing machine	7. 发动机	fādòngjī	engine; motor
2. 玩游戏	wán yóuxì	play games	8. 缝纫机	féngrènjī	sewing machine
3. 视频	shìpín	video	9. 空调	kōngtiáo	air conditioner
4. 抽水机	chōushuǐjī	water pump	10. 扫描仪	sǎomiáoyí	scanner
5. 打印机	dǎyìnjī	printer	11. 显微镜	xiǎnwēijìng	microscope
6. 打字机	dǎzìjī	typewriter	12. 仪器	yíqì	apparatus

2 用于计量舞台上完整的演出。
Used to refer to an entire show or performance in a theater or on the stage.

情 景 ▶

今晚在体育场将举行一台大型的慈善晚会，演出的全部款项将捐给残疾人基金会。

Jīnwǎn zài tǐyùchǎng jiāng jǔxíng yì tái dàxíng de císhàn wǎnhuì, yǎnchū de quánbù kuǎnxiàng jiāng juān gěi cánjírén jījīnhuì.

短 语 ▶

1. 一台歌舞　2. 一台节目　3. 一台晚会　4. 一台演出　5. 一台音乐会

生 词 ▶

1. 体育场	tǐyùchǎng	stadium	5. 款项	kuǎnxiàng	sum of money
2. 大型	dàxíng	large	6. 捐	juān	donate
3. 慈善	císhàn	charitable	7. 残疾人	cánjírén	disabled person
4. 晚会	wǎnhuì	soiree; evening party	8. 基金会	jījīnhuì	foundation

★ **比较“架”和“台[1]”**

同 “架”和“台”在计量某些有支架的、有机械的机器、设备时，可以互换。

架 and 台 are interchangeable when used with certain machines or equipment that has pedals or a stand.

1 用于计量摊开的流动物的量。
Used to refer to a small amount of liquid in a hollow place in the ground, such as a puddle or pool.

情 景 ▶

刚才这里出了交通事故，现在地上还有一摊血呢！

Gāngcái zhèli chūle jiāotōng shìgù, xiànzài dì shang hái yǒu yì tān xiě ne!

摊 tān

短 语

1. 一**摊**泥　　2. 一**摊**水

生 词

1. 交通事故	jiāotōng shìgù	traffic accident	3. 泥	ní	(a puddle of) mud
2. 血	xiě	(a pool of) blood	4. 水	shuǐ	(a pool of) water

2 用于计量抽象事物，数词只限于"一"。"一"的后边常加"大"，"一大摊"后边还可以加"子"。

Used to refer to a large amount of work, or a big task. It is used with 一 which is then followed by 大. 一大摊 can also be followed by 子, meaning many or on a large scale.

情 景

我哪有时间跟你们吃饭呀，我那儿有一大**摊子**事儿等着我去处理呢，今天不睡觉，也干不完呀。

Wǒ nǎ yǒu shíjiān gēn nǐmen chī fàn ya, wǒ nàr yǒu yí dà tānzi shìr děngzhe wǒ qù chǔlǐ ne, jīntiān bú shuìjiào yě gàn bu wán ya.

短 语

1. 一**摊**工作　　2. 一**摊**事

生 词

1. 哪有……呀	nǎ yǒu...ya	hardly have time to do something	3. 工作	gōngzuò	work
2. 处理	chǔlǐ	handle	4. 事	shì	(many) things (to deal with)

坛(子) tán(zi)

1 用于计量液体或用坛装的东西。

Used to refer to the contents that are held, stored or preserved in an earthen jar.

情 景

这是一**坛**陈年老酒，已经密封了十多年了。他一直没舍得喝。

Zhè shì yì tán chénnián lǎojiǔ, yǐjīng mìfēngle shí duō nián le. Tā yìzhí méi shěde hē.

短 语

1. 一坛子醋　2. 一坛子酒　3. 一坛子泡菜　4. 一坛子腌咸菜

生 词

1. 陈年老酒	chénnián lǎojiǔ	aged liquor	5. 泡菜	pàocài	pickled vegetables
2. 密封	mìfēng	airtight seal	6. 腌	yān	salted
3. 舍得	shěde	be willing to give away	7. 咸菜	xiáncài	pickles
4. 醋	cù	vinegar			

táng 堂

1 用于计量分节的课程。
Used to refer to a class period.

情 景

我们上第一堂课的时候，老师用粉笔在黑板上写了“你好！”“再见！”几个字。然后就带着我们念。

Wǒmen shàng dì-yī táng kè de shíhou, lǎoshī yòng fěnbǐ zài hēibǎn shang xiěle "Nǐ hǎo!" "Zàijiàn!" jǐ ge zì. Ránhòu jiù dàizhe wǒmen niàn.

短 语

1. 一堂历史课　2. 一堂体育课

生 词

1. 粉笔	fěnbǐ	chalk	4. 念	niàn	read aloud
2. 黑板	hēibǎn	blackboard	5. 历史课	lìshǐ kè	history class
3. 带着	dàizhe	lead	6. 体育课	tǐyù kè	physical education class

2 用于计量成套的家具。
Used to refer to a set of furniture.

情 景

隔壁张先生家有一堂特别精致的红木家具，听说是他爷爷留下的。

Gébì Zhāng xiānsheng jiā yǒu yì táng tèbié jīngzhì de hóngmù jiājù, tīngshuō shì tā yéye liúxia de.

堂 táng

短　语

一堂家具

生　词

1. 精致	jīngzhì	exquisite; fine	3. 爷爷	yéye	grandfather
2. 红木	hóngmù	mahogany			

★ 比较“节”和“堂”

同　**“节”和“堂”都用于计量分节的课程。**
Both are used to refer to a period of class.

如：一节课、一堂课。
e.g., a class; a period of class

异　**“节”比“堂”用途更广。**
堂 is an alternative form of 节; 节 is used more frequently than 堂.

趟 tàng

1 用于计量来往开行的交通工具。
Used to refer to a one-way or round-trip journey over the same route by mass transportation, or other types of vehicle, or walking.

情　景

（1）这是今天开往天津的最后一**趟**车了。如果你来不及坐这**趟**车走，那就只好等明天了。明天早上七点还有一**趟**车。

Zhè shì jīntiān kāiwǎng Tiānjīn de zuìhòu yí tàng chē le. Rúguǒ nǐ láibují zuò zhè tàng chē zǒu, nà jiù zhǐhǎo děng míngtiān le. Míngtiān zǎoshang qī diǎn háiyǒu yí tàng chē.

（2）票价便宜的原因是，这是一**趟**“红眼”航班，起飞时间是凌晨1点，到达时间是6点半。

Piàojià piányi de yuányīn shì, zhè shì yí tàng “hóng yǎn” hángbān, qǐfēi shíjiān shì língchén yì diǎn, dàodá shíjiān shì liù diǎn bàn.

（3）根据机场方面传来的消息，由于今晨的大雾，致使多**趟**航班取消或晚点。

Gēnjù jīchǎng fāngmiàn chuánlái de xiāoxi, yóuyú jīn chén de dàwù, zhìshǐ duō tàng hángbān qǔxiāo huò wǎndiǎn.

短 语

1. 一**趟**班机　　2. 一**趟**航班　　3. 一**趟**列车

生 词

1. 开往	kāiwǎng	leave for; be bound for	6. 到达	dàodá	arrive
2. 票价	piàojià	the price of a ticket	7. 致使	zhìshǐ	so that; as a result
3. 原因	yuányīn	cause	8. 取消	qǔxiāo	cancel
4. 红眼航班	hóngyǎn hángbān	night navigation	9. 晚点	wǎndiǎn	late; behind schedule
			10. 班机	bānjī	airliner
5. 起飞	qǐfēi	take off			

动量 用于计量走动的次数，同“次”、“回”。

A verbal measure word used to refer to a trip from one place to another and back, usually over the same route. It is the same as 次, 回.

情 景

上星期天我去修手机，那里的人说：“下星期天来取吧！”这个星期天我就去取了，可是没修理好，结果我白跑了一**趟**。

Shàng Xīngqītiān wǒ qù xiū shǒujī, nàli de rén shuō:“Xià Xīngqītiān lái qǔ ba!” Zhège Xīngqītiān wǒ jiù qù qǔ le, kěshì méi xiūlǐ hǎo, jiéguǒ wǒ bái pǎole yí tàng.

短 语

1. 来一**趟**　　2. 去一**趟**　　3. 辛苦一**趟**　　4. 走一**趟**

生 词

1. 取	qǔ	take	3. 辛苦	xīnkǔ	(having a) tiring (trip)
2. 白跑	bái pǎo	make a fruitless trip			

趟 tàng

★ 比较"遍"、"次" 和"趟"

同 **都可以用于计量动作的次数。**
They are all used to refer to the number of times that an action is performed.

异 **"遍"着眼于一个动作从开始到结束的整个过程。**
遍 stresses the course of an action from beginning to end.

如：那句话他说了两遍，我才懂。
e.g., I didn't understand that sentence until he said it twice.
这个电影我看了三遍，还想再看一遍。
I have watched this film three times. I'll watch it once again.

"次"使用范围比较广泛，可用于一切行为动作的次数。
次 has a wider usage. It can be used to refer to the number of times from any types of actions.

如：看了一次、听过三次。
e.g., having read it once; having heard it three times

"趟"一般限于走动的次数，所以多与表示走动的动词结合。
趟 can only be used for the number of times that a journey over the same route by walking, running, driving, flying, etc. is undertaken.

如：来过两趟、白跑了一趟。
e.g., having been here twice; having made a fruitless trip

套 tào

1 用于计量成组的器具、衣类、书籍等。
Used to refer to a set of things that belong together or are usually found together, such as a tea set, a suit, a multi-volume set, etc.

情　景 ▶

（1）我想买一套西服，可是商店里卖的西服我都不满意。有的颜色不好，有的样子不好，所以总买不成。

Wǒ xiǎng mǎi yí tào xīfú, kěshì shāngdiàn li mài de xīfú wǒ dōu bù mǎnyì. Yǒude yánsè bù hǎo, yǒude yàngzi bù hǎo, suǒyǐ zǒng mǎi bu chéng.

（2）他有一百多张纪念邮票，其中有两套外国邮票非常好看。他说那是一个外国朋友送给他的。

Tā yǒu yìbǎi duō zhāng jìniàn yóupiào, qízhōng yǒu liǎng tào wàiguó yóupiào fēicháng hǎokàn. Tā shuō nà shì yí ge wàiguó péngyou sòng gěi tā de.

（3）他特别喜欢做工精细，线条简单的中式家具。他说等房子装修好了，他要换一套这样的家具。

Tā tèbié xǐhuan zuògōng jīngxì, xiàntiáo jiǎndān de Zhōngshì jiājù. Tā shuō děng fángzi zhuāngxiū hǎo le, tā yào huàn yí tào zhèyàng de jiājù.

短　语

1. 一套茶具
2. 一套唱片
3. 一套丛书
4. 一套房子
5. 一套光盘
6. 一套画片
7. 一套家具
8. 一套课本
9. 一套沙发
10. 一套设备
11. 一套书
12. 一套衣服
13. 一套邮票

生　词

1. 纪念	jìniàn	commemorative	9. 茶具	chájù	tea set
2. 邮票	yóupiào	stamp	10. 唱片	chàngpiàn	record
3. 精细	jīngxì	fine	11. 丛书	cóngshū	a series of books (on similar subjects)
4. 线条	xiàntiáo	line	12. 光盘	guāngpán	CD
5. 简单	jiǎndān	simple	13. 画片	huàpiàn	postcard; souvenir card
6. 中式	zhōngshì	Chinese style	14. 沙发	shāfā	sofa
7. 家具	jiājù	furniture	15. 设备	shèbèi	equipment
8. 装修	zhuāngxiū	fit up	16. 衣服	yīfu	suit

2 用于计量机构、制度、方法、能力、语言等。

Used to refer to a set or a suite of things related to organizational rules and regulations, methods, abilities and people, etc.

情　景

那个学生爱说谎，老师留的作业他没作完，就编了一套谎话对老师说，这两天他病了，发烧、头疼。

Nàge xuésheng ài shuōhuǎng, lǎoshī liú de zuòyè tā méi zuòwán, jiù biānle yí tào huǎnghuà duì lǎoshī shuō, zhè liǎng tiān tā bìng le, fāshāo, tóu téng.

短语

1. 一套把戏　3. 一套办法　5. 一套方法　7. 一套技术　9. 一套理论　11. 一套手法
2. 一套班子　4. 一套本领　6. 一套规矩　8. 一套经验　10. 一套人马　12. 一套制度

生词

1. 说谎	shuōhuǎng	tell a lie	6. 规矩	guīju	rule
2. 编	biān	fabricate; invent	7. 理论	lǐlùn	theory
3. 把戏	bǎxì	(playing a set of) tricks	8. 人马	rénmǎ	staff
4. 班子	bānzi	team	9. 手法	shǒufǎ	technique; skill
5. 本领	běnlǐng	skill; ability	10. 制度	zhìdù	rules; regulations

★ 比较"件[2]"、"身儿"和"套[1]"

同　**都可以用于计量衣服。**
They are all used to refer to a set of clothes.

异　**"件"一般指上衣。**
件 usually refers to an outer garment worn on the upper body.

如：她穿了一件黑外衣。
e.g., She was wearing a black coat.

"身儿"多指上下两件（上衣和裤子或上衣和裙子）。
身儿 indicates a whole set of outer garments (a jacket and a pair of trousers or a jacket and a skirt).

如：他穿了一身儿西服。
e.g., He is wearing a Western style suit.

"套"指有几件衣服组成的成套的服装。
套 indicates a complete set of clothes consisting of several garments.

如：这套衣服包括一条裤子、一件上衣和一条领带。
e.g., This set of clothes includes a pair of trousers, a jacket and a necktie.

tì 屉

1 用于计量用笼屉装的东西。
Used to refer to steamed food cooked with a bamboo or wooden utensil.

情 景

今天中午懒得做饭，去附近饭馆买了一屉小笼包儿，一碗鸡蛋汤。

Jīntiān zhōngwǔ lǎnde zuò fàn, qù fùjìn fànguǎn mǎile yí tì xiǎolóngbāor, yì wǎn jīdàntāng.

短 语

1. 一屉包子　　2. 一屉馒头　　3. 一屉烧卖

生 词

1. 懒得	lǎnde	not feel like (doing something)	5. 包子	bāozi	steamed stuffed bun
			6. 馒头	mántou	steamed bread
2. 附近	fùjìn	nearby	7. 烧卖	shāomai	*shaomai* (steamed dumpling with the dough gathered at the top)
3. 小笼包	xiǎolóngbāo	small steamed bun			
4. 鸡蛋汤	jīdàntāng	egg drop soup			

tiáo 条

1 用于计量长条形的东西。
Used to refer to something created or made in a long and narrow shape, such as a rope, a cord, a belt, a road, a river, etc.

情 景

（1）沿着这条马路向前走，走到前边那座大楼那儿，就向右拐。然后再走一段路，就可以看见你要找的那家饭店了。

Yánzhe zhè tiáo mǎlù xiàng qián zǒu, zǒu dào qiánbian nà zuò dàlóu nàr, jiù xiàng yòu guǎi. Ránhòu zài zǒu yí duàn lù, jiù kěyǐ kànjiàn nǐ yào zhǎo de nà jiā fàndiàn le.

（2）商店里挂着各种各样的围巾，她不知道买哪一种的好。挑了半天才看中了一条蓝颜色的，可是她又嫌贵，最后还是没买。

Shāngdiàn li guàzhe gèzhǒng-gèyàng de wéijīn, tā bù zhīdào mǎi nǎ yì zhǒng de hǎo. Tiāole bàntiān cái kànzhòngle yì tiáo lán yánsè de, kěshì tā yòu xián guì, zuìhòu háishi méi mǎi.

（3）从这儿到火车站走这**条**路比较近，一刻钟就能走到。要是坐公共汽车去也可以，但是也不省时间。

Cóng zhèr dào huǒchēzhàn zǒu zhè tiáo lù bǐjiào jìn, yí kèzhōng jiù néng zǒudào. Yàoshi zuò gōnggòng qìchē qù yě kěyǐ, dànshì yě bù shěng shíjiān.

（4）假期还没到，各大旅行社就纷纷推出多**条**线路吸引游客。部分线路打折力度很大，优惠了不少。

Jiàqī hái méi dào, gè dà lǚxíngshè jiù fēnfēn tuīchū duō tiáo xiànlù xīyǐn yóukè. Bùfen xiànlù dǎzhé lìdù hěn dà, yōuhuì le bù shǎo.

短　语

1. 一条被子	6. 一条带子	11. 一条沟	16. 一条领带	21. 一条绳子	26. 一条香烟
2. 一条辫子	7. 一条道	12. 一条河	17. 一条路线	22. 一条隧道	27. 一条项链
3. 一条标语	8. 一条防线	13. 一条街	18. 一条麻袋	23. 一条毯子	28. 一条腰带
4. 一条船	9. 一条肥皂	14. 一条口袋	19. 一条毛巾	24. 一条铁轨	29. 一条皱纹
5. 一条床单	10. 一条缝儿	15. 一条裤子	20. 一条裙子	25. 一条线	

生　词

1. 拐	guǎi	turn	17. 带子	dàizi	ribbon; belt
2. 围巾	wéijīn	muffler; scarf	18. 防线	fángxiàn	line of defense
3. 嫌(贵)	xián(guì)	think	19. 肥皂	féizào	(a bar of) soap
		(the price is too high)	20. 缝儿	fèngr	crack
4. 省	shěng	save	21. 沟	gōu	ditch
5. 旅行社	lǚxíngshè	travel service	22. 口袋	kǒudài	sack
6. 纷纷	fēnfēn	one after another	23. 领带	lǐngdài	necktie
7. 推出	tuīchū	introduce; put out	24. 麻袋	mádài	gunnysack
8. 路线	lùxiàn	route, itinerary	25. 裙子	qúnzi	skirt
9. 吸引	xīyǐn	attract	26. 绳子	shéngzi	rope
10. 打折	dǎzhé	sell at a discount	27. 隧道	suìdào	tunnel
11. 力度	lìdù	force; strength	28. 毯子	tǎnzi	blanket
12. 优惠	yōuhuì	preferential price	29. 铁轨	tiěguǐ	railway track
13. 被子	bèizi	quilt	30. 香烟	xiāngyān	cigarette
14. 辫子	biànzi	braid	31. 项链	xiàngliàn	necklace
15. 标语	biāoyǔ	slogan	32. 腰带	yāodài	waistband
16. 床单	chuángdān	sheet	33. 皱纹	zhòuwén	wrinkle

2 用于计量植物、动物、昆虫等。
Used to describe certain insects, certain animals, or cylindrical fruits and vegetables.

情 景

（1）昨天晚上我肚子疼，就去医院看病了。大夫问我："晚饭都吃了些什么？"我说："吃了一**条**黄瓜、两根香肠。"大夫听了以后点点头。

Zuótiān wǎnshang wǒ dùzi téng, jiù qù yīyuàn kànbìng le. Dàifu wèn wǒ:"Wǎnfàn dōu chīle xiē shénme?"Wǒ shuō:"Chīle yì tiáo huánggua, liǎng gēn xiāngcháng." Dàifu tīngle yǐhòu diǎndiǎn tóu.

（2）我们两个人坐在树下的椅子上看书，她突然叫了起来。我抬头一看，原来她身上有一**条**毛毛虫。

Wǒmen liǎng ge rén zuò zài shù xià de yǐzi shang kàn shū, tā tūrán jiàole qǐlai. Wǒ tái tóu yí kàn, yuánlái tā shēn shang yǒu yì tiáo máomaochóng.

（3）每星期天他都到河边去钓鱼。一个上午就能钓上十几**条**鱼来。所以，差不多每星期，他都能吃上一顿新鲜鱼。

Měi Xīngqītiān tā dōu dào hébiān qù diào yú. Yí ge shàngwǔ jiù néng diàoshàng shíjǐ tiáo yú lai. Suǒyǐ, chàbuduō měi xīngqī, tā dōu néng chīshàng yí dùn xīnxiān yú.

短 语

1. 一**条**黄瓜　　2. 一**条**狗　　3. 一**条**蛇　　4. 一**条**鱼

生 词

1. 毛毛虫	máomaochóng	caterpillar	4. 狗	gǒu	dog
2. 钓鱼	diào yú	go fishing	5. 蛇	shé	snake
3. 新鲜	xīnxiān	fresh			

3 用于计量人、与人或动物有关的事物。
Used to refer to certain parts of human or animal bodies, such as arms, legs, tails, bones, etc.

情 景

我坐的时间太长了，两**条**腿都压麻了，走不了路了。

Wǒ zuò de shíjiān tài cháng le, liǎng tiáo tuǐ dōu yāmá le, zǒu bu liǎo lù le.

短 语

1. 一条胳膊　2. 一条肋骨　3. 一条腿　4. 一条尾巴

生 词

1. 腿	tuǐ	leg	4. 肋骨	lèigǔ	rib
2. 压	yā	weigh down; press	5. 尾巴	wěiba	tail
3. 麻	má	(become) numb			

4 用于计量分项的事物，包括抽象事物。
Used to refer to a part of something that can be either concrete or abstract.

情 景

（1）他说的那条消息，一个月以前报上就登过了，谁都知道。可是，他还当做新闻跟大家讲，真有意思。

Tā shuō de nà tiáo xiāoxi, yí ge yuè yǐqián bào shang jiù dēngguò le, shuí dōu zhīdào. Kěshì, tā hái dàngzuò xīnwén gēn dàjiā jiǎng, zhēn yǒu yìsi.

（2）警察就是根据附近村民提供的几条重要线索，最终抓到那个越狱逃犯的。

Jǐngchá jiù shì gēnjù fùjìn cūnmín tígōng de jǐ tiáo zhòngyào xiànsuǒ, zuìzhōng zhuādào nàge yuèyù táofàn de.

短 语

1. 一条出路　2. 一条广告　3. 一条纪律　4. 一条建议　5. 一条理由　6. 一条路线　7. 一条命令　8. 一条线索　9. 一条新闻　10. 一条意见　11. 一条罪状

生 词

1. 消息	xiāoxi	news	7. 出路	chūlù	way out
2. 登	dēng	publish	8. 广告	guǎnggào	advertisement
3. 提供	tígōng	provide	9. 纪律	jìlǜ	discipline
4. 线索	xiànsuǒ	clue	10. 理由	lǐyóu	argument
5. 最终	zuìzhōng	finally; at last	11. 路线	lùxiàn	route
6. 越狱犯	yuèyùfàn	escaped prisoner	12. 罪状	zuìzhuàng	(a piece of) evidence of a crime

5 用于计量人或与人体有关的事物。
Used to refer to one human life, one mind, or one with a special character.

情 景

（1）那个孩子从三层楼的阳台上掉下来了，很幸运没摔坏，只是腿上受了点伤，真是捡了一条命。

Nàge háizi cóng sān céng lóu de yángtái shang diào xiàlai le, hěn xìngyùn méi shuāihuài, zhǐshì tuǐ shang shòule diǎn shāng, zhēnshi jiǎnle yì tiáo mìng.

（2）眼下公司是遇到了很大的麻烦，但只要大家一条心，我们一定能渡过这个难关的。

Yǎnxià gōngsī shì yùdàole hěn dà de máfan, dàn zhǐyào dàjiā yì tiáo xīn, wǒmen yídìng néng dùguò zhège nánguān de.

短 语

1. 一条汉子
2. 一条好汉
3. 一条懒汉
4. 一条人命
5. 一条生命
6. 一条心
7. 一条硬汉

生 词

1. 阳台	yángtái	balcony	7. 难关	nánguān	crisis
2. 幸运	xìngyùn	lucky	8. 汉子	hànzi	man
3. 摔	shuāi	fall	9. 好汉	hǎohàn	brave man; hero
4. 捡	jiǎn	pick up	10. 懒汉	lǎnhàn	lazybones; sluggard
5. 命	mìng	life	11. 硬汉	yìnghàn	dauntless person
6. 渡过	dùguò	get over (a crisis)			

★ 比较“条”和“则”，见第209页。比较“艘”、“条”和“只”，见第221页。

tiē 贴

1 用于计量膏药。
Used to refer to a medicated plaster.

情 景

我的腰疼了快一个月了，吃了很多药也没好。后来中医大夫给我

贴 tiē

开了两**贴**膏药，我贴了以后，慢慢地好了。

Wǒ de yāo téngle kuài yí ge yuè le, chīle hěn duō yào yě méi hǎo. Hòulái zhōngyī dàifu gěi wǒ kāile liǎng tiē gāoyao, wǒ tiēle yǐhòu, mànmān de hǎo le.

短　语

一贴膏药

生　词

1. 膏药	gāoyao	plaster	3. 慢慢	mànmān	gradually
2. 贴	tiē	stick			

听 tīng

1 用于计量装在密封罐里的东西。
Used to refer to drink or food in a sealed can or tin, such as beer, coke, soda, etc.

情　景

我的酒量不行，和朋友聚会时，最多能喝一瓶啤酒，在家时，我连**一听**啤酒都喝不了。

Wǒ de jiǔliàng bù xíng, hé péngyou jùhuì shí, zuì duō néng hē yì píng píjiǔ. Zài jiā shí, wǒ lián yì tīng píjiǔ dōu hē bù liǎo.

短　语

1. **一听**罐头　2. **一听**可乐　3. **一听**啤酒　4. **一听**雪碧

生　词

1. 酒量	jiǔliàng	one's capacity for consuming liquor	4. 罐头	guàntou	canned food
			5. 可乐	kělè	Coke
2. 聚会	jùhuì	get together; party	6. 雪碧	xuěbì	Sprite (soft drink)
3. 啤酒	píjiǔ	beer			

★ **比较"瓶"和"听"**

同 都用于计量装在密封罐里的东西。
Both are used to refer to food or drink in a sealed can.

如：一瓶啤酒、一听啤酒。
e.g., a can of beer; a tin of beer

异 "听"英文tin的译音。一般来说，"听"要比"瓶"容量少一些。
听 is from the English word "tin". In general, 听 is used to refer to a smaller container than a bottle.

tǒng 桶

1 用于计量用桶装的东西。
Used as a measure for the capacity of a cylindrical container, such as a bucket or barrel.

情 景 ▶

（1）这半桶漆还是一年前装修时剩下的呢。当时买了十几**桶**都用完了。

Zhè bàn tǒng qī háishi yì nián qián zhuāngxiū shí shèngxià de ne. Dāngshí mǎile shíjǐ tǒng dōu yòngwán le.

（2）目前的原油价格对产油国来说较为合理。到年底每**桶**原油价格将达到90美元以上。

Mùqián de yuányóu jiàgé duì chǎn yóu guó láishuō jiàowéi hélǐ. Dào niándǐ měi tǒng yuányóu jiàgé jiāng dádào jiǔshí měiyuán yǐshàng.

短 语 ▶

1. 一**桶**水　　2. 一**桶**油

生 词 ▶

1. 漆	qī	paint	5. 较为	jiàowéi	fairly
2. 剩下	shèngxià	what is left; what still remains	6. 合理	hélǐ	reasonable
3. 原油	yuányóu	crude oil	7. 达	dá	reach
4. 产油国	chǎn yóu guó	oil producing country			

筒 tǒng

1 用于计量筒装的东西。
Used to refer to the quantity or amount of goods or materials held in a small container made of tin or cardboard, such as a cardboard container of tea or a tin of cookies.

情 景

他买了两**筒**茶叶和两瓶酒作为圣诞节的礼物送给了他的朋友。

Tā mǎile liǎng tǒng cháyè hé liǎng píng jiǔ zuòwéi Shèngdàn Jié de lǐwù sònggěile tā de péngyou.

短 语

1. 一**筒**饼干　　2. 一**筒**油漆

生 词

1. 饼干	bǐnggān	(a tin of) biscuits	2. 油漆	yóuqī	(a can of) paint

通儿 tòngr

1 用于计量某些动作的次数，有时儿化，数词只限于“一”。
Used to refer to a certain action performed for a short period of time, sometimes followed by the retroflex suffix -r. It is used only with the numeral 一.

情 景

每次见面，她都是先发一**通**儿牢骚，说工作不顺心，说孩子不听话，永远都是一样的话。

Měi cì jiànmiàn, tā dōu shì xiān fā yí tòngr láosao, shuō gōngzuò bú shùnxīn, shuō háizi bù tīnghuà, yǒngyuǎn dōu shì yíyàng de huà.

短 语

1. 发了一**通**牢骚　　2. 发了一**通**脾气

tòngr 通儿

生 词

1. 发牢骚	fā láosao	air a complaint	3. 永远	yǒngyuǎn	always
2. 顺心	shùnxīn	gratifying; satisfactory	4. 发脾气	fā píqi	lose one's temper

动量 用于某一短暂行为有时儿化，数词只限于“一”。
A verbal measure word used to refer to certain actions performed for a short period of time, sometimes followed by the retroflex suffix -r. It is used only with the numeral 一.

情 景

我真想找个机会，好好教训他一通。什么事情都做不好，还乱骂人。

Wǒ zhēn xiǎng zhǎo ge jīhuì, hǎohāo jiàoxùn tā yí tòng. Shénme shìqing dōu zuò bu hǎo, hái luàn mà rén.

短 语

1. 教训他了一通　2. 瞎编了一通

生 词

1. 机会	jīhuì	opportunity; chance	3. 骂人	mà rén	swear (at people)
2. 教训	jiàoxùn	(teach somebody a) lesson	4. 瞎编	xiābiān	fabricate

tóu 头

1 用于计量家禽和野兽的个体量。
Used with domestic or wild animals.

情 景

两年前这户农民只有一头奶牛，现在已经有十几头了。他打算在今后一两年内办一个奶牛场。

Liǎng nián qián zhè hù nóngmín zhǐyǒu yì tóu nǎiniú, xiànzài yǐjīng yǒu shíjǐ tóu le. Tā dǎsuàn zài jīnhòu yì-liǎng nián nèi bàn yí ge nǎiniú chǎng.

短 语

1. 一头驴　3. 一头狮子　5. 一头羊　7. 一头猪
2. 一头牛　4. 一头象　6. 一头野兽

生 词

1. 奶牛	nǎiniú	milk cow	5. 羊	yáng	sheep
2. 驴	lǘ	donkey	6. 野兽	yěshòu	wild animal
3. 狮子	shīzi	lion	7. 猪	zhū	pig
4. 象	xiàng	elephant			

2 用于计量某些植物的数量。
Used with bulb plants or vegetables.

情 景

今天我买了一条大鱼。人家告诉我说，做鱼最好放一点儿蒜，我就顺便买了几**头**蒜回来。

Jīntiān wǒ mǎile yì tiáo dà yú. Rénjia gàosu wǒ shuō, zuò yú zuìhǎo fàng yìdiǎnr suàn, wǒ jiù shùnbiàn mǎile jǐ tóu suàn huílai.

短 语

1. 一**头**水仙　　2. 一**头**蒜　　3. 一**头**洋葱

生 词

1. 顺便	shùnbiàn	conveniently	3. 洋葱	yángcōng	onion
2. 水仙	shuǐxiān	narcissus			

3 用于计量与头有关的具体的数量，数词只限“一”。有时“头”前加“满”表示抽象的意思。
Used to describe changes to the human head. 头 is used only with the numeral一 and sometimes with 满 to indicate a meaning of abstraction.

情 景

到了机场，他怎么也想不起来飞机票和护照放在哪个包里了，急得他出了一**头**汗。

Dàole jīchǎng, tā zěnme yě xiǎng bu qǐlái fēijīpiào hé hùzhào fàng zài nǎge bāo li le, jí de tā chūle yì tóu hàn.

短 语

1. 出了一**头**汗　　2. 一**头**卷发

tóu 头

生　词

1. 机场	jīchǎng	airport	3. 护照	hùzhào	passport
2. 怎么也	zěnme yě	anyway	4. 急	jí	be impatient

★ 比较“口²”和“头¹”

同　在计量“猪”的数量时，“口”可以和“头”互换。
口 can be used interchangeably with 头 when used to refer to pigs .

tuán 团

1 用于计量成团的东西。
Used to refer to a ball-shaped object that is formed by using materials such as paper, thread, noodles, etc.

情　景

（1）他给女朋友写信，写了几行觉得不好，把纸团了，又写了几行，又团了。最后那些信纸都变成了**一团团**废纸，信也没写成。

Tā gěi nǚpéngyou xiě xìn, xiěle jǐ háng juéde bù hǎo, bǎ zhǐ tuán le, yòu xiěle jǐ háng, yòu tuán le. Zuìhòu nàxiē xìnzhǐ dōu biànchéng le yì tuán- tuán fèizhǐ, xìn yě méi xiěchéng.

（2）没有几分钟，厨师就把**一团**面，抻成上百根细细的龙须面了。

Méiyǒu jǐ fēnzhōng, chúshī jiù bǎ yì tuán miàn, chēnchéng shàng bǎi gēn xìxì de lóngxūmiàn le.

短　语

1. **一团**废纸
2. **一团**火
3. **一团**毛线
4. **一团**棉花
5. **一团**面
6. **一团**浓烟
7. **一团**乌云

生 词

1. 团	tuán	for sth. in the shape of a ball	7. 火	huǒ	(a ball of) flame (a fireball)
2. 废纸	fèizhǐ	wastepaper	8. 毛线	máoxiàn	(a ball of) wool
3. 面	miàn	dough	9. 棉花	miánhua	cotton
4. 抻	chēn	pull	10. 浓烟	nóngyān	(a ball of) smoke
5. 上百	shàng bǎi	over a hundred	11. 乌云	wūyún	(a mass of) dark cloud
6. 龙须面	lóngxūmiàn	dragon whiskers noodles			

2 用于计量某些抽象事物，数词只限于“一”。
Used to refer to something abstract, such as a state of affairs, a natural condition, a human environment, a workplace environment, etc. It is only used with the numeral 一.

情 景

(1) 这个公司很难管理，表面上大家**一团**和气，实际上谁和谁都有矛盾。

Zhège gōngsī hěn nán guǎnlǐ, biǎomiàn shang dàjiā yìtuánhéqì, shíjì shang shuí hé shuí dōu yǒu máodùn.

(2) 本想显示一下自己的本事，没想到却把事情搞得**一团**糟。

Běnxiǎng xiǎnshì yíxia zìjǐ de běnshi, méi xiǎngdào què bǎ shìqing gǎo de yì tuán zāo.

短 语

1. **一团**和气　2. **一团**乱麻　3. **一团**漆黑　4. **一团**疑云；　5. **一团**糟

生 词

1. 管理	guǎnlǐ	manage	7. 本事	běnshi	ability
2. 表面上	biǎomiàn shang	on the surface	8. 搞	gǎo	do; make
3. 和气	héqì	good relationship; polite	9. 糟	zāo	in a mess
4. 实际上	shíjì shang	in fact	10. 乱麻	luànmá	in a big mess
5. 矛盾	máodùn	contradiction	11. 漆黑	qīhēi	pitch black
6. 显示	xiǎnshì	display; show	12. 疑云	yíyún	suspicion

wán 丸

1 用于计量丸药。
Used to refer to a big traditional Chinese medicine pill.

情 景 ▶

西医给我开的几种药我都吃了，可是病还不好。我又去看中医，中医给我开了几**丸**中药，我吃完病就好了。

Xīyī gěi wǒ kāi de jǐ zhǒng yào wǒ dōu chī le, kěshì bìng hái bù hǎo. Wǒ yòu qù kàn zhōngyī, zhōngyī gěi wǒ kāile jǐ wán zhōngyào, wǒ chīwán bìng jiù hǎo le.

短 语 ▶

一丸药

生 词 ▶

1. 西医	xīyī	Western medicine	3. 开	kāi	write (a prescription)
2. 中医	zhōngyī	practitioner of traditional Chinese medicine	4. 一丸药	yì wán yào	a big traditional Chinese medicine pill

wǎn 碗

1 用于计量用碗装的东西。
Used to refer to a bowlful of something.

情 景 ▶

（1）家里人都没回来，他打开冰箱一看，什么菜都没有，没办法，只好泡了一**碗**方便面。

Jiālirén dōu méi huílai, tā dǎkāi bīngxiāng yí kàn, shénme cài dōu méiyǒu, méi bànfǎ, zhǐhǎo pàole yì wǎn fāngbiànmiàn.

（2）我今天早上没吃东西就走了。中午饿极了，吃了一大**碗**饭，一个馒头，还吃了很多菜，好像还没吃饱似的。

Wǒ jīntiān zǎoshang méi chī dōngxi jiù zǒu le. Zhōngwǔ è jí le, chīle yí dà wǎn fàn, yí ge mántou, hái chīle hěn duō cài, hǎoxiàng hái méi chībǎo shìde.

碗 wǎn

短 语

1. 一碗菜　2. 一碗茶　3. 一碗米饭　4. 一碗面　5. 一碗水　6. 一碗汤

生 词

1. 冰箱	bīnxiāng	refrigerator	4. 饿	è	hungry
2. 泡	pào	soak (instant noodles) in water	5. 极了	jí le	extremely
			6. 饱	bǎo	be full; have had enough
3. 方便面	fāngbiànmiàn	instant noodles			

位 wèi

1 用于计量人，多含敬意。
Used to refer to someone with a certain status, implying respect.

情 景

今天我家来了两位客人，一位是我的老同学，另一位是他的夫人。我们很长时间没见了，所以在一起谈得很高兴。

Jīntiān wǒ jiā láile liǎng wèi kèren, yí wèi shì wǒ de lǎo tóngxué, lìng yí wèi shì tā de fūren. Wǒmen hěn cháng shíjiān méi jiàn le, suóyǐ zài yìqǐ tán de hěn gāoxìng.

短 语

1. 一位乘客
2. 一位代表
3. 一位董事长
4. 一位教授
5. 一位经理
6. 一位客人
7. 一位老人
8. 一位领导
9. 一位司机
10. 一位同学
11. 一位伟人
12. 一位先生
13. 一位小姐
14. 一位学者
15. 一位英雄
16. 一位专家

生 词

1. 客人	kèren	guest	8. 司机	sījī	driver
2. 乘客	chéngkè	passenger	9. 伟人	wěirén	great man
3. 代表	dàibiǎo	representative	10. 先生	xiānsheng	mister
4. 董事长	dǒngshìzhǎng	chairman of the board	11. 小姐	xiǎojie	miss
5. 教授	jiàoshòu	professor	12. 学者	xuézhě	scholar
6. 经理	jīnglǐ	manager	13. 英雄	yīngxióng	hero
7. 领导	lǐngdǎo	leader	14. 专家	zhuānjiā	expert

★ 比较“个[1]”、“名”和“位”

同 都用于计量人。
They are all used to refer to a person.

异 身份色彩不同。
They imply different degrees of status.

“个”不带身份色彩，可以用于任何人和其他表示人的名词。
个 has no status implication. It can be used for any person or with nouns indicating people.

如：一个孩子、一个朋友、一个小偷。
e.g., a child; a friend; a thief

“名”为中性词，常用于具有某种身份的人。
名 as a neutral term is generally used for persons of a particular identity

如：一名教授、一名学者、一名罪犯。
e.g., a professor; a scholar; a criminal

“位”多含褒义，表示尊敬和客气。
位 is generally used in a polite way to show respect.

如：一位将军、一位客人、一位伟人。
e.g., a general; a guest; a great man

wèi 味

1 用于计量中药的种类。
Used to refer to an ingredient of Chinese medicine as prescribed by a doctor

情 景

药店的人告诉我说：“这两**味**药没有，你让大夫给你换两**味**吧，或者你到别的药店去看一看。”

Yàodiàn de rén gàosu wǒ shuō:“Zhè liǎng wèi yào méiyǒu, nǐ ràng dàifu gěi nǐ huàn liǎng wèi ba, huòzhě nǐ dào bié de yàodiàn qù kàn yi kàn.”

短 语

一味药

味 wèi

生　词

1. 药店	yàodiàn	drugstore	3. 一味药	yí wèi yào	a Chinese medicinal herb
2. 换	huàn	change			

窝 wō

1 用于计量一胎所生的或一次孵出的动物。
Used to refer to the offspring produced in one birth by mammals or insects.

情　景

（1）前几天我们去农村种树，挖坑的时候，发现了一窝田鼠，至少有七八只。

Qián jǐ tiān wǒmen qù nóngcūn zhòng shù, wā kēng de shíhou, fāxiànle yì wō tiánshǔ, zhìshǎo yǒu qī-bā zhī.

（2）他家那只老母猪去年下了一窝小猪。这些小猪现在都长得又肥又大。

Tā jiā nà zhī lǎo mǔzhū qùnián xiàle yì wō xiǎozhū. Zhèxiē xiǎozhū xiànzài dōu zhǎng de yòu féi yòu dà.

短　语

1. 一窝耗子
2. 一窝鸡
3. 一窝蚂蚁
4. 一窝鸟
5. 一窝兔子
6. 一窝小狗
7. 一窝小猫

生　词

1. 田鼠	tiánshǔ	vole; field mouse	5. 耗子	hàozi	rat; mouse
			6. 蚂蚁	mǎyǐ	ant
2. 至少	zhìshǎo	at least	7. 鸟	niǎo	bird
3. 母猪	mǔzhū	sow	8. 兔子	tùzi	rabbit
4. 肥	féi	fat	9. 猫	māo	cat

1 用于计量与屋子有关的人或物。
Used to refer to a roomful of people or things.

情　景

（1）我一推门进屋，吓了我一跳，灯光很暗，却坐了一**屋子**人。

Wǒ yì tuī mén jìn wū, xiàle wǒ yí tiào, dēngguāng hěn àn, què zuòle yì wūzi rén.

（2）你们能不能别再抽烟了，你看看这满**屋子**的烟，都快看不清人了。

Nǐmen néng bu néng bié zài chōu yān le, nǐ kànkan zhè mǎn wūzi de yān, dōu kuài kàn bu qīng rén le.

（3）现在老家具值钱，一件明清的老家具，能换这一**屋子**新家具呢。

Xiànzài lǎo jiājù zhíqián, yí jiàn Míng-Qīng de lǎo jiājù, néng huàn zhè yì wūzi xīn jiājù ne.

短　语

1. 一屋子家具　　2. 一屋子人　　3. 一屋子烟

生　词

1. 吓……一跳	xià...yí tiào	be startled by	4. 家具	jiājù	furniture
2. 灯光	dēngguāng	lamplight	5. 明清	Míng-Qīng	Ming and Qing dynasties of China
3. 烟	yān	smoke			

1 用于计量语言，相当于“番”，数词只限于“一”。
Used to refer to a talk or a speech given on certain occasions, equivalent to 番. It is used only with the numeral 一.

情　景

中学毕业的时候，学校给我们开了一个欢送会。老师在会上讲的一**席**话，到现在我还记得很清楚呢。

Zhōngxué bìyè de shíhou, xuéxiào gěi wǒmen kāile yí ge huānsònghuì. Lǎoshī zài huì shang jiǎng de yì xí huà, dào xiànzài wǒ hái jìde hěn qīngchu ne.

席 xí

短　语

一席话

生　词

1. 欢送会	huānsònghuì	farewell meeting	3. 清楚	qīngchu	clearly
2. 记得	jìde	remember			

2 用于计量席位，数词只限于“一”。
Used to refer to a recognized position or status in a field or history. It can only be used with the numeral 一.

情　景

她的这本小说，受到了各方的好评，为她在文坛上赢得了**一席**之地。

Tā de zhè běn xiǎoshuō, shòudàole gè fāng de hǎopíng, wèi tā zài wéntán shang yíngdéle yìxízhīdì.

短　语

1. 一席地位　　2. 一席之地

生　词

1. 小说	xiǎoshuō	novel	5. 文坛	wéntán	literary world
2. 受到	shòudào	receive	7. 一席之地	yìxízhīdì	a proper place (for one person)
3. 各方	gè fāng	all parties concerned	6. 赢得	yíngdé	won
4. 好评	hǎopíng	favorable comment	8. 地位	dìwèi	position; status

下儿 xiàr

1 用于计量动作的次数，多儿化。
Used for the number of times an action is performed in a short and quick manner. It is usually followed by the retroflex suffix-r .

情　景

（1）说好星期天上午在家等我，可是我敲了好几**下儿**门，也没人答应，真奇怪！

Shuōhǎo Xīngqītiān shàngwǔ zài jiā děng wǒ, kěshì wǒ qiāole hǎo jǐ xiàr mén, yě méi rén dāying, zhēn qíguài!

（2）请你走时关一下儿窗好吗？天气预报说，今晚有大雨，还有四五级大风呢。

Qǐng nǐ zǒu shí guān yíxiàr chuāng hǎo ma? Tiānqì yùbào shuō, jīn wǎn yǒu càyǔ, háiyǒu sì-wǔ jí dàfēng ne.

短　语

1. 关一下儿窗
2. 开一下儿门
3. 敲几下儿门
4. 敲了三下儿钟
5. 摇了一下儿旗

生　词

1. 敲门	qiāo mén	knock at a door	3. 摇	yáo	shake
2. 天气预报	tiānqì yùbào	weather forecast			

动量 **用于计量动作的次数，多儿化。**

A verbal measure word used to refer to the number of times an action is performed in a short and quick manner. It can be followed by the retroflex suffix -r .

情　景

（1）我住在五层楼上。我的朋友来找我，他不想上楼，就在楼下喊我。我打开窗户告诉他："请你等一下儿，我马上就下去。"

Wǒ zhù zài wǔ céng lóu shang. Wǒ de péngyou lái zhǎo wǒ, tā bù xiǎng shàng lóu, jiù zài lóu xià hǎn wǒ. Wǒ dǎkāi chuānghu gàosu tā: "Qǐng nǐ děng yíxiàr, wǒ mǎshàng jiù xiàqu."

（2）这个问题不能马上答复你，我们几个人得讨论一下儿，最早下星期给你信儿。

Zhège wèntí bù néng mǎshàng dáfù nǐ, wǒmen jǐ ge rén děi tǎolùn yíxiàr, zuì zǎo xià xīngqī gěi nǐ xìnr.

短　语

1. 摆动一下儿
2. 尝一下儿
3. 打扫一下儿
4. 打听一下儿

下儿 xiàr

5. 打一下儿	10. 来一下儿	15. 试一下儿	20. 想一下儿
6. 等一下儿	11. 拍一下儿	16. 收拾一下儿	21. 欣赏一下儿
7. 叫一下儿	12. 敲一下儿	17. 讨论一下儿	22. 修理一下儿
8. 看一下儿	13. 去一下儿	18. 玩儿一下儿	23. 研究一下儿
9. 考虑一下儿	14. 商量一下儿	19. 问一下儿	24. 找一下儿

生 词

1. 喊	hǎn	shout; cry	6. 摆动	bǎidòng	move from side to side
2. 答复	dáfù	reply			
3. 得	děi	must; have to	7. 打听	dǎting	ask about
4. 讨论	tǎolùn	discuss; talk over	8. 敲	qiāo	knock; beat
5. 信儿	xìnr	reply	9. 欣赏	xīnshǎng	appreciate; enjoy

2 用于计量本领、技能，用在数词“两、几”后面，“下”后多带“子”。

Used to refer to a special skill or an ability to do something well. When preceded by 两 or 几, 下 usually ends with 子.

情 景

你还真有两下子，没几分钟的工夫，就把那台电脑修好了。

Nǐ hái zhēn yǒu liǎngxiàzi, méi jǐ fēnzhōng de gōngfu, jiù bǎ nà tái diànnǎo xiūhǎo le.

短 语

有两下子

生 词

1. 有两下子	yǒu liǎngxiàzi	have real skill	2. 工夫	gōngfu	time

线 xiàn

1 用于计量抽象事物，表示量极少，数词只限于“一”。

Used to refer to a situation where there is very little chance that something will happen. It is only used with the numeral 一.

情 景

医生对病人家属说：“请家属放心，只

Yīshēng duì bìngrén jiāshǔ shuō:“Qǐng

要有一**线**希望，我们也会尽最大的努力的。”

jiāshǔ fàngxīn, zhǐyào yǒu yí xiàn xīwàng, wǒmen yě huì jìn zuì dà de nǔlì de.”

短 语 ▶

1. 一**线**光明　　2. 一**线**生机　　3. 一**线**希望

生 词 ▶

1. 家属	jiāshǔ	family member	4. 努力	nǔlì	great efforts
2. 放心	fàngxīn	feel relieved	5. 光明	guāngmíng	(a streak of) light
3. 尽	jìn	do one's best	6. 生机	shēngjī	chance of survival

xiāng 箱

1 用于计量装箱的物件。
Used to refer to a boxful of something.

情 景 ▶

他每次旅行或出差时，总是提着那个小箱子，里面装着一**箱**子换洗的衣服和几本书。

Tā měi cì lǚxíng huò chūchāi shí, zǒngshì tízhe nàge xiǎo xiāngzi, lǐmian zhuāngzhe yì xiāngzi huànxǐ de yīfu hé jǐ běn shū.

短 语 ▶

1.一**箱**化妆品　2.一**箱**苹果　3.一**箱**书　4.一**箱**水果　5.一**箱**衣服

生 词 ▶

1. 出差	chūchāi	be away on a business trip	3. 化妆品	huàzhuāngpǐn	cosmetics
2. 换洗	huànxǐ	change (of clothes)			

项 xiàng

1 用于计量条令、政策等。
Used to refer to regulations, policies from government agencies, etc.

情 景

现在的情况和一年以前不一样了，原来的那些办法，现在实行不下去了。应该讨论一下儿，赶快做出**一项**新的决定。

Xiànzài de qíngkuàng hé yì nián yǐqián bù yíyàng le, yuánlái de nàxiē bànfǎ, xiànzài shíxíng bú xiàqu le. Yīnggāi tǎolùn yíxiàr, gǎnkuài zuòchū yí xiàng xīn de juédìng.

短 语

1. **一项**法令
2. **一项**公报
3. **一项**规定
4. **一项**纪律
5. **一项**决定
6. **一项**决议
7. **一项**声明
8. **一项**原则
9. **一项**政策
10. **一项**制度

生 词

1. 法令	fǎlìng	decree	5. 原则	yuánzé	principle
2. 公报	gōngbào	bulletin	6. 政策	zhèngcè	policy
3. 决议	juéyì	resolution	7. 制度	zhìdù	system
4. 声明	shēngmíng	statement			

2 用于计量议事日程、任务、措施、成果、鼓励等。
Used to refer to a wide variety of things, such as an item on the agenda, a task performed, a measure enforced, a result obtained, etc.

情 景

（1）错峰上下班，是很多大城市解决交通拥堵的**一项**重要措施。

Cuòfēng shàng-xiàbān, shì hěn duō dà chéngshì jiějué jiāotōng yōngdǔ de yí xiàng zhòngyào cuòshī.

（2）装修房子是**一项**大工程，不但要去买材料，还要时常去工地盯着，没个好身体可不行。

Zhuāngxiū fángzi shì yí xiàng dà gōngchéng, búdàn yào qù mǎi cáiliào, hái yào shícháng qù gōngdì dīngzhe, méi ge hǎo shēntǐ kě bù xíng.

短 语

1. **一项**成果
2. **一项**措施
3. **一项**发明
4. **一项**改革
5. **一项**工程
6. **一项**工作
7. **一项**活动
8. **一项**计划
9. **一项**奖励
10. **一项**内容

11. 一项任务　13. 一项实验　15. 一项收获　17. 一项议程　19. 一项专利
12. 一项声明　14. 一项事业　16. 一项条件　18 一项指示

生　词 ▶

1. 错峰	cuòfēng	alternative working shifts	9. 任务	rènwù	assignment
2. 拥堵	yōngdǔ	traffic jam	10. 声明	shēngmíng	statement
3. 措施	cuòshī	measure	11. 实验	shíyàn	experiment
4. 工程	gōngchéng	program	12. 事业	shìyè	cause
5. 成果	chéngguǒ	achievement	13. 收获	shōuhuò	harvest
6. 发明	fāmíng	invention	14. 议程	yìchéng	agenda
7. 改革	gǎigé	reform	15. 指示	zhǐshì	instruction
8. 奖励	jiǎnglì	reward	16. 专利	zhuānlì	patent

3 用于计量体育活动。
Used to refer to sports events, such as track and field, swimming, fencing, etc.

情　景 ▶

学校举行运动会，共有二十几个比赛项目。我参加了**一项**跳高，**一项**跳远，还参加了**一项**百米赛跑。

Xuéxiào jǔxíng yùndònghuì, gòng yǒu èrshí jǐ ge bǐsài xiàngmù. Wǒ cānjiāle yí xiàng tiàogāo, yí xiàng tiàoyuǎn, hái cānjiāle yí xiàng bǎimǐ sàipǎo.

短　语 ▶

1. 一项比赛　2. 一项冠军　3. 一项纪录　4. 一项仪式　5. 一项运动

生　词 ▶

1. 项目	xiàngmù	(sports) event	5. 纪录	jìlù	record
2. 跳高	tiàogāo	high jump	6. 仪式	yíshì	ceremony
3. 跳远	tiàoyuǎn	long jump	7. 运动	yùndòng	sports
4. 赛跑	sàipǎo	race			

4 用于计量款项、交易等。
Used to refer to a type, kind, sort, or sum of something that is often related to money, expenses, investments, income, etc.

情　景 ▶

（1）建设体育场馆，是**一项**最大的开

Jiànshè tǐyù chǎngguǎn, shì yí xiàng zuì dà de kāizhī. Lìngwài dàolù gǎizào,

支。另外道路改造、机场扩建等几**项**都是不小的费用。

jīchǎng kuòjiàn děng jǐ xiàng dōushì bù xiǎo de fèiyong.

（2）前几年买房只是为了居住，现在越来越多的人，只把它作为**一项**投资。

Qián jǐ nián mǎi fáng zhǐshì wèile jūzhù, xiànzài yuèláiyuè duō de rén, zhǐ bǎ tā zuòwéi yí xiàng tóuzī.

短 语

1. **一项**贷款
2. **一项**费用
3. **一项**交易
4. **一项**开支
5. **一项**收入
6. **一项**投资

生 词

1. 开支	kāizhī	expenditure	5. 居住	jūzhù	live
2. 改造	gǎizào	reconstruction	6. 投资	tóuzī	investment
3. 扩建	kuòjiàn	expand and build	7. 贷款	dàikuǎn	loan
4. 费用	fèiyong	expense	8. 交易	jiāoyì	deal

★ 比较“笔[2]”和“项[4]”

同 都可以用于计量款项或和款项有关的数量。

Both are used to refer to a sum of money or money related matters.

异 “笔”着眼于款项的整体。

笔 stresses the whole sum of money.

如：他接受了一笔财产。

e.g., He inherited a fortune.

“项”着眼于款项的分项。

项 is used to refer to a sum of money as an item in the total cost.

如：这个工程耗资巨大，光材料一项就花了十个亿。

e.g., This project is eating up a lot of money. The building materials alone cost one billion.

1 用于计量人或事物的部分或少量，数词只限于“一”。

Used for people or things. It refers to a certain unspecified number, quantity, or degree, etc. It is only used with the numeral 一.

情　景

（1）我发现他近来有了**一些**改变，不像原来那么任性了，连说话的声音也温柔多了。

Wǒ fāxiàn tā jìnlái yǒule yìxiē gǎibiàn, bú xiàng yuánlái nàme rènxìng le, lián shuōhuà de shēngyīn yě wēnróu duō le.

（2）针对早晚高峰堵车的问题，采取了**一些**措施，如：错峰上下班、缩短公交车发车间隔等。

Zhēnduì zǎo-wǎn gāofēng dǔchē de wèntí, cǎiqǔle yìxiē cuòshī, rú: cuòfēng shàng-xiàbān, suōduǎn gōngjiāochē fā chē jiàngé děng.

短　语

1. 一些爱好
2. 一些措施
3. 一些东西
4. 一些动物
5. 一些方法
6. 一些改变
7. 一些好处
8. 一些话
9. 一些节目
10. 一些看法
11. 一些缺点
12. 一些人
13. 一些日子
14. 一些商品
15. 一些时候
16. 一些时间
17. 一些食品
18. 一些视频
19. 一些事情
20. 一些问题
21. 一些习惯
22. 一些想法
23. 一些意见

生　词

1. 改变	gǎibiàn	change	12. 方法	fāngfǎ	method
2. 任性	rènxìng	wilful	13. 节目	jiémù	show; program
3. 温柔	wēnróu	gentle and soft	14. 看法	kànfǎ	opinion
4. 高峰	gāofēng	rush hour	15. 缺点	quēdiǎn	shortcoming
5. 堵车	dǔchē	traffic jam	16. 日子	rìzi	day
6. 采取	cǎiqǔ	adopt	17. 商品	shāngpǐn	goods; commodity
7. 措施	cuòshī	measure	18. 食品	shípǐn	food
8. 缩短	suōduǎn	shorten	19. 习惯	xíguàn	habit
9. 间隔	jiàngé	interval	20. 想法	xiǎngfǎ	thought
10. 爱好	àihào	hobby	21. 意见	yìjiàn	opinion; point of view
11. 动物	dòngwù	animal			

些 xiē

★ 比较"点[2]"和"些"

同 都可以用于计量不定量的人或物。
Both are used for certain unspecified numbers of people or things.

异 "点"表示的量少。
点 implies a small amount.

如：喝了一点儿水、手表有点儿毛病。
e.g., drank a little water; something wrong with the wristwatch.

"些"表示的量不一定很少。
些 indicates some amount or some numbers, but not necessarily little or few.

如：来了些客人。
e.g., Some guests have come.

宿 xiǔ

1 用于计量夜晚的时间。
Used to refer to the duration of a night.

情 景 ▶

(1) 她们见面就唧唧喳喳地聊个没完，聊衣服、聊丈夫、聊孩子，好像聊上三天三**宿**也不够似的。

Tāmen jiànmiàn jiù jījī-zhāzhā de liáo ge méi wán, liáo yīfu, liáo zhàngfu, liáo háizi, hǎoxiàng liáoshàng sān tiān sān xiǔ yě bú gòu shìde.

(2) 几十万块钱就这样被人骗走了，一**宿**的工夫，她一下子老了很多。

Jǐshí wàn kuài qián jiù zhèyàng bèi rén piànzǒu le, yì xiǔ de gōngfu, tā yíxiàzi lǎole hěn duō.

(3) 旅馆好坏无所谓，不就是睡一**宿**觉吗。能洗个澡就行了。

Lǚguǎn hǎo huài wúsuǒwèi, bú jiùshì shuì yì xiǔ jiào ma. Néng xǐ ge zǎo jiù xíng le.

短　语

1. 一宿工夫　　2. 一宿觉

生　词

1. 唧唧喳喳	jījī-zhāzhā	endless and noisy (talking)	3. 似的	shìde	seemingly; apparently
			4. 骗	piàn	be swindled by
2. 丈夫	zhàngfu	husband	5. 无所谓	wúsuǒwèi	not a big deal

动量 用于计量夜晚的时间。
A verbal measure word used to refer to the duration of a night.

情　景

（1）他打麻将的瘾可大了，一上牌桌就不下来，非打一宿不可。有时还打两三宿。

Tā dǎ májiàng de yǐn kě dà le, yí shàng páizhuō jiù bú xiàlai, fēi dǎ yì xiǔ bùkě. Yǒu shí hái dǎ liǎng-sān xiǔ.

（2）周末我们几个朋友聚会，我们先吃饭、喝酒，然后去了一个KTV唱歌，一直玩儿了一宿。

Zhōumò wǒmen jǐ ge péngyou jùhuì. Wǒmen xiān chī fàn, hē jiǔ, ránhòu qùle yí ge KTV chàng gē, yìzhí wánrle yì xiǔ.

短　语

1. 聊了一宿　　2. 谈了一宿　　3. 玩儿了一宿　　4. 住了一宿

生　词

1. 瘾	yǐn	addiction	3. 非……不可	fēi...bùkě	must; have to
2. 牌桌	páizhuō	Mahjong table	4. 宿	xiǔ	one night; overnight

牙儿 yár

1 用于计量类似圆形的食品切成的小块或小片。
Used to refer to a section or slice of food that is usually round or oval in shape.

情 景 ▶

我在路上走渴了，买了两**牙儿**西瓜，吃了以后还不解渴，又买了两瓶矿泉水，喝下去以后才不渴了。

Wǒ zài lùshang zǒu kě le, mǎile liǎng yár xīguā, chīle yǐhòu hái bù jiě kě, yòu mǎile liǎng píng kuàngquánshuǐ, hē xiàqu yǐhòu cái bù kě le.

短 语 ▶

1. **一牙儿**饼　2. **一牙儿**哈密瓜　3. **一牙儿**西瓜　4. **一牙儿**咸鸭蛋

生 词 ▶

1. 渴	kě	be thirsty	3. 哈密瓜	hāmìguā	Hami melon
2. 解(渴)	jiě(kě)	quench (one's thirst)	4. 咸鸭蛋	xián yādàn	salted duck egg

眼 yǎn

1 用于计量井或者有孔的物体。
Used to refer to wells, or springs.

情 景 ▶

以前，我们村的人吃水、用水都靠那**一眼**井，现在家家户户都用上了自来水，那**眼**井就没用了。

Yǐqián, wǒmen cūn de rén chī shuǐ, yòng shuǐ dōu kào nà yì yǎn jǐng, xiànzài jiājiā-hùhù dōu yòngshàngle zìláishuǐ, nà yǎn jǐng jiù méiyòng le.

短 语 ▶

1. **一眼**泉水　2. **一眼**水井

生 词 ▶

1. 靠	kào	rely on	4. 自来水	zìláishǐ	tap water; running water
2. 井	jǐng	well	5. 泉水	quánshuǐ	spring water
3. 家家户户	jiājiā-hùhù	each and every family			

动量 用于计量用眼睛看的次数。
A verbal measure word used to refer to actions of the eyes, such as looking, seeing, squinting, glimpsing, etc.

情 景

（1）她长得特漂亮，走在大街上，不管男女老少都想多看她两**眼**。

Tā zhǎng de tè piàoliang, zǒu zài dàjiē shang, bùguǎn nánnǚlǎoshào dōu xiǎng duō kàn tā liǎng yǎn.

（2）我刚想说出实情，她赶忙瞪了我一**眼**。意思是让我不要说。

Wǒ gāng xiǎng shuōchū shíqíng, tā gǎnmáng dèngle wǒ yì yǎn. Yìsi shì ràng wǒ bú yào shuō.

短 语

1. 瞅一**眼**
2. 打量一**眼**
3. 瞪一**眼**
4. 看一**眼**
5. 瞄了一**眼**
6. 瞧一**眼**
7. 望了两**眼**

生 词

1. 男女老少	nánnǚlǎoshào	men, women, old and young	5. 瞅	chǒu	glimpse
			6. 瞄	miáo	take a glance at
2. 实情	shíqíng	truth	7. 瞧	qiáo	look; see
3. 赶忙	gǎnmáng	hurry	8. 望	wàng	look at
4. 瞪	dèng	stare at			

★ 比较“口[3]”和“眼[1]”

同 在计量“井”的数量时，“口”和“眼”可以互换。
眼 can be used interchangeably with 口 when used to refer to a well.

样儿 yàngr

1 用于计量事物的种类。
Used to refer to types, kinds or sorts of things.

情 景

他在中国学了两年汉语，今年夏天就要回国了。他想从中国买几**样儿**东西带回去，送给亲戚朋友。

Tā zài Zhōngguó xuéle liǎng nián Hànyǔ, jīnnián xiàtiān jiù yào huí guó le. Tā xiǎng cóng Zhōngguó mǎi jǐ yàngr dōngxi dài huíqu, sònggěi qīnqi péngyou.

短 语

1. 几**样**菜　2. 两**样**点心　3. 三**样**水果

生 词

1. 亲戚	qīnqi	relative	3. 点心	diǎnxin	(light) refreshments; pastries
2. 菜	cài	dish	4. 水果	shuǐguǒ	fruit

★ 比较“样儿”和“种”，见第224页。

页 yè

1 用于计量纸张或写在纸张上的东西。
Used for the number of printed pages in a book or pages containing written words.

情 景

这部小说他写了四五年才写完。当他写完最后一**页**稿纸的时候，他高兴得跳了起来。

Zhè bù xiǎoshuō tā xiěle sì-wǔ nián cái xiěwán. Dāng tā xiěwán zuìhòu yí yè gǎozhǐ de shíhou, tā gāoxìng de tiàole qǐlái.

短 语

1. 看了几**页**书　2. 一**页**稿纸　3. 一**页**讲义　4. 一**页**纸

生 词

1. 稿纸	gǎozhǐ	(squared or lined) paper for manuscripts	2. 几页书	jǐ yè shū	several pages of a book
			3. 讲义	jiǎngyì	(printed) teaching materials

★ 比较“篇儿”和“页”

同 **都用于计量纸张或写在纸张上的东西。**
Both are used for one side of a sheet in a book or magazine, etc.

异 **“篇儿”一般指两面印刷的书中的一张纸的两面，多儿化。**
篇儿 refers to a sheet of paper in a book on which two pages are printed. It can be used with the retroflex suffix -r.

如：一篇儿稿纸。
e.g., a leaf of lined paper

“页”一般指两面印刷的书中的一张纸的一面，不能儿化。
页 refers to one side of a sheet of paper in a book, newspaper, or magazine, etc. It cannot be used with the retroflex suffix -r.

如：一页纸、一页讲义。
e.g., a page of paper; a page of printed teaching materials

yuán 员

1 用于有能力、有干劲的人。
Used to refer to a person with great ability or vigor.

情 景 ▶

他可是咱饭店的一员干将，自从他来以后，饭店的经营状况好多了。

Tā kě shì zán fàndiàn de yì yuán gànjiàng, zìcóng tā lái yǐhòu, fàndiàn de jīngyíng zhuàngkuàng hǎo duō le.

短 语 ▶

1. 一员大将　　2. 一员干将　　3. 一员猛将

生 词 ▶

1. 干将	gànjiàng	capable person; go-getter	3. 猛将	měngjiàng	a person who is forceful and determined
2. 大将	dàjiàng	a person with a great ability			

遭 zāo

动量 用于计量动作的次数，数词只限于“一”，同“回”、“次”。
A verbal measure word used to refer to the number of times an action or event occurs, similar to 回 and 次. It is only used with the numeral 一.

情　景 ▶

她从来没离开过家乡，渴望有机会去外边看看，那样也算没白来世上一**遭**。

Tā cónglái méi líkāiguo jiāxiāng, kěwàng yǒu jīhuì qù wàibiān kànkan, nàyàng yě suàn méi bái lái shìshang yì zāo.

短　语 ▶

1. 白来一**遭**　　2. 走一**遭**

生　词 ▶

1. 家乡	jiāxiāng	hometown	3. 白	bái	in vain
2. 渴望	kěwàng	be eager for			

则 zé

1 用于计量新闻、广告、寓言等，多用于书面语。
Used to refer to a piece of news, an advertisement, a fable, etc. It is mostly used in written Chinese.

情　景 ▶

今天在报纸上看到一**则**招聘广告，我马上打电话询问，对方却说他们已经找到人了。

Jīntiān zài bàozhǐ shang kàndào yì zé zhāopìn guǎnggào, wǒ mǎshàng dǎ diànhuà xúnwèn, duìfāng què shuō tāmen yǐjīng zhǎodào rén le.

短　语 ▶

1. 一**则**广告　　2. 一**则**消息　　3. 一**则**新闻　　4. 一**则**寓言

生　词 ▶

1. 招聘广告	zhāopìn guǎnggào	job advertisement
2. 询问	xúnwèn	make inquiries
3. 对方	duìfāng	the person at the other end(of a phone call)
4. 寓言	yùyán	fable

★ 比较"条"和"则"

同 都可以用于计量某些分项的事情。
Both are used to refer to a distinct portion or part that has been separated from a whole or a larger object.

异 "条"的应用范围较广。
条 has a wider usage.

如：一条新闻、一条理由、一条建议。
e.g., a piece of news; a reason; a suggestion

"则"的应用范围较窄，多表示文字的条数。
则 has a narrower usage. Often it is used to refer to a piece of writing.

如：一则广告、一则消息。
e.g., an ad; a piece of news

1 用于计量灯的数量。
Used to refer to lights or lamps.

情　景▶

（1）舞会开始了，他先把那几盏彩灯打开，然后又把大厅里那几盏日光灯关上。音乐响了以后，大家就跳起舞来了。

Wǔhuì kāishǐ le, tā xiān bǎ nà jǐ zhǎn cǎi dēng dǎkāi, ránhòu yòu bǎ dàtīng li nà jǐ zhǎn rìguāngdēng guānshàng. Yīnyuè xiǎngle yǐhòu, dàjiā jiù tiàoqǐ wǔ lái le.

（2）一盏同样瓦数的节能灯，要比一盏普通白炽灯亮5倍以上。所以现在提倡用节能灯。

Yì zhǎn tóngyàng wǎshù de jiénéngdēng, yào bǐ yì zhǎn pǔtōng báichìdēng liàng wǔ bèi yǐshàng. Suóyǐ xiànzài tíchàng yòng jiénéngdēng.

盏 zhǎn

短　语

1. 一**盏**白炽灯　2. 一**盏**节能灯　3. 一**盏**路灯　4. 一**盏**台灯

生　词

1. 彩灯	cǎi dēng	colored lantern or light	6. 白炽灯	báichìdēng	incandescent lamp
2. 大厅	dàtīng	hall	7. 提倡	tíchàng	advocate
3. 日光灯	rìguāngdēng	fluorescent lamp	8. 路灯	lùdēng	streetlight
4. 瓦	wǎ	watt	9. 台灯	táidēng	table lamp
5. 节能灯	jiénéngdēng	energy-saving light			

站 zhàn

1 用于计量交通方面车站之间的距离。
Used to refer to the distance between two stops on a railway line, bus line, etc.

情　景

这里离你要去的地方只有三四**站**路，可是要换两次车，很不方便。要是从这条小路走着去，十几分钟就可以到了。

Zhèli lí nǐ yào qù de dìfang zhǐyǒu sān-sì zhàn lù, kěshì yào huàn liǎng cì chē, hěn bù fāngbiàn. Yàoshi cóng zhè tiáo xiǎolù zǒuzhe qù, shíjǐ fēnzhōng jiù kéyǐ dào le.

短　语

1. 一**站**地　2. 一**站**路　3. 坐两**站**车

生　词

1. 换车	huàn chē	change (a train or bus)	3. 走着去	zǒuzhe qù	go on foot
2. 小路	xiǎolù	pathway			

1 用于计量用纸张或皮子等做成的东西。

Used to refer to the number of things made of a thin sheet of paper, cardboard, flour, plastic, leather, or other materials.

情 景 ▶

（1）这间宿舍很干净，布置得也很漂亮。西边墙上贴着几**张**画，东边墙上挂着一**张**世界地图，桌子上还摆着一盆花儿。

Zhè jiān sùshè hěn gānjìng, bùzhì de yě hěn piàoliang. Xībian qiáng shang tiēzhe jǐ zhāng huà, dōngbian qiáng shang guàzhe yì zhāng shìjiè dìtú, zhuōzi shang hái bǎizhe yì pén huār.

（2）到一个新的城市，最好先买一**张**交通图，这样，坐车、走路就方便了，到哪儿去也不会迷路了。

Dào yí ge xīn de chéngshì, zuìhǎo xiān mǎi yì zhāng jiāotōngtú, zhèyàng, zuòchē, zǒulù jiù fāngbiàn le, dào nǎr qù yě bú huì mílù le.

（3）这种纸每张能打四千个字。他的那篇文章大概有一万字，你算一算得用多少**张**纸。

Zhè zhǒng zhǐ měi zhāng néng dǎ sìqiān ge zì. Tā de nà piān wénzhāng dàgài yǒu yíwàn zì, nǐ suàn yi suàn děi yòng duōshǎo zhāng zhǐ.

（4）为了买**一张**开幕式的票，他在售票处排了一天一夜，今天票终于到手了。

Wèile mǎi yì zhāng kāimùshì de piào, tā zài shòupiàochù páile yì tiān yí yè, jīntiān piào zhōngyú dàoshǒu le.

（5）刚才你手里的那**张**牌多好啊！我想你一定能赢了，可是结果你又输了，你可真不会玩儿牌。

Gāngcái nǐ shǒu li de nà zhāng pái duō hǎo a! Wǒ xiǎng nǐ yídìng néng yíng le, kěshì jiéguǒ nǐ yòu shū le, nǐ kě zhēn bú huì wánr pái.

（6）布告牌上贴了**一张**通知，很多人都在那儿看。我也走过去看，原来是关于春节放假的事。

Bùgàopái shang tiēle yì zhāng tōngzhī, hěn duō rén dōu zài nàr kàn. Wǒ yě zǒu guòqù kàn, yuánlái shì guānyú Chūn Jié fàngjià de shì.

（7）我三岁的时候父亲就去世了。我不知道父亲长的什么样儿，因为他一**张**照片儿也没留下。

Wǒ sān suì de shíhou fùqin jiù qùshì le. Wǒ bù zhīdào fùqin zhǎng de shénme yàngr, yīnwèi tā yì zhāng zhàopiānr yě méi liúxià.

短　语

1. 一**张**报纸
2. 一**张**表格
3. 一**张**饼
4. 一**张**钞票
5. 一**张**地图
6. 一**张**膏药
7. 一**张**广告
8. 一**张**合同
9. 一**张**画儿
10. 一**张**奖状
11. 一**张**饺子皮
12. 一**张**皮
13 一**张**票
14. 一**张**扑克牌
15. 一**张**文凭
16. 一**张**照片

生　词

1. 盆	pén	pot	10. 样儿	yàngr	appearance
2. 交通图	jiāotōngtú	traffic map	11. 照片儿	zhàopiānr	photo; picture
3. 算	suàn	calculate	12. 表格	biǎogé	form; table
4. 开幕式	kāimùshì	opening ceremony	13. 饼	bǐng	pancake
5. 售票处	shòupiàochù	ticket office	14. 钞票	chāopiào	banknote; bill
6. 终于	zhōngyú	at last	15. 膏药	gāoyao	plaster
7. 牌	pái	(playing) card	16. 奖状	jiǎngzhuàng	certificate of award
8. 布告牌	bùgàopái	notice board	17. 饺子皮	jiǎozipí	jiaozi wrapper
9. 去世	qùshì	die	18. 文凭	wénpíng	diploma

★ **比较"篇儿"和"张[1]"**

同　"篇儿"和"张"在计量印着文字的纸张、书页时，可以互换。"篇儿"更加口语化。

张 and 篇儿 are identical in meaning when they are used for papers or pages of a book. However 篇儿 is somewhat more colloquial.

2 用于计量网状物、弓、口、面孔等。

Used to refer to a net, bow, mouth, face, or plow, etc.

情　景

我小时候家里很穷，一家五口人只有父亲一个人工作。他常常对人说："家里有四**张**嘴等着我吃饭呢！"

Wǒ xiǎoshíhou jiāli hěn qióng, yì jiā wǔ kǒu rén zhǐyǒu fùqin yí ge rén gōngzuò. Tā chángcháng duì rén shuō:"Jiāli yǒu sì zhāng zuǐ děngzhe wǒ chī fàn ne!"

短 语

1. **一张**弓　2. **一张**犁　3. **一张**笑脸　4. **一张**渔网　5. **一张**嘴

生 词

1. 弓	gōng	bow	3. 笑脸	xiàoliǎn	smiling face
2. 犁	lí	plough; plow	4. 渔网	yúwǎng	fishnet

三 用于计量床、桌子等的数量。
Used with beds or tables.

情 景

（1）卧室有**一张**大床，旁边是一个梳妆台，窗前还放着一把躺椅。

Wòshì yǒu yì zhāng dà chuáng, pángbiān shi yí ge shūzhuāngtái, chuāng qián hái fàngzhe yì bǎ tǎngyǐ.

（2）这些排球运动员又高又大，个子都在一米九以上。旅馆特地给他们准备了十几**张**两米多长的床，运动员们都非常满意。

Zhèxiē páiqiú yùncòngyuán yòu gāo yòu dà, gèzi dōu zài yì mǐ jiǔ yǐ shàng. Lǚguǎn tèdì gěi tāmen zhǔnbèile shíjǐ zhāng liǎng mǐ duō cháng de chuáng, yùndòngyuán men dōu fēicháng mǎnyì.

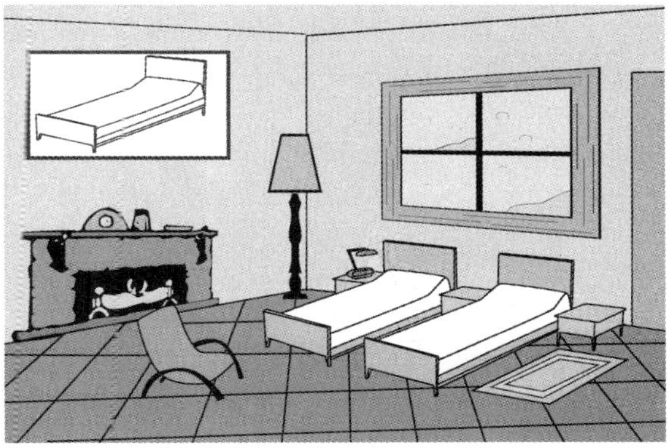

短 语

1. **一张**餐桌　2. **一张**茶几　3. **一张**床　4. **一张**写字台

生 词

1. 卧室	wòshì	bedroom	4. 餐桌	cānzhuō	dining table
2. 梳妆台	shūzhuāngtái	dressing table	5. 茶几	chájī	tea table
3. 躺椅	tǎngyǐ	deck chair	6. 写字台	xiězìtái	writing desk

针 zhēn

1 **用于计量针剂的数量。**
Used to refer to the number of injections given either through a syringe or intravenous drip.

情　景 ▶

他嗓子疼、发高烧，医生给他开了两**针**消炎药，让他去注射室打点滴。

Tā sǎngzi téng, fā gāoshāo, yīshēng gěi tā kāile liǎng zhēn xiāoyányào, ràng tā qù zhùshèshì dǎ diǎndī.

短　语 ▶

1. **一针**葡萄糖
2. **一针**青霉素
3. **一针**消炎药
4. **一针**镇定剂

生　词 ▶

1. 嗓子	sǎngzi	throat	5. 打点滴	dǎ diǎndī	intravenous drip
2. 疼	téng	pain	6. 葡萄糖	pútaotáng	glucose
3. 消炎	xiāoyán	alleviate inflammation	7. 青霉素	qīngméisù	penicillin
4. 注射室	zhùshèshì	injection room (of a hospital)	8. 镇定剂	zhèndìngjì	sedative

动量 **用于计量用针的次数。**
A verbal measure word used for the number of stitches given or acupuncture insertions made.

情　景 ▶

（1）刚穿上的新衣服，扣子就要掉。他只好脱下来，缝了几**针**。

Gāng chuānshàng de xīn yīfu, kòuzi jiù yào diào. Tā zhǐhǎo tuō xiàlái, féngle jǐ zhēn.

（2）她的腿一到阴天下雨就疼，医生建议她去扎针，她才扎了几**针**，就觉得好多了。

Tā de tuǐ yí dào yīntiān xiàyǔ jiù téng, yīshēng jiànyì tā qù zhā zhēn, tā cái zhāle jǐ zhēn, jiù juéde hǎo duō le.

短　语 ▶

1. 补几**针**
2. 缝**一针**
3. 扎**一针**
4. 织几**针**

zhēn 针

生 词

1. 脱	tuō	take off	3. 阴天	yīntiān	cloudy day
2. 扣子	kòuzi	button	4. 扎针	zhā zhēn	have an acupuncture treatment

zhèn 阵

1 用于计量事情或动作经过的段落，数词只限于"一"。
Used to refer to the duration of an event or an action or sound. It is used only with the numeral 一.

情 景

（1）开会的时候他坐在那儿睡着了。会场里突然响起了一**阵**热烈的掌声。这时，他才知道大会已经开完了。

Kāihuì de shíhou tā zuò zài nàr shuìzháo le. Huìchǎng li tūrán xiǎngqǐle yízhèn rèliè de zhǎngshēng. Zhèshí, tā cái zhīdao dàhuì yǐjīng kāiwán le.

（2）我们走在半路遇上了一**阵**大雨。我们没带雨伞，就跑进一家商店。在那儿等了半个多小时，雨才停。

Wǒmen zǒu zài bànlù yùshàngle yízhèn dàyǔ. Wǒmen méi dài yǔsǎn, jiù pǎojìn yì jiā shāngdiàn. Zài nàr děngle bàn ge duō xiǎoshí, yǔ cái tíng.

短 语

1. 一**阵**大笑　3. 一**阵**欢呼　5. 一**阵**雷声　7. 一**阵**骚动　9. 一**阵**掌声
2. 一**阵**风　4. 一**阵**惊叫　6. 一**阵**枪声　8. 一**阵**疼痛

生 词

1. 掌声	zhǎngshēng	applause	5. 雷声	léishēng	thunder
2. 半路	bànlù	halfway; midway	6. 枪声	qiāngshēng	sound of a gunshot
3. 欢呼	huānhū	shout of joy	7. 疼痛	téngtòng	ache; pain
4. 惊叫	jīngjiào	scream	8. 骚动	sāodòng	disturbance; tumult

阵 zhèn

动量 用于计量事情或动作经过的段落。
A verbal measure word used to refer to the duration of an event, action or sound. It is used only with the numeral 一.

情 景

不知为什么，她常常头疼，刚才，又疼了一阵，这次疼的时间比较长。她想下星期到大医院去检查一下儿。

Bù zhī wèishénme, tā chángcháng tóu téng, gāngcái, yòu téngle yízhèn, zhè cì téng de shíjiān bǐjiào cháng.Tā xiǎng xià xīngqī dào dà yīyuàn qù jiǎnchá yíxiàr.

短 语

1. 哭一阵
2. 忙一阵
3. 闹一阵
4. 劝了他一阵
5. 说一阵
6. 笑一阵
7. 折腾一阵

生 词

1. 折腾	zhēteng	do something over and over again
2. 劝	quàn	advise

支 zhī

1 用于计量队伍。
Used to refer to a group of people who work, play, or act together, such as a team or troop.

情 景

这支排球队是上个月刚刚组建的。队员很年轻，技术很不错，就是还缺少比赛经验。

Zhè zhī páiqiúduì shì shàng ge yuè gānggāng zǔjiàn de. Duìyuán hěn niánqīng, jìshù hěn búcuò, jiùshi hái quēshǎo bǐsài jīngyàn.

短 语

1. 一支队伍
2. 一支军队
3. 一支力量

生 词

1. 排球	páiqiú	volleyball	3. 缺少	quēshǎo	lack; be short of
2. 组建	zǔjiàn	build up	4. 经验	jīngyàn	experience

2 用于计量歌曲或乐曲。
Used to refer to a song or a piece of music.

情 景

她很喜欢这支歌曲，就把它录了下来。一天听好几遍，现在她们一家都会唱了。

Tā hěn xǐhuan zhè zhī gēqǔ, jiù bǎ tā lùle xiàlai. Yì tiān tīng hǎo jǐ biàn, xiànzài tāmen yì jiā dōu huì chàng le.

短 语

1. 一**支**歌曲　2. 一**支**进行曲　3. 一**支**民歌　4. 一**支**曲子

生 词

1. 进行曲	jìnxíngqǔ	marching song	3. 曲子	qǔzi	tune; melody
2. 民歌	míngē	folk song			

★ 比较“首”和“支²”

同 “支”和“首”在用于计量歌曲或乐曲时，可以互换。
支 is an alternative form of 首 when used for songs. See also 首.

3 用于计量杆状的东西，可以写成“枝”。
Used to refer to rod-shaped things, such as candles, pens, etc., similar to 枝.

情 景

（1）今天是我25岁生日，朋友们给我买了蛋糕，还在蛋糕上插上了25**支**蜡烛。

Jīntiān shì wǒ èrshíwǔ suì shēngrì, péngyoumen gěi wǒ mǎile dàngāo, hái zài dàngāo shang chāshàngle èrshíwǔ zhī làzhú.

（2）这**支**钢笔是他父亲留给她唯一的纪念。这么多年来，她始终带在身上。

Zhè zhī gāngbǐ shì tā fùqin liú gěi tā wéiyī de jìniàn. Zhème duō nián lái, tā shǐzhōng dài zài shēn shang.

支 zhī

短 语

1. 一支笔
2. 一支笛子
3. 一支箭
4. 一支口琴
5. 一支蜡烛
6. 一支手枪
7. 一支香烟

生 词

1. 插	chā	insert	5. 笛子	dízi	flute
2. 钢笔	gāngbǐ	fountain pen	6. 箭	jiàn	arrow
3. 唯一	wéiyī	only	7. 口琴	kǒuqín	harmonica
4. 始终	shǐzhōng	from beginning to end			

只 zhī

1 用于计量某些成对东西中的一个。
Used to refer to one of a pair of things that are normally used together.

情 景

(1) 有一天我去商店买东西，走出商店以后，发现少了一只手套。我就回去问商店里的人，他们都说没看见。第二天才发现那只手套就在我的包儿里。

Yǒu yì tiān wǒ qù shāngdiàn mǎi dōngxi, zǒuchū shāngdiàn yǐhòu, fāxiàn shǎole yì zhī shǒutào. Wǒ jiù huíqù wèn shāngdiàn li de rén, tāmen dōu shuō méi kànjiàn. Dì-èr tiān cái fāxiàn nà zhī shǒutào jiù zài wǒ de bāor li.

(2) 我的两只脚太大，买鞋很困难。一般的鞋店都没有那么大号儿的，我只好去定做一双了。

Wǒ de liǎng zhī jiǎo tài dà, mǎi xié hěn kùnnan. Yìbān de xiédiàn dōu méiyǒu nàme dà hàor de, wǒ zhǐhǎo qù dìngzuò yì shuāng le.

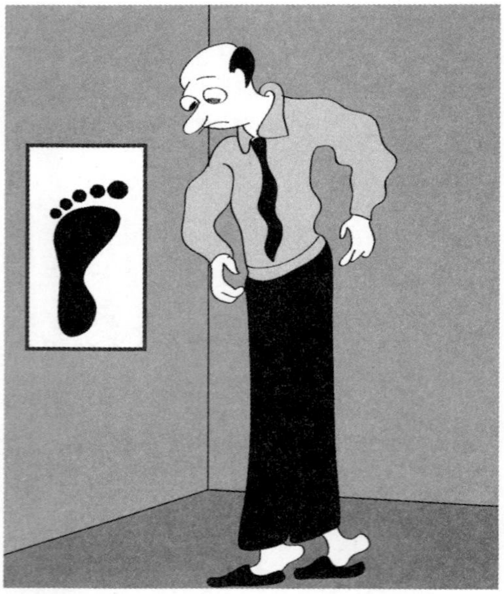

短 语

1. 一只翅膀
2. 一只耳朵
3. 一只耳环
4. 一只胳膊
5. 一只手
6. 一只袜子
7. 一只鞋
8. 一只眼睛

生 词

1. 号儿	hàor	size	4. 耳环	ěrhuán	earring
2. 定做	dìngzuò	custom-made	5. 胳膊	gēbo	arm
3. 耳朵	ěrduo	ear			

2 用于计量昆虫、飞禽、走兽类。
Used to refer to insects, birds or beasts.

情 景

（1）这个孩子游泳游得好极了，姿势又美，速度又快，看起来真像一只青蛙一样。看样子他一定受过专门训练。

Zhège háizi yóuyǒng yóu de hǎo jí le, zīshì yòu měi, sùdù yòu kuài, kàn qǐlai zhēn xiàng yì zhī qīngwā yíyàng. Kàn yàngzi tā yídìng shòuguò zhuānmén xùnliàn.

（2）去年儿子给她买了只小狗，她别提多喜欢了，每天都抱着那只小狗去小区散步。

Qùnián érzi gěi tā mǎile zhī xiǎogǒu, tā biétí duō xǐhuan le, měi tiān dōu bàozhe nà zhī xiǎogǒu qù xiǎoqū sànbù.

短 语

1. 一只苍蝇　4. 一只猴子　7. 一只老虎　10. 一只猫　13. 一只蜻蜓　16. 一只小鸟
2. 一只虫子　5. 一只蝴蝶　8. 一只老鼠　11. 一只螃蟹　14. 一只兔子　17. 一只羊
3. 一只鸽子　6. 一只鸡　9. 一只蚂蚁　12. 一只青蛙　15. 一只虾　18. 一只蟑螂

生 词

1. 姿势	zīshì	posture	6. 蝴蝶	húdié	butterfly
2. 速度	sùdù	speed; velocity	7. 老虎	lǎohǔ	tiger
3. 青蛙	qīngwā	frog	8. 螃蟹	pángxiè	crab
4. 苍蝇	cāngying	fly	9. 蜻蜓	qīngtíng	dragonfly
5. 猴子	hóuzi	monkey	10. 蟑螂	zhāngláng	roach; cockroach

3 用于计量船只的数量。
Used with boats.

情 景

星期天我们几个人租了一只小船，刚划了一会儿，就起风了，我们只好往回划。

Xīngqītiān wǒmen jǐ ge rén zūle yì zhī xiǎochuán, gāng huále yíhuìr, jiù qǐ fēng le, wǒmen zhǐhǎo wǎng huí huá.

短 语

1. 一只帆船
2. 一只脚踏船
3. 一只救生艇
4. 一只军舰
5. 一只快艇
6. 一只气垫船
7. 一只汽船
8. 一只游艇

生 词

1. 帆船	fānchuán	sailing boat	5. 快艇	kuàitǐng	motor boat
2. 脚踏船	jiǎotàchuán	pedal boat	6. 气垫船	qìdiànchuán	hovercraft
3. 救生艇	jiùshēngtǐng	lifeboat	7. 游艇	yóutǐng	pleasure boat; yacht
4. 军舰	jūnjiàn	warship			

4 用于计量某些日常用品。
Used to refer to articles of daily use.

情 景

十年前，他第一次来到这个城市时，身无分文，手上只提着这只破旧的手提箱。

Shí nián qián, tā dì-yī cì láidào zhège chéngshì shí, shēnwúfēnwén, shǒu shang zhǐ tízhe zhè zhī pòjiù de shǒutíxiāng.

短 语

1. 一只花瓶
2. 一只篮子
3. 一只沙发
4. 一只手表
5. 一只水桶
6. 一只箱子

生 词

1. 身无分文	shēnwúfēnwén	having no money	5. 篮子	lánzi	basket
2. 破旧	pòjiù	worn; old and broken	6. 水桶	shuǐtǒng	bucket
3. 手提箱	shǒutíxiāng	suitcase	7. 箱子	xiāngzi	chest; box
4. 花瓶	huāpíng	flower vase			

★ 比较"艘"、"条[1]"和"只[3]"

同 都可用于计量船只。
They are all used for vessels.

异 "艘"常用于较大型的、机动的船。
艘 is usually used for large motorized vessels.

如：一艘远洋货轮、一艘军舰。
e.g., an oceangoing freighter; a warship

"条"多用于一般船只。
条 is mostly used for boats or ships.

如：一条渔船、一条商船。
e.g., a fishing boat; a merchant ship

"只"适用范围比较广，大小船只都可以用。
只 has a wider usage. It can be used for any type of vessel and boat, regardless of size.

如：一只帆船、一只快艇。
e.g., a sailing ship; a speed boat

zhī 枝

1 用于计量带枝的植物、花朵。
Used to refer to a branch of a tree or plant, especially one with leaves and flowers.

情　景 ▶

（1）那个小学生从公园里走出来，手里拿着几**枝**花。他发现有人看见他了，就赶快把那几**枝**花扔在地上跑了。

Nàge xiǎoxuéshēng cóng gōngyuán li zǒu chūlái, shǒu li názhe jǐ zhī huā. Tā fāxiàn yǒurén kànjiàn tā le, jiù gǎnkuài bǎ nà jǐ zhī huā rēng zài dìshang pǎo le.

（2）昨夜下了一场大雪，树上落满了厚厚的雪花，刚开的那几**枝**腊梅，也被白雪覆盖上了。

Zuó yè xiàle yì cháng dàxuě, shù shang luòmǎnle hòuhòu de xuěhuā, gāng kāi de nà jǐ zhī làméi, yě bèi báixuě fùgài shàng le.

短　语

1. 一**枝**绢花
2. 一**枝**柳条
3. 一**枝**玫瑰
4. 一**枝**梅花
5. 一**枝**桃花
6. 一**枝**鲜花
7. 一**枝**迎春花

生　词

1. 厚厚的	hòuhòu de	very thick	6. 柳条	liǔtiáo	willow twig; wicker
2. 雪花	xuěhuā	snowflake	7. 玫瑰	méigui	rose
3. 腊梅	làméi	wintersweet	8. 梅花	méihuā	plum blossom
4. 覆盖	fùgài	cover	9. 桃花	táohuā	peach blossom
5. 绢花	juànhuā	silk flower	10. 迎春花	yíngchūnhuā	winter jasmine

2 用于计量杆状的东西，可以写成“支”。

Used to refer to rod-shaped things or something with a shaft. It is similar to 支.

情　景

他今天买了墨汁、颜料和几**枝**毛笔。从下星期开始，他要学中国画了。

Tā jīntiān mǎile mòzhī, yánliào hé jǐ zhī máobǐ. Cóng xià xīngqī kāishǐ, tā yào xué zhōngguóhuà le.

短　语

1. 一**枝**箭
2. 一**枝**蜡烛
3. 一**枝**毛笔
4. 一**枝**铅笔
5. 一**枝**枪
6. 一**枝**烟

生　词

1. 墨汁	mòzhī	prepared Chinese ink	5. 箭	jiàn	arrow
2. 颜料	yánliào	pigment; dyestuff	6. 蜡烛	làzhú	candle
3. 毛笔	máobǐ	writing brush	7. 铅笔	qiānbǐ	pencil
4. 中国画	zhōngguóhuà	traditional Chinese painting			

zhōng 盅

1 用于计量小杯中盛的液体。
Used to refer to the liquor held by a small cup.

情 景

每天晚上炸一小碟花生米，拌一小碟黄瓜，喝上一小**盅**二锅头，他觉得别提多美了。

Měi tiān wǎnshang zhá yì xiǎo dié huāshēngmǐ, bàn yì xiǎo dié huángguā, hēshàng yì xiǎo zhōng èrguōtóu, tā juéde biétí duō měi le.

短 语

一**盅**酒

生 词

1. 炸	zhá	deep-fry	4. 黄瓜	huángguā	cucumber
2. 花生米	huāshēngmǐ	peanut seed	5. 二锅头	èrguōtóu	*erguotou*, a strong Chinese liquor
3. 拌	bàn	mix			

zhǒng 种

1 用于计量人或事物的种类。
Used to refer to a type, kind, sort or class of persons or things.

情 景

(1) 那个学生既聪明又勤奋。三四年的时间他就掌握了英、日、法三**种**外语，而且说得都很流利。

Nàge xuésheng jì cōngming yòu qínfèn. Sān-sì nián de shíjiān tā jiù zhǎngwò-le Yīng, Rì, Fǎ sān zhǒng wàiyǔ, érqiě shuō de dōu hěn liúlì.

(2) 中国的几**种**名茶我都品尝过，我觉得都不错。我想回国的时候各**种**茶叶都买一点儿带回去。

Zhōngguó de jǐ zhǒng míng chá wǒ dōu pǐnchángguò, wǒ juéde dōu bú cuò. Wǒ xiǎng huí guó de shíhou gè zhǒng cháyè dōu mǎi yìdiǎnr dài huiqù.

短语

1. 各种情况
2. 一种变化
3. 一种表情
4. 一种病
5. 一种潮流
6. 一种东西
7. 一种动物
8. 一种动作
9. 一种发型
10. 一种方式
11. 一种工具
12. 一种环境
13. 一种结果
14. 一种看法
15. 一种毛病
16. 一种人
17. 一种商品
18. 一种思想
19. 一种特征
20. 一种习惯
21. 一种现象
22. 一种兴趣
23. 一种性格
24. 一种颜色
25. 一种意见
26. 一种语言
27. 一种制度
28. 这种事情
29. 这种文章

生词

1. 聪明	cōngming	clever	7. 环境	huánjìng	environment
2. 勤奋	qínfèn	diligent	8. 看法	kànfǎ	opinion; point of view
3. 品尝	pǐncháng	taste	9. 毛病	máobing	problem; poor habit
4. 表情	biǎoqíng	facial expression	10. 商品	shāngpǐn	goods; commodities
5. 潮流	cháoliú	trend	11. 特征	tèzhēng	characteristic
6. 发型	fàxíng	hairstyle	12. 兴趣	xìngqù	interest

★ 比较“样儿”和“种”

同 都可用于计量事物的种类。
Both are used for a kind or sort of things.

异 “样儿”一般表示事物的种类。
样儿 usually refers to types of things.

如：西红柿和茄子这两样儿菜，我都喜欢。
e.g., I like to eat both tomatoes and eggplants.

“种”可以用于人和动物。
种 is used to refer to people and animals in addition to things.

如：他们是不同的两种人。
e.g., They are two different types of people.

“种”还可以用于抽象事物。
种 can also be used for abstract things.

如：一种精神、一种表情。
e.g., a kind of spirit; a kind of expression

★ 比较“类”和“种”，见第117页。

zhóu 轴

1 用于计量缠在轴上的线或带轴的字画，可以儿化。

Used to refer to a spool of thread or scroll calligraphy and paintings that are wound or mounted on a rod. It can be followed by the retroflex suffix -r .

情　景 ▶

他家客厅里的摆设很简单，靠墙放着两个沙发和一个茶几，沙发旁边有一盏灯，地上铺着一块蓝色的地毯，墙上挂着**一轴儿**山水画。

Tā jiā kètīng li de bǎishe hěn jiǎndān, kào qiáng fàngzhe liǎng ge shāfā hé yí ge chájī, shāfā pángbiān yǒu yì zhǎn dēng, dìshang pūzhe yí kuài lánsè de dìtǎn, qiáng shang guàzhe yì zhóur shānshuǐhuà.

短　语 ▶

1. **一轴儿**画儿　　2. **一轴儿**线

生　词 ▶

1. 客厅	kètīng	living room	6. 蓝色	lánsè	blue
2. 摆设	bǎishe	ornament	7. 地毯	dìtǎn	carpet; rug
3. 沙发	shāfā	sofa	8. 山水画	shānshuǐhuà	landscape painting
4. 茶几	chájī	tea table			
5. 铺	pū	lay; spread			

zhū 株

1 用于计量植物，同“棵”，多用于书面语。

Used to refer to plants, similar to 棵, mostly used in written language.

情　景 ▶

刚搬到这个小院的时候，他买了几**株**小树苗，没几年的工夫，都长成两三米高的大树了。

Gāng bān dào zhège xiǎoyuàn de shíhou, tā mǎile jǐ zhū xiǎo shùmiáo, méi jǐ nián de gōngfu, dōu zhǎngchéng liǎng-sān mǐ gāo de dà shù le.

短　语 ▶

1. **一株**草　　2. **一株**苗　　3. **一株**树苗　　4. **一株**秧苗

株 zhū

生 词

1. 小院	xiǎoyuàn	courtyard	3. 秧苗	yāngmiáo	seedling
2. 树苗	shùmiáo	sapling			

炷 zhù

1 用于计量点着的香。
Used to refer to burning joss sticks.

情 景

高考前来这儿烧香的人多起来了。很多学生都来烧一**炷**香，希望能有个好兆头。

Gāokǎo qián lái zhèr shāo xiāng de rén duō qǐlái le. Hěn duō xuésheng dōu lái shāo yí zhù xiāng, xīwàng néng yǒu ge hǎo zhàotou.

短 语

一**炷**香

生 词

1. 高考	gāokǎo	college entrance examination	2. 烧香	shāo xiāng	burn joss sticks
			3. 兆头	zhàotou	sign; omen

桩 zhuāng

1 用于计量事情的数量，相当于"件"。
Used to refer to something that is a subject of concern, such as an important matter, an affair,etc. It can be used as an alternative to 件.

情 景

（1）女儿快30岁了，还没找到男朋友。这件事成了母亲的一**桩**心事，可是女儿自己却一点儿也不着急。

Nǚ'ér kuài sānshí suì le, hái méi zhǎodào nánpéngyou. Zhè jiàn shì chéngle mǔqin de yì zhuāng xīnshì, kěshì nǚ'ér zìjǐ què yìdiǎnr yě bù zháojí.

（2）最近几天父亲高兴得嘴都合不上了，好像是他为公司谈成了**一桩**大买卖。

Zuìjìn jǐ tiān fùqin gāoxìng de zuǐ dōu hébushàng le, hǎoxiàng shì tā wèi gōngsī tánchéngle yì zhuāng dà mǎimai.

短　语 ▶

1. **一桩**大事　　2. **一桩**买卖　　3. **一桩**亲事　　4. **一桩**喜事

生　词 ▶

1. 心事	xīnshì	concern	4. 大事	dàshì	great event; important event
2. 合	hé	close	5. 喜事	xǐshì	marriage; happy event
3. 买卖	mǎimai	deal; business	6. 亲事	qīnshì	marriage

zhuàng 幢

1 用于计量房屋的数量。
Used with houses or other types of buildings.

情　景 ▶

（1）前面的那几**幢**大楼把我家的阳光都挡住了。屋子里总是很暗，阴天下雨的时候更黑，不开灯什么也看不清。

Qiánmiàn de nà jǐ zhuàng dàlóu bǎ wǒ jiā de yángguāng dōu dǎngzhù le. Wūzi li zǒngshì hěn àn, yīntiān xiàyǔ de shíhou gèng hēi, bù kāi dēng shénme yě kànbuqīng.

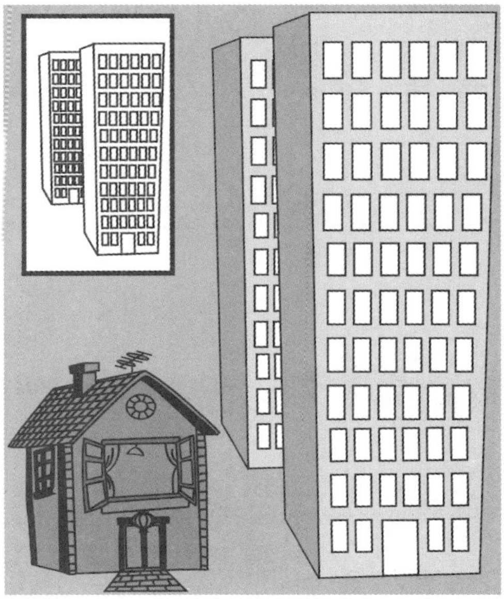

（2）工厂把厂房卖给艺术家，几年的工夫，原来的破厂房都变成了**一幢幢**漂亮的别墅了。

Gōngchǎng bǎ chǎngfáng mài gěi yìshùjiā, jǐ nián de gōngfu, yuánlái de pò chǎngfáng dōu biànchéngle yí zhuàngzhuàng piàoliang de biéshù le.

短　语 ▶

1. **一幢**别墅　　2. **一幢**房子　　3. **一幢**楼房　　4. **一幢**小楼

幢 zhuàng

生　词

1. 暗	àn	dark; dim	4. 楼房	lóufáng	building of two or more storeys
2. 厂房	chǎngfáng	factory building			
3. 别墅	biéshù	villa			

桌 zhuō

1 用于计量放在桌子上的东西的量，可以儿化。
Used to refer to a tableful of something, such as food, dishes, etc. It can be followed by retroflex suffix -r .

情　景

A：我想订一桌儿酒席。
B：您订多少钱一桌儿的？
A：有几种？
B：有800块钱一桌儿的，1500块钱一桌儿的两种。
A：那我就订1500块钱一桌儿的吧。

A: Wǒ xiǎng dìng yì zhuō jiǔxí.
B: Nín dìng duōshao qián yì zhuō de?
A: Yǒu jǐ zhǒng?
B: Yǒu bābǎi kuài qián yì zhuō de, yìqiānwǔbǎi kuài qián yì zhuō de liǎng zhǒng.
A: Nà wǒ jiù dìng yìqiānwǔbǎi kuài qián yì zhuō de ba.

短　语

1. 一桌儿菜　　2. 一桌儿饭　　3. 一桌儿客人

生　词

1. 订	dìng	order	3. 客人	kèren	guest
2. 酒席	jiǔxí	feast			

2 用于计量坐满一个桌子的人。
Used to refer to a table at which many people are seated for an occasion or a game.

情　景

他们的婚礼很简单，就请了几桌客人。只有双方的家长和亲戚朋友。

Tāmen de hūnlǐ hěn jiǎndān, jiù qǐngle jǐ zhuō kèren. Zhíyǒu shuāngfāng de jiāzhǎng hé qīnqi péngyou.

zhuō 桌

短　语

1. 凑一桌麻将　　2. 来十桌客人　　3. 坐一桌人

生　词

1. 婚礼	hūnlǐ	wedding ceremony	3. 双方	shuāngfāng	both sides
2. 简单	jiǎndān	simple	4. 家长	jiāzhǎng	parent

zǐr 子儿

1 用于计量能用手捏住的一束细长的东西，要儿化。

Used to refer to a long narrow bundle that one can hold with one's hand. The retroflex suffix -r must be used for this usage.

情　景

老婆今天带着孩子回娘家去了，他只好自己买几个包子，下了一子儿挂面，凑合一顿了。

Lǎopo jīntiān dàizhe háizi huí niángjia qù le, tā zhǐhǎo zìjǐ mǎi jǐ ge bāozi, xiàle yì zǐr guàmiàn, còuhe yí dùn le.

短　语

1. 一子儿挂面　　3. 一子儿香

2. 一子儿线

生　词

1. 老婆	lǎopo	wife	4. 挂面	guàmiàn	dried noodles
2. 娘家	niángjia	married woman's parents' home	5. 凑合	còuhe	make do (with sth.)
			6. 线	xiàn	thread
3. 包子	bāozi	steamed stuffed bun	7. 香	xiāng	incense

宗 zōng

1 用于计量事情、款项等。
Used to refer to a law case, a business deal, a large sum of money, etc.

情　景

（1）这个案子表面看，是一个交通肇事案。但却挖出了一宗骗保杀人案。

Zhège ànzi biǎomiàn kàn, shì yí ge jiāotōng zhàoshì'àn. Dàn què wāchūle yì zōng piàn bǎo shārén'àn.

（2）这些年他没赚到什么钱，买卖也做了不少，但始终没有做成一宗像样的大买卖。

Zhèxiē nián tā méi zhuàndào shénme qián, mǎimai yě zuòle bù shǎo, dàn shǐzhōng méiyǒu zuòchéng yì zōng xiàngyàng de dà mǎimai.

短　语

1. 一宗案件　2. 一宗款项　3. 一宗买卖　4. 一宗生意

生　词

1. 案子	ànzi	(law) case	4. 像样	xiàngyàng	decent
2. 肇事	zhàoshì	accident	5. 生意	shēngyi	business deal;
3. 骗保	piàn bǎo	insurance fraud			trade

★ 比较“件[3]”、“起”和“宗”

同　都可用于计量事情或案件。“件”、“起”、“宗”有时可以互换。
They are all used to refer to things, matters, or law cases. 件, 起 and 宗 sometimes can be used interchangeably.

如：一件杀人案、一起杀人案、一宗杀人案。
e.g., a murder case

异　“件”除了事情、案件以外，应用范围比较广。
件 has a wider usage.

如：一件交通事故、一件差事、一件公文。
e.g., a traffic accident; an errand; an official document

"起"除了案件以外，使用范围比较窄。
Besides referring to cases, 起 is mostly used to refer to something bad or disastrous.

如：一起车祸、一起诈骗案。
e.g., an accident; a fraud case

"宗"除了案件以外，使用范围比"起"广泛。
In addition to being used to refer to cases, 宗 also has a wider usage than 起.

如：一宗杀人案、一宗买卖、一宗款项。
e.g., a murder case; a deal; a sum of money

zǔ 组

1 用于计量成套的事物。
Used to refer to a group or a suite or a set of things of the same kind.

情 景

(1) 这**组**黑白老照片，是他三十多年前拍摄的。当时胡同里没有那么多车，也没有那么多人。

Zhè zǔ hēi-bái lǎo zhàopiàn, shì tā sānshí duō nián qián pāishè de. Dāngshí hútong li méiyǒu nàme duō chē, yě méiyǒu nàme duō rén.

(2) 这十几**组**镜头，反映了当时旧上海的风貌，对研究上海城市的变化，有重要的参考价值。

Zhè shíjǐ zǔ jìngtóu, fǎnyìngle dāngshí jiù Shànghǎi de fēngmào, duì yánjiū Shànghǎi chéngshì biànhuà, yǒu zhòngyào de cānkǎo jiàzhí.

短 语

1. 一**组**词
2. 一**组**电池
3. 一**组**镜头
4. 一**组**曲子
5. 一**组**诗歌
6. 一**组**图画
7. 一**组**照片

生 词

1. 黑白	hēibá	black and white (photography)	6. 反映	fǎnyìng	reflect
2. 照片	zhàopiàn	photo; picture	7. 风貌	fēngmào	characteristic style and features
3. 拍摄	pāishè	take a picture			
4. 胡同	hútong	lane; alley	8. 参考	cānkǎo	reference
5. 镜头	jìngtóu	(camera) shot; scene	9. 诗歌	shīgē	poem

尊 zūn

1 用于计量神像、佛像等的数量。
Used to refer to a figure, an idol or a statue, such as Buddha.

情　景 ▶

这是世界上最高的佛像，这**尊**大佛高71米，先后建造了九十多年。

Zhè shì shìjiè shang zuì gāo de fóxiàng, zhè zūn dà fó gāo qīshíyī mǐ, xiān hòu jiànzàole jiǔshí duō nián.

短　语 ▶

1. 一**尊**大佛　　2. 一**尊**菩萨　　3. 一**尊**塑像

生　词 ▶

1. 佛像	fóxiàng	statue of Buddha	3. 塑像	sùxiàng	statue
2. 菩萨	púsa	Bodhisattva			

★ 比较“尊”和“座”，见第234页。

撮儿 zuǒr

1 用于计量成套的事物。
Used to refer to a group or a suite or a set of things of the same kind.

情　景 ▶

（1）他的女朋友不喜欢他留胡子，说既不美观又不卫生，所以今天早上一起床，他就对着镜子把那**撮儿**小胡子刮掉了。

Tā de nǚpéngyou bù xǐhuan tā liú húzi, shuō jì bù měiguān yòu bú wèishēng, suǒyǐ jīntiān zǎoshang yì qǐchuáng, tā jiù duìzhe jìngzi bǎ nà zuǒr xiǎo húzi guādiào le.

（2）这只英国牧羊犬全身都是金黄色的长毛儿，只有前额有**撮儿**白毛儿。

Zhè zhī Yīngguó mùyángquǎn quánshēn dōu shì jīnhuángsè de cháng máor, zhǐyǒu qián'é yǒu yì zuǒr bái máor.

短　语 ▶

1. 一**撮儿**胡子　　2. 一**撮儿**毛　　3. 一**撮儿**头发

生　词

1. 美观	měiguān	pleasing to the eye	4. 金黄	jīnhuáng	golden (yellow)
2. 刮	guā	shave	5. 毛	máo	hair
3. 牧羊犬	mùyángquǎn	shepherd dog	6. 前额	qián'é	forehead

★ 比较"撮[1]（cuō）"和"撮(zuǒr)"

同 都可计量少量的东西。
Both can be used for a small quantity of things.

异 ①读音不同。
They have different pronunciations.

②用法和意义不同。
They have different usages and meanings.

"撮(cuō)"用于计量手撮取的少量的东西。
撮(cuō) is used for a small quantity of something that can be held in a hand.

如：一撮盐、一撮土。
e.g., a pinch of salt; a pinch of dust

"撮儿(zuǒr)"用于计量少量成丛的毛发。
撮儿(zuǒr) is used for a tuft of yarn, hair, grass, etc.

如：一撮儿毛儿；一撮儿胡子。
e.g., a tuft of hair; a tuft of beard

1 用于计量较大或规定的物体。
Used to refer to a large construction, such as a building, bridge, dam, tower monument, etc.

情　景

原来这里有一座桥，后来坏了，现在又重新修了一座。这座新桥比原来的宽，也比原来的高。

Yuánlái zhèli yǒu yí zuò qiáo, hòulái huài le, xiànzài yòu chóngxīn xiūle yí zuò. Zhè zuò xīn qiáo bǐ yuánlái de kuān, yě bǐ yuánlái de gāo.

短语

1. 一座别墅	5. 一座堤坝	9. 一座宫殿	13. 一座陵园	17. 一座山
2. 一座仓库	6. 一座电视塔	10. 一座纪念碑	14. 一座庙	18. 一座商店
3. 一座城市	7. 一座碉堡	11. 一座教堂	15. 一座农场	19. 一座水库
4. 一座村庄	8. 一座雕像	12. 一座矿山	16. 一座喷泉	20. 一座钟

生词

1. 桥	qiáo	bridge	7. 教堂	jiàotáng	church
2. 堤坝	dībà	dam; levee	8. 矿山	kuàngshān	mine
3. 碉堡	diāobǎo	pillbox; blockhouse	9. 庙	miào	temple; shrine
			10. 陵园	língyuán	cemetery
4. 雕像	diāoxiàng	statue	11. 农场	nóngchǎng	farm
5. 宫殿	gōngdiàn	palace	12. 喷泉	pēnquán	fountain
6. 纪念碑	jìniànbēi	monument	13. 水库	shuǐkù	reservoir

★ 比较“尊”和“座”

同 **都可用于计量某些有底座的物体。**
Both are used to refer to things that are on a pedestal or stand.

异 **“尊”含有尊敬和庄严的意思。**
尊 implies esteem and solemnity.

如：一尊佛像、一尊塑像。
e.g., a statue of Buddha; a statue

“座”应用范围较广，凡是用“尊”的地方，都可以用“座”；反之则不能。
座 has a wider usage. Also, 座 can always replace 尊, but 尊 can never replace 座.

如：一座(尊)佛像、一座(尊)塑像、一座桥、一座山、一座城市。
e.g., a statue of Buddha; a statue; a bridge; a mountain; a city

量词比较索引
List of Similar Measure Words

名量词搭配表
Collocations for Commonly Used Nominal Measure Words

名词 Nouns		量词 Measure Words
	A	
爱好	àihào	些
安眠药	ānmiányào	片儿、粒
安慰	ānwèi	点、丝
案件	ànjiàn	起、宗
	B	
芭蕉	bājiāo	簇
巴士	bāshì	辆
把握	bǎwò	分
把戏	bǎxì	出、套
白云	báiyún	朵、片儿
百合	bǎihé	瓣儿
班车	bānchē	趟
办法	bànfǎ	个、种
办公室	bàngōngshì	间
包裹	bāoguǒ	件
薄膜	báomó	层
宝剑	bǎojiàn	把、口
宝石	bǎoshí	颗
保证	bǎozhèng	点
报道	bàodào	篇
报告	bàogào	份
报社	bàoshè	家
报纸	bàozhǐ	沓、叠、份、卷儿、捆、摞、张
暴徒	bàotú	撮
暴雨	bàoyǔ	场
杯子	bēizi	个
悲剧	bēijù	出、幕
背心	bèixīn	件

被面	bèimiàn	幅
被褥	bèirù	摞
被子	bèizi	床
本领	běnlǐng	番、门、套
本子	běnzi	摞
鼻涕	bítì	把
比赛	bǐsài	场、轮、项
笔	bǐ	管、支、枝
笔记	bǐjì	本
毕业生	bìyèshēng	届、期
编辑	biānjí	个、名
鞭炮	biānpào	串儿、挂
鞭子	biānzi	根
扁担	biǎndan	根、条
变化	biànhuà	些、种
辫子	biànzi	根、条
标语	biāoyǔ	幅、条
表格	biǎogé	张
表情	biǎoqíng	副、 种
表演	biǎoyǎn	场
别墅	biéshù	处、所、座
冰	bīng	层、块
冰激凌	bīngjīlíng	盒、个
饼	bǐng	摞、张
饼干	bǐnggān	包、盒、片儿、筒
病	bìng	种
病房	bìngfáng	间、个
玻璃	bōli	层、块
菠菜	bōcài	把儿
布	bù	幅、卷儿、块
部队	bùduì	股、支
	C	
才干	cáigàn	番
材料	cáiliào	堆、份、摞
财产	cáichǎn	笔、份
彩虹	cǎihóng	道
彩霞	cǎixiá	片
菜	cài	道、份、盘、勺、碗、样、桌
残局	cánjú	盘

仓库	cāngkù	座
苍蝇	cāngying	只
操场	cāochǎng	个
嘈杂	cáozá	片
草	cǎo	丛、根、棵、捆、株
草地	cǎodì	片、块
草帽	cǎomào	顶
测验	cèyàn	场
叉子	chāzi	把
差错	chācuò	丝
插图	chātú	幅、张
茶	chá	杯、点、壶、碗
茶壶	cháhú	把
茶几	chájī	张
茶具	chájù	套
茶叶	cháyè	包、撮、盒、筒
差事	chāishi	份、堆
产品	chǎnpǐn	件、批、些、种
产业	chǎnyè	份
铲子	chǎnzi	把
长处	chángchu	点
厂房	chǎngfáng	栋
唱片	chàngpiàn	套、张
钞票	chāopiào	把、沓儿、叠、张
超市	chāoshì	家
潮流	cháoliú	股、种
车	chē	部、辆、趟、站
车祸	chēhuò	场、次、起
车厢	chēxiāng	节
车站	chēzhàn	个
沉寂	chénjì	片
衬衫	chènshān	件
成果	chéngguǒ	项
城墙	chéngqiáng	段
城市	chéngshì	个、座
乘客	chéngkè	位
尺子	chǐzi	把
翅膀	chìbǎng	对、双、只
冲突	chōngtū	场
虫子	chóngzi	堆、条、只

绸子	chóuzi	幅、块、匹
出版社	chūbǎnshè	家
出路	chūlù	条
厨房	chúfáng	间
穿戴	chuāndài	身儿
传说	chuánshuō	段
船	chuán	班、条、艘、只
窗户	chuānghu	面、扇
窗帘	chuānglián	层、幅
床	chuáng	张
床单	chuángdān	条
闯劲儿	chuǎngjìnr	股
锤子	chuízi	把
春天	chūntiān	个
唇舌	chúnshé	番
词	cí	个、首、组
词典	cídiǎn	本、部
瓷砖	cízhuān	层、块
磁带	cídài	盒、盘
刺绣	cìxiù	幅
葱	cōng	把(儿)、根、棵、捆
丛书	cóngshū	套
醋	cù	滴、壶、瓶
村落	cūnluò	处
村庄	cūnzhuāng	座
存款	cúnkuǎn	笔
措施	cuòshī	套、条、项、些
	D	
打算	dǎsuan	个
打印机	dǎyìnjī	台
大白菜	dàbáicài	棵
大佛	dàfó	尊、座
大火	dàhuǒ	场
大将	dàjiàng	员
大楼	dàlóu	幢、座
大米	dàmǐ	包、袋、粒、斤、碗、把
大炮	dàpào	门、尊
大桥	dàqiáo	座
大厦	dàshà	座

大使	dàshǐ	任
大虾	dàxiā	对、只
大雁	dàyàn	行、只
大衣	dàyī	件
大战	dàzhàn	场
歹徒	dǎitú	帮、伙
大夫	dàifu	个、名、位
代表	dàibiǎo	名、位
代表团	dàibiǎotuán	个
贷款	dàikuǎn	笔、项
担架	dānjià	副
单词	dāncí	个
单位	dānwèi	个
掸子	dǎnzi	把
蛋糕	dàngāo	个、块
刀	dāo	把
导弹	dǎodàn	颗、枚
道	dào	条
道理	dàolǐ	层、番、个
稻草	dàocǎo	把、堆、根、束
稻田	dàotián	片
灯	dēng	盏
灯光	dēngguāng	点、片、束
堤坝	dībà	道、座
笛子	dízi	管、支、枝
地	dì	站
地方	dìfang	个
地毯	dìtǎn	块
地图	dìtú	本、册、幅、张
地位	dìwèi	席
地震	dìzhèn	场、次
点心	diǎnxin	包、份儿、盒、块、盘、样
电池	diànchí	副、节、组
电工	diàngōng	名
电话	diànhuà	部、个、通
电脑	diànnǎo	台
电视	diànshì	部、台
电视剧	diànshìjù	部
电台	diàntái	家
电线	diànxiàn	段、根、截儿、盘

电影	diànyǐng	部、场
电影院	diànyǐngyuàn	家
碉堡	diāobǎo	座
雕像	diāoxiàng	尊、座
吊车	diàochē	台
钉子	dīngzi	个、颗、枚
东西	dōngxi	包、点、堆、件、些、样、种
冬天	dōngtiān	个
董事长	dǒngshìzhǎng	任、位
动物	dòngwù	些、种
动作	dòngzuò	个、种
豆腐	dòufu	块、盒
豆子	dòuzi	把、袋、堆、斤、颗、粒
读物	dúwù	本、套
段落	duànluò	个
队伍	duìwu	支
对联	duìlián	副
	E	
儿童读物	értóng dúwù	本、部、批、套
耳朵	ěrduo	对、只
耳光	ěrguāng	个、记
耳环	ěrhuán	对、副、只
二胡	èrhú	把
	F	
发动机	fādòngjī	台
发明	fāmíng	项
法令	fǎlìng	项
发型	fàxíng	种
帆船	fānchuán	只
饭	fàn	顿、份儿、锅、勺
饭菜	fàncài	桌
饭馆	fànguǎn	家
饭粒儿	fànlìr	粒
方便面	fāngbiànmiàn	包、碗
方法	fāngfǎ	个、套、种
防线	fángxiàn	道、条
房间	fángjiān	个、套

房子	fángzi	栋、间、溜、排、所、幢
飞机	fēijī	班、架
飞机场	fēijīchǎng	个、座
肥料	féiliào	袋、堆
肥皂	féizào	块、条
匪徒	fěitú	帮、股、伙
废话	fèihuà	堆、句
废品	fèipǐn	堆
废物	fèiwù	帮、堆
废墟	fèixū	片
废纸	fèizhǐ	堆、团、张
费用	fèiyong	笔、项
分水岭	fēnshuǐlǐng	道、条
坟	fén	座
粉笔	fěnbǐ	根、盒、截儿
粉丝	fěnsī	袋、根
丰收的景象	fēngshōu de jǐngxiàng	幅、片
风	fēng	场、股、阵
风波	fēngbō	场
风光	fēngguāng	处、种
风声	fēngshēng	点
风衣	fēngyī	件
风雨	fēngyǔ	番
缝纫机	féngrènjī	架、台
缝儿	fèngr	道、条
缝隙	fèngxì	点
佛像	fóxiàng	尊、座
夫妻	fūqī	对
斧子	fǔzi	把
	G	
改变	gǎibiàn	个、些
改革	gǎigé	项、些
甘蔗	gānzhe	根、节
感触	gǎnchù	番、些
感想	gǎnxiǎng	堆、些
干部	gànbù	个、名、批
干将	gànjiàng	员
钢琴	gāngqín	架、台
高射炮	gāoshèpào	架、门

高压线	gāoyāxiàn	条
膏药	gāoyao	贴
稿费	gǎofèi	笔
稿件	gǎojiàn	批、部
稿纸	gǎozhǐ	本、沓儿、叠、摞、篇
稿子	gǎozi	部、份、篇、页
告示	gàoshì	张
胳膊	gēbo	条、只
鸽子	gēzi	对、群、只
歌	gē	首、支
歌词	gēcí	段、句
歌曲	gēqǔ	首、支
歌声	gēshēng	串、阵
歌手	gēshǒu	名、批
歌舞	gēwǔ	台
跟头	gēntou	个
工厂	gōngchǎng	个、家
工程	gōngchéng	项
工夫	gōngfu	番、宿
工具	gōngjù	件、套、些、种
工人	gōngrén	个、名
工序	gōngxù	道
工资	gōngzī	份
工作	gōngzuò	点、份、件、摊、项
工作人员	gōngzuò rényuán	名
弓	gōng	张
公报	gōngbào	项
公共汽车	gōnggòng qìchē	辆
公馆	gōngguǎn	所、座
公函	gōnghán	封
公司	gōngsī	家
公文	gōngwén	封、件、批
功课	gōngkè	门
功劳	gōngláo	份
宫殿	gōngdiàn	座
沟	gōu	道、条
篝火	gōuhuǒ	堆
狗	gǒu	群、条、只
骨头	gǔtou	把、根、节、块
鼓	gǔ	面

顾虑	gùlǜ	层、个
瓜子	guāzǐ	把、包、袋
挂面	guàmiàn	把、子儿
拐杖	guǎizhàng	副、根
关口	guānkǒu	道
关系	guānxi	层、种
观众	guānzhòng	名、位
官司	guānsi	场
棺材	guāncai	具、口
管子	guǎnzi	根、截儿
冠军	guànjūn	届、项
灌木	guànmù	丛、棵
罐头	guàntou	听
光明	guāngmíng	片、线
光线	guāngxiàn	丝
广告	guǎnggào	沓儿、幅、条、则、张
规定	guīdìng	项
棍子	gùnzi	根
国家	guójiā	个
果酱	guǒjiàng	瓶、罐
果汁	guǒzhī	杯、瓶
过程	guòchéng	个
	H	
哈欠	hāqian	个
孩子	háizi	帮、堆、个、群
寒流	hánliú	股
喊叫	hǎnjiào	声
汗	hàn	滴、身
汗毛	hànmáo	根
汗水	hànshuǐ	滴、脸
汗珠	hànzhū	串、滴、颗
行业	hángyè	种
航班	hángbān	趟
好处	hǎochu	个、些
好汉	hǎohàn	个、条、位
好嗓子	hǎosǎngzi	副
好手	hǎoshǒu	把
好心	hǎoxīn	片
好意	hǎoyì	番、份、片

号令	hàolìng	声
号码	hàomǎ	个
耗子	hàozi	窝、只
合同	hétong	份、张
禾苗	hémiáo	丛、株
和气	héqì	团
河	hé	道、条
黑板	hēibǎn	块
黑痣	hēizhì	颗
痕迹	hénjì	点、丝
红	hóng	片
红日	hóng rì	轮
洪水	hóngshuǐ	场
猴子	hóuzi	只
胡子	húzi	根、绺儿、撇、撮儿
葫芦	húlu	个、架、支
蝴蝶	húdié	对、只
花	huā	瓣儿、簇、朵、些、枝
花瓣儿	huābànr	片
花椒	huājiāo	粒
花轿	huājiào	顶
花瓶	huāpíng	对、只
花生	huāshēng	把、包、袋、颗、粒
花生米	huāshēngmǐ	把、包、袋、颗、粒
花园	huāyuán	座
化验单	huàyàndān	份、张
画	huà	笔、卷儿、张、组、轴
画报	huàbào	本
画卷	huàjuàn	幅
画片	huàpiàn	套、张
画展	huàzhǎn	届
话	huà	串、段、句、席、些
话剧	huàjù	场、台、幕
坏蛋	huàidàn	帮、伙、个、群
欢腾	huānténg	片
环境	huánjìng	个、种
幻想	huànxiǎng	丝
荒地	huāngdì	块、片
皇冠	huángguān	顶
黄豆	huángdòu	袋、粒

黄瓜	huángguā	根、截儿、条
灰尘	huīchén	层
回忆	huíyì	段
会谈	huìtán	轮
混乱	hùnluàn	片
活动	huódòng	个、项
活页纸	huóyèzhǐ	沓儿、篇儿、张
火	huǒ	把、场、堆、团
火车	huǒchē	班、列、趟
火箭	huǒjiàn	发、枚
火山	huǒshān	群、座
火灾	huǒzāi	场、
货	huò	包、批
货轮	huòlún	艘、条、只
货物	huòwù	批
	J	
机构	jīgòu	个、套
机关	jīguān	个、家
机关枪	jīguānqiāng	挺
机会	jīhuì	个
机器	jīqì	部、套、台、种
鸡	jī	群、只
积蓄	jīxù	点、些
集邮册	jíyóucè	本
计划	jìhuà	份、个、项
记载	jìzǎi	段、项
记者	jìzhě	个、名、群
记录	jìlù	个、份、项
纪律	jìlǜ	条、项
纪念碑	jìniànbēi	座
纪念章	jìniànzhāng	枚
技术	jìshù	门、套、项
家具	jiājù	件、堂、套、些、样
家业	jiāyè	份
假牙	jiǎyá	副
嫁妆	jiàzhuang	份
架	jià	场
监狱	jiānyù	所
剪影	jiǎnyǐng	幅

剪子	jiǎnzi	把
简历	jiǎnlì	份、张
箭	jiàn	支、枝
见解	jiànjiě	点、些
建议	jiànyì	点、份、条、些
建筑物	jiànzhùwù	栋、座
剑	jiàn	把
讲义	jiǎngyì	份、篇、页、张
奖品	jiǎngpǐn	件
奖章	jiǎngzhāng	枚
奖状	jiǎngzhuàng	张
交通图	jiāotōngtú	册、张
交往	jiāowǎng	段
交易	jiāoyì	笔、项
胶卷儿	jiāojuǎnr	个、卷儿
胶水	jiāoshuǐ	瓶
脚	jiǎo	双、只
脚步声	jiǎobùshēng	串、片
脚印	jiǎoyìn	串、个、行、溜
较量	jiàoliàng	场、番
轿车	jiàochē	部、辆
教师	jiàoshī	名、位
教室	jiàoshì	个、间
教授	jiàoshòu	名、位
教训	jiàoxùn	点、个
阶段	jiēduàn	个
街	jiē	条
节目	jiémù	个、台、些
结果	jiéguǒ	种
解释	jiěshì	个、番、种
介绍	jièshào	个、番
戒指	jièzhi	枚、只
借口	jièkǒu	个、堆
金牌	jīnpái	块、枚
金条	jīntiáo	根
进行曲	jìnxíngqǔ	首、支
京剧	jīngjù	场、出、段
经理	jīnglǐ	个、位
经历	jīnglì	段、番
经验	jīngyàn	份、套

井	jǐng	口、眼
景象	jǐngxiàng	番、幅
警察	jǐngchá	个、名、位
镜头	jìngtóu	个、组
镜子	jìngzi	面
劲儿	jìnr	把、股
纠纷	jiūfēn	场、起
韭菜	jiǔcài	把(儿)、茬儿
酒	jiǔ	杯、滴、壶、瓶、席
酒席	jiǔxí	桌
居民	jūmín	户
橘子	júzi	瓣儿、牙儿
句子	jùzi	个
距离	jùlí	段
卷尺	juǎnchǐ	盘
决定	juédìng	项
军舰	jūnjiàn	艘、只
	K	
咖啡	kāfēi	杯、罐、瓶、听
卡车	kǎchē	辆
开场白	kāichǎngbái	段、句
开水	kāishuǐ	杯、壶
开支	kāizhī	笔、项
看法	kànfǎ	点、些、种
考试	kǎoshì	场、门
考题	kǎotí	道
考验	kǎoyàn	场
科学	kēxué	门
可乐	kělè	杯、罐、瓶、听
客人	kèren	批、位、桌
课	kè	节、门、堂
课本	kèběn	本、套
课程	kèchéng	门
课文	kèwén	课
空	kōng	场
空白	kòngbái	片
空地	kòngdì	块、片
空隙	kòngxì	段
口才	kǒucái	副

口袋	kǒudai	条
口角	kǒujiǎo	场
口子	kǒuzi	道、个、条
扣子	kòuzi	个、排
裤子	kùzi	条
快餐	kuàicān	份
快艇	kuàitǐng	艘、只
筷子	kuàizi	把(儿)、副、双
款式	kuǎnshì	种
矿泉水	kuàngquánshuǐ	杯、瓶
矿山	kuàngshān	座
	L	
垃圾	lājī	撮、堆
蜡烛	làzhú	根、支、枝
辣椒	làjiāo	串儿、撮
蓝天	lántiān	片
篮子	lánzi	只
浪	làng	层
牢房	láofáng	间
牢骚	láosāo	句
老虎	lǎohǔ	只
老师	lǎoshī	个、位
烙饼	làobǐng	摞、牙儿、张
犁	lí	张
篱笆	líba	道、圈
礼物	lǐwù	份、件、样
理论	lǐlùn	套
理由	lǐyóu	点、个、条
力量	lìliàng	份、股、支
力气	lìqi	把、点、番
历史	lìshǐ	段
连环画	liánhuánhuà	本、册、套、张
练习	liànxí	课
凉意	liángyì	丝
列车	lièchē	趟
陵墓	língmù	座
领带	lǐngdài	条
留学生	liúxuéshēng	个、名、位
流氓	liúmáng	帮、伙、群

楼	lóu	栋、幢、座
楼房	lóufáng	栋、排、片、所、幢、座
录像机	lùxiàngjī	台
录音机	lùyīnjī	台
路	lù	段、条
路程	lùchéng	段
路线	lùxiàn	条
露水	lùshuǐ	层、滴
驴	lǘ	条、头
旅馆	lǚguǎn	家
孪生姐妹	luánshēng jiěmèi	对
轮船	lúnchuán	艘、条、只
论文	lùnwén	篇
萝卜	luóbo	个
锣鼓	luógǔ	副
骆驼	luòtuo	匹
	M	
麻烦	máfan	场、档子
麻将	májiàng	副、张、桌儿
麻雀	máquè	群、只
马	mǎ	匹、群
蚂蚁	mǎyǐ	堆、窝、只
买卖	mǎimai	笔、桩、宗
馒头	mántou	个
猫	māo	只
毛	máo	撮儿、根
毛笔	máobǐ	管、支、枝
毛病	máobìng	点、种
毛线	máoxiàn	根、团
毛衣	máoyī	件
矛盾	máodùn	堆、对
玫瑰	méigui	丛、枝
眉毛	méimao	道
煤	méi	堆、块
美术作品	měishù zuòpǐn	幅
门	mén	层、道、扇
门脸儿	ménliǎnr	间
门牙	ményá	颗
猛将	měngjiàng	员

梦	mèng	场、个
米	mǐ	把、袋、粒
米饭	mǐfàn	碗
蜜蜂	mìfēng	群、窝、只
棉布	miánbù	块、匹
棉花	miánhuā	包、层、朵、团
面包	miànbāo	片、块
面粉	miànfěn	袋
面孔	miànkǒng	副、张
面条	miàntiáo	根、锅、碗
苗	miáo	根、棵
描述	miáoshù	番
庙	miào	座
名画	mínghuà	幅、张
名气	míngqì	点
名胜	míngshèng	处
名言	míngyán	句
明信片	míngxìnpiàn	沓儿、叠、张
命	mìng	条
命令	mìnglìng	道、条
摩托车	mótuōchē	辆
蘑菇	mógu	朵
墨水	mòshuǐ	滴、瓶
墨汁	mòzhī	滴、瓶
木头	mùtou	段、根、截儿、块
幕布	mùbù	道
	N	
内容	nèiróng	项
嫩芽	nènyá	株
能手	néngshǒu	把
泥	ní	脸、手、摊
年纪	niánjì	把
年轻人	niánqīngrén	帮、伙
鸟	niǎo	群、只
牛	niú	群、头
牛奶	niúnǎi	杯、罐、瓶
农场	nóngchǎng	座
农民	nóngmín	个、户
浓烟	nóngyān	股

	O	
藕	ǒu	段、节、截儿
	P	
牌	pái	把、副、张
牌局	páijú	场
派头	pàitou	副
盘子	pánzi	摞、只
炮弹	pàodàn	发、颗、枚
培训班	péixùnbān	期
喷泉	pēnquán	座
朋友	péngyou	帮、个
批评	pīpíng	番
霹雳	pīlì	声
皮	pí	层、张
皮带	pídài	根、条
啤酒	píjiǔ	杯、罐、听、瓶
骗局	piànjú	场
平房	píngfáng	所、片
平原	píngyuán	片
评书	píngshū	段
苹果	píngguǒ	个、只
屏风	píngfēng	道、扇
铺盖	pūgai	床、卷儿
菩萨	púsa	尊
葡萄	pútao	串、架、粒
葡萄糖	pútaotáng	瓶、针
	Q	
期望	qīwàng	番、片
漆	qī	层、道、桶
漆黑	qīhēi	片、团
棋	qí	步、局、盘
棋子	qízǐ	枚
旗袍	qípáo	件、身儿
汽车	qìchē	部、辆
汽油	qìyóu	桶
铅笔	qiānbǐ	截儿、支、枝
钱	qián	笔、沓儿、叠、些
枪	qiāng	管、条、支

枪声	qiāngshēng	片
强盗	qiángdào	帮、伙
墙	qiáng	道、堵、面
巧克力	qiǎokèlì	盒、块
亲戚	qīnqi	门
亲事	qīnshì	门、桩
亲友	qīnyǒu	位
青霉素	qīngméisù	盒、针
青年	qīngnián	帮、对
青苔	qīngtái	层
清单	qīngdān	份
清泉	qīngquán	股
情感	qínggǎn	层、种
情况	qíngkuàng	种
情人	qíngrén	个
情绪	qíngxù	股
请柬	qǐngjiǎn	封
球	qiú	场、局
球赛	qiúsài	场
曲子	qǔzi	段、首、支、组
泉水	quánshuǐ	股、眼
劝说	quànshuō	番
缺点	quēdiǎn	个、些
裙子	qúnzi	条
	R	
热泪	rèlèi	行
热闹	rènao	场
热情	rèqíng	份、股
人	rén	拨、个、伙、口、批、群、些、种
人才	réncái	分
人家	rénjiā	处、户、家
人流	rénliú	股
人马	rénmǎ	班、帮、套
人命	rénmìng	条
人情	rénqíng	笔、份
人影	rényǐng	簇、个
任务	rènwù	项
日记	rìjì	本、篇
日历	rìlì	本、张

日子	rìzi	个、段、些
肉	ròu	块、片
褥子	rùzi	床
	S	
伞	sǎn	把
扫帚	sàozhou	把
扫帚眉	sàozhouméi	撇
森林	sēnlín	片
沙发	shāfā	对、套
沙漠	shāmò	片
沙子	shāzi	把、层、堆、粒
纱布	shābù	层、卷儿、块
纱窗	shāchuāng	层
山	shān	座
山脉	shānmài	道、群
山水画	shānshuǐhuà	幅、张、轴
闪电	shǎndiàn	道、个
扇子	shànzi	把
伤	shāng	处
伤疤	shāngbā	块
商店	shāngdiàn	家
商品	shāngpǐn	批、些、种
上海话	Shànghǎihuà	句、口
勺儿	sháor	把
设备	shèbèi	台、套
神色	shénsè	副
生活	shēnghuó	段
生机	shēngjī	线
生气	shēngqì	分
生意	shēngyi	笔、批、宗
声音	shēngyīn	点、种
牲口	shēngkou	匹、群、头
绳子	shéngzi	道、段、根、截儿、条
诗	shī	行、首、组
诗集	shījí	本、部、册
狮子	shīzi	头
时代	shídài	个
时间	shíjiān	段、些
时期	shíqī	个

实验	shíyàn	次、项
食品	shípǐn	些
势力	shìlì	份、股
事	shì	份
事故	shìgù	起
事件	shìjiàn	起
事情	shìqing	堆、件、些、种
事实	shìshí	个
事业	shìyè	番、项
收获	shōuhuò	项
收入	shōurù	笔、项
手	shǒu	双、只
手表	shǒubiǎo	块、只
手稿	shǒugǎo	部、份、卷儿
手机	shǒujī	部、个
手绢	shǒujuàn	块、条
手铐	shǒukào	副
手榴弹	shǒuliúdàn	颗、枚
手枪	shǒuqiāng	把、支、枝
手套	shǒutào	副、双
手续	shǒuxù	道
手艺	shǒuyì	门
手指	shǒuzhǐ	个
首饰	shǒushi	盒、件
书	shū	本、部、课、捆、摞、页
书店	shūdiàn	家
梳妆台	shūzhuāngtái	张
梳子	shūzi	把
树	shù	行、棵、排
树枝	shùzhī	根、枝
刷子	shuāzi	把
霜	shuāng	层
水	shuǐ	杯、滴、壶、瓶、摊、桶
水缸	shuǐgāng	口
水果	shuǐguǒ	个、盘、样、种
水库	shuǐkù	座
水仙	shuǐxiān	头
水闸	shuǐzhá	道
顺口溜	shùnkǒuliū	句
说明书	shuōmíngshū	本、张

司机	sījī	个、名、位
丝瓜	sīguā	根、架
丝线	sīxiàn	根、绺儿
思想	sīxiǎng	种
死尸	sǐshī	具
寺庙	sìmiào	座
寺院	sìyuàn	处、座
宿舍	sùshè	个、间
塑像	sùxiàng	尊、座
蒜	suàn	瓣儿、头
算盘	suànpán	把
岁月	suìyuè	段
锁	suǒ	把
	T	
塔	tǎ	层、座
台阶	táijiē	层、级
摊子	tānzi	个
坛子	tánzi	个
谈话	tánhuà	场、次
痰	tán	口
坦克	tǎnkè	辆
毯子	tǎnzi	床、块、条
汤	tāng	锅、勺儿、碗
汤药	tāngyào	服、剂
糖	táng	把、包、袋、盒、块、勺儿
糖葫芦	tánghúlu	串
躺椅	tǎngyǐ	张
桃花	táohuā	片、枝
藤萝	téngluó	架
梯子	tīzi	架
条件	tiáojiàn	个、项
铁轨	tiěguǐ	段、根、条
铁路	tiělù	段、条
铁丝网	tiěsīwǎng	道、段
庭院	tíngyuàn	所
同学	tóngxué	个、名、位
铜钟	tóngzhōng	口
童话集	tónghuàjí	本、部、册
头发	tóufa	把、根、绺儿、撮儿

头巾	tóujīn	块、条
头盔	tóukuī	顶
土	tǔ	把、层、堆
土匪	tǔfěi	帮、撮、伙
兔子	tùzi	窝、只
团体	tuántǐ	个
	W	
袜子	wàzi	双、只
玩具	wánjù	个、件
玩笑	wánxiào	个、句
晚会	wǎnhuì	台
碗	wǎn	摞、只
碗筷	wǎnkuài	副
汪洋	wāngyáng	片
往事	wǎngshì	段、件
望远镜	wàngyuǎnjìng	架
围棋	wéiqí	盘
围墙	wéiqiáng	道、圈
伟人	wěirén	位
尾巴	wěiba	条
味儿	wèir	股
文件	wénjiàn	堆、份、摞
文具	wénjù	些
文凭	wénpíng	张
文书	wénshū	封、通
文物	wénwù	件
文章	wénzhāng	段、篇儿
蚊香	wénxiāng	盘
蚊帐	wénzhàng	顶
问题	wèntí	堆、个、些
乌云	wūyún	片、团
屋子	wūzi	间
午饭	wǔfàn	顿
武装	wǔzhuāng	副
误会	wùhuì	场
雾	wù	层、团
	X	
西服	xīfú	件、身儿、套

西瓜	xīguā	个、块、牙儿
希望	xīwàng	点、分、丝、线
习惯	xíguàn	个、些、种
席子	xízi	张
喜剧	xǐjù	出、幕
喜事	xǐshì	桩
戏	xì	本、部、场、出、段、台
鲜花	xiānhuā	束
弦	xián	根
显微镜	xiǎnwēijìng	架、台
现象	xiànxiàng	个、种
线	xiàn	根、股、绺儿、轴、子儿
线索	xiànsuǒ	点、条
香	xiāng	根、炷、子儿
香蕉	xiāngjiāo	把儿、根
香水	xiāngshuǐ	瓶
香烟	xiāngyān	包、盒、根、支、枝
箱子	xiāngzi	只
响	xiǎng	声
想法	xiǎngfǎ	点、个、些
项链	xiàngliàn	根、条
相册	xiàngcè	本
相声	xiàngsheng	段
象棋	xiàngqí	副、盘
橡皮	xiàngpí	块
消息	xiāoxi	段、条、则
小伙子	xiǎohuǒzi	帮、个
小姐	xiǎojie	个、位
小鸟	xiǎoniǎo	群、窝、只
小说	xiǎoshuō	本、部、篇
肖像	xiàoxiàng	张
笑话	xiàohua	场、个、句
笑脸	xiàoliǎn	副、张
笑声	xiàoshēng	串、阵
协议	xiéyì	份
鞋	xié	双、只
心	xīn	颗、条
心事	xīnshì	桩
心意	xīnyì	份
新气象	xīn qìxiàng	派、片

信	xìn	沓儿、叠、封
信封	xìnfēng	沓儿、叠、封
信息	xìnxī	点、个、条
星	xīng	颗
行李	xíngli	堆、件
兴趣	xìngqù	种
性格	xìnggé	种
凶相	xiōngxiàng	副
虚惊	xūjīng	场
学生	xuésheng	班、帮、个、届、群
学问	xuéwen	门
学校	xuéxiào	个、所
学员	xuéyuán	期
学者	xuézhě	名、批、位
雪	xuě	把、层、场、堆
血	xuè	滴、摊、地
血管	xuèguǎn	根
血汗	xuèhàn	滴
	Y	
鸭子	yāzi	群、只
牙齿	yáchǐ	颗、口、排
牙膏	yágāo	管
牙签	yáqiān	根、盒
烟	yān	袋、根、股
烟丝	yānsī	撮
盐	yán	把、撮、袋、粒、勺儿
眼睛	yǎnjing	对、双、只
眼镜	yǎnjìng	副
眼泪	yǎnlèi	把、滴
演出	yǎnchū	场、台、轮
演员	yǎnyuán	个、名、位
羊	yáng	群、头、只
阳光	yángguāng	道、绺儿、片、束
洋葱	yángcōng	头
要求	yāoqiú	点、项
药	yào	包、盒、剂、丸、味
钥匙	yàoshi	把、串、个
野花	yěhuā	丛、朵
野兽	yěshòu	群、头、只

叶子	yèzi	片
夜宵	yèxiāo	顿
衣服	yīfu	件、摞、身儿、套
医生	yīshēng	名、位
医院	yīyuàn	家、所
仪器	yíqì	台
仪式	yíshì	项
遗产	yíchǎn	笔、份
遗书	yíshū	封
疑云	yíyún	团
椅子	yǐzi	把、排
义务	yìwù	份
艺术	yìshù	门
艺术品	yìshùpǐn	件、批
议论	yìlùn	片
意见	yìjiàn	点、堆、条、些、种
意思	yìsi	层
音乐	yīnyuè	段
姻缘	yīnyuán	段
瘾	yǐn	把
英雄	yīngxióng	位
鹦鹉	yīngwǔ	只
勇气	yǒngqì	股
邮局	yóujú	家
邮票	yóupiào	枚、套、张
油	yóu	层、滴、勺儿
游客	yóukè	拨、群、位
游览图	yóulǎntú	册、张
游戏	yóuxì	场、个
鱼	yú	盘、条
渔网	yúwǎng	张
雨	yǔ	场、滴
雨伞	yǔsǎn	把
雨衣	yǔyī	件
语言	yǔyán	种
玉米	yùmǐ	棵
寓言	yùyán	则
冤家	yuānjia	对
园林	yuánlín	处
原则	yuánzé	项

月票	yuèpiào	张
乐器	yuèqì	件、套
阅览室	yuèlǎnshì	间
云彩	yúncai	块、丝
运动	yùndòng	项
运动会	yùndònghuì	个、届
	Z	
杂志	zázhì	本、份、捆、摞、期
灾难	zāinàn	场
糟	zāo	团
枣树	zǎoshù	棵、株
责任	zérèn	份
债	zhài	笔
战场	zhànchǎng	个
战士	zhànshì	班、个、批
战争	zhànzhēng	场
帐篷	zhàngpeng	顶
账	zhàng	笔、本
账簿	zhàngbù	册
招呼	zhāohu	声
招牌	zhāopai	块
照片	zhàopiàn	张
照相机	zhàoxiàngjī	架、台
针	zhēn	根
枕头	zhěntou	对、个
镇定剂	zhèndìngjì	针
争端	zhēngduān	场、起
争论	zhēnglùn	场、番
政策	zhèngcè	项
政党	zhèngdǎng	个
政府	zhèngfǔ	届
芝麻	zhīma	撮、粒
知识	zhīshi	门
职业	zhíyè	份
职员	zhíyuán	名
纸	zhǐ	层、沓儿、叠、卷儿、摞、篇儿、页、张
制度	zhìdù	套、项、种
制服	zhìfú	身儿

中药	zhōngyào	服、副
钟	zhōng	座
种子	zhǒngzi	粒
周折	zhōuzhé	番
粥	zhōu	锅、碗
皱纹	zhòuwén	道、条
珠子	zhūzi	串、挂、颗
猪	zhū	口、头
猪崽儿	zhūzǎir	窝
竹子	zhúzi	丛、根、节
主意	zhǔyi	堆、个
住宅	zhùzhái	所
著作	zhùzuò	部
专家	zhuānjiā	名、批、位
专利	zhuānlì	项
砖	zhuān	块、摞
桌子	zhuōzi	排、张
镯子	zhuózi	副、只
滋味	zīwèi	番
子弹	zǐdàn	发、颗、排
字	zì	笔、个、行
字画	zìhuà	幅、批
自行车	zìxíngchē	辆
总统	zǒngtǒng	届、任
纵队	zòngduì	列
钻石	zuànshí	颗
嘴	zuǐ	张
罪状	zuìzhuàng	条
醉意	zuìyì	分
作品	zuòpǐn	部、件、批
作业	zuòyè	堆、些
座位	zuòwèi	个、排

动量词搭配表

Collocations for Commonly Used Verbal Measure Words

动词、形容词 Verbs and Adjectives		量词 Measure Words
	B	
摆动	bǎidòng	下
摆弄	bǎinòng	番、下
帮	bāng	把、下
饱餐	bǎocān	顿
病	bìng	场
布置	bùzhì	番、下
	C	
参观	cānguān	遍、次、回
参加	cānjiā	次、回
尝	cháng	口、下
吃	chī	次、口
瞅	chǒu	眼
	D	
打	dǎ	顿、盘、针
打量	dǎliang	番、下
打扫	dǎsǎo	遍、回、下
打听	dǎting	遍、下
等	děng	场、下
瞪	dèng	眼
调查	diàochá	遍、番
	E	
饿	è	顿
	F	
翻	fān	遍、番、回、次
访问	fǎngwèn	次、回
缝	féng	针
复习	fùxí	遍、下

	G	
改	gǎi	遍、次
干	gàn	遍、场
告诉	gàosu	声、下
逛	guàng	遍、圈
	H	
喊	hǎn	句、嗓子、声、下
好	hǎo	场、分
和	hú	把、盘
欢聚	huānjù	次
回去	huíqù	次、趟
	J	
检查	jiǎnchá	遍、次、回、下
叫	jiào	遍、声、下
教训	jiàoxun	顿、通
	K	
看	kàn	遍、次、回、下、眼
考虑	kǎolǜ	番、下
哭	kū	声、阵
	L	
拉	lā	把、下
来	lái	遍、次、回、趟、下、遭
溜	liū	遍、次、回、趟、下
	M	
忙	máng	阵
	N	
闹	nào	场、阵
念	niàn	遍、下
	P	
拍	pāi	次、下
跑	pǎo	圈、趟、遭
批评	pīpíng	顿
拼搏	pīnbó	场、回

	Q	
取	qǔ	次、回、趟、下
去	qù	次、回、趟、下
	R	
绕	rào	圈、遭
	S	
商量	shāngliang	次、下
试	shì	次、回、下
收拾	shōushi	遍、下
输	shū	局、盘
睡	shuì	宿
说	shuō	遍、顿、回、次、声、阵
	T	
谈	tán	次、回、宿
讨论	tǎolùn	次、回、下
听	tīng	遍、次、回、下
	W	
玩	wán	下、宿
围	wéi	圈
闻	wén	下
问	wèn	遍、回、声
	X	
下	xià	盘
想	xiǎng	遍、下
笑	xiào	下、阵
写	xiě	笔、遍
欣赏	xīnshǎng	下
修理	xiūlǐ	下
炫耀	xuànyào	番
	Y	
研究	yánjiū	次、回、下
演出	yǎnchū	遍、场、下
咬	yǎo	口、下
赢	yíng	盘

游览	yóulǎn	遍、次、回
遇到	yùdào	次、回
	Z	
扎	zhā	针、下
找	zhǎo	遍、下
挣扎	zhēngzhá	番、下
整顿	zhěngdùn	番
嘱咐	zhǔfu	遍、番、下
住	zhù	次、回、宿
转	zhuǎn	圈、下
走	zǒu	圈、遭
坐	zuò	下

参考书目

References

中国社会科学院语言研究所词典编辑室．现代汉语词典．5版［M］．北京：商务印书馆，2008

吕叔湘．现代汉语八百词［M］．北京：商务印书馆，1982

赵元任．汉语口语语法［M］．北京：商务印书馆，1979

李德津，程美珍．外国人实用汉语语法［M］．北京：华语教学出版社，1988

郭先珍．现代汉语量词手册［M］．北京：中国和平出版社，1987

黎锦熙，刘世儒．论现代汉语中的量词［M］．北京：商务印书馆，1978

《简明英汉词典》编写组．简明英汉词典［M］．北京：商务印书馆，1982

责任编辑：陆　瑜
英文编辑：张　乐　范逊敏
插图绘画：刘哲姝
封面设计：思创文化 St.Reach
印刷监制：佟汉冬

图书在版编目（CIP）数据

看图学量词：汉英对照 / 焦凡著. —北京：华语教学出版社，2011
ISBN 978-7-5138-0037-2

Ⅰ. ①看…　Ⅱ. ①焦…　Ⅲ. ①汉语—数量词—对外汉语教学—教学参考资料　Ⅳ. ①H195.4

中国版本图书馆CIP数据核字（2011）第033049号

看 图 学 量 词

焦凡 著

*

华语教学出版社出版
（中国北京百万庄大街24号　邮政编码 100037）
电话:（86）10-68320585
传真:（86）10-68326333
网址: www.sinolingua.com.cn
电子信箱: hyjx@sinolingua.com.cn
北京市松源印刷有限公司印刷
2011年(16开)第一版
2011年第一版第1次印刷
(汉英)
ISBN 978-7-5138-0037-2
定价: 59.00元